JN247929

ロシアン・ルーレットは逃がさない

プーチンが仕掛ける暗殺プログラムと新たな戦争

From Russia with Blood

The Kremlin's Ruthless Assassination Program and Vladimir Putin's Secret War on the West

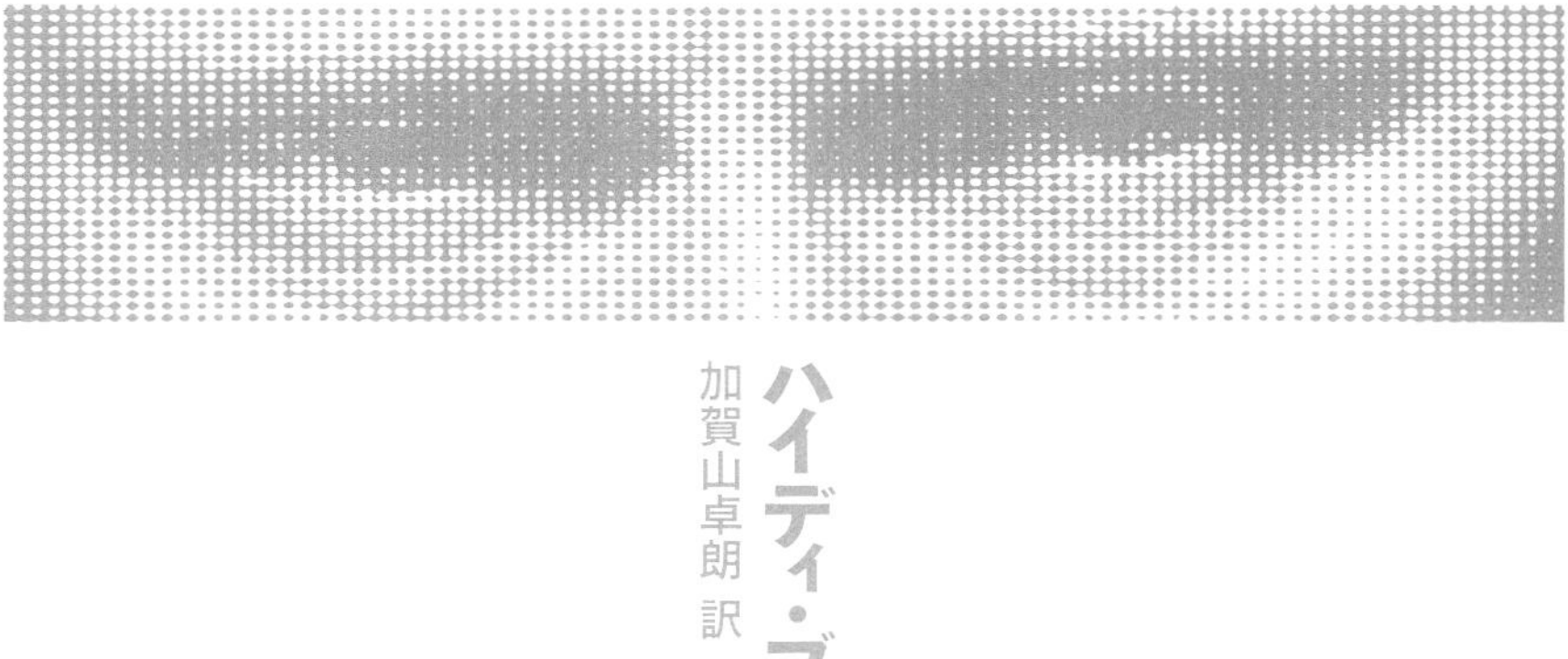

ハイディ・ブレイク

加賀山卓朗 訳

光文社

ロシアン・ルーレットは逃がさない

――プーチンが仕掛ける暗殺プログラムと新たな戦争

FROM RUSSIA WITH BLOOD
by
Heidi Blake
Copyright © 2019 by Heidi Blake
Japanese translation published
by arrangement with Heidi Blake
c/o Aevitas Creative Management
through The English Agency (Japan) Ltd.

いつも道しるべになってくれたマーク・スクーフスに本書を捧げる。調査チームのジェイソン・レオポルド、トム・ウォレン、リチャード・ホームズ、ジェーン・ブラッドリー、アレックス・キャンベルにも。彼らがいなければ本書はお蔵入りになっていただろう。また、日々命がけで真実を追い求めている勇敢なロシアの独立メディアのかたがたにも本書を捧げたい。

目次

まえがき

もとになった〈バズフィード・ニュース〉の調査について——二〇一九年五月三一日

二〇一四年一二月、私はマーク・スクーフスに会いにニューヨークに飛んだ。当時〈バズフィード・ニュース〉で調査報道の指揮をとっていたこの伝説の編集者と、イギリスにある支社で新チーム結成の相談をするためだった。持参した新聞の切り抜きには、新チームで解明したい謎の最初の手がかりが含まれていた。数日前に億万長者の不動産業界の大物がロンドンのタウンハウスの四階の窓から飛びおりて亡くなった状況を伝える記事だった——亡命したロシアの新興財閥《オリガルヒ》、ボリス・ベレゾフスキーを始めとする一連の死亡事件のなかで最新のものだった。みな奇妙な状況で命を落としている。ロンドンの中心部で蜘蛛の巣のように広がっていく死亡事件の背後に何があるのか、私は知りたくてたまらなかった。マークも同様だった。

こうして〈バズフィード・ニュース〉に入社し、新たに結成するイギリスのチームの人員を募集しはじめたところで、一本の電話がかかってきて、私はいきなり謎めいた打ち合わせに呼び出された。ロンドンのしゃれた界隈にあるアパートメントに行ってみると、例の転落死した資産家の元妻が待っていた。元夫は殺されたのだと彼女は打ち明け、偶然私が新しいチームを立ち上げたことを知ったらしく、それについて調査してもらいたいと言った。さらに偶然ながら、彼女は不審なタイミングで亡くなった元夫や仲間たちの長年にわたる生前の活動について、くわしい資料を山ほど集めていた。

事の真相を探ろうとするこの調査には、すぐに並はずれて優秀なメンバーが加わった。トム・ウォレン、ジェーン・ブラッドリー、リチャード・ホームズがロンドンの新チームに加わり、アメリカの同僚であるジェイソン・レオポルド、アレックス・キャンベルと大西洋を挟んでタッグを組み、手がかりを追うことになった。それから二年、マークの熱心な監督のもと、チームは不動産業界の大物の転落死を、イギリス各地で起きた一四件の死――そしてアメリカでの一例――と結びつけた。そのすべてがまぎれもなくロシアとつながっていた。一件たりとも現地警察から疑惑の目が向けられなかったのは驚きだったが、われわれのチームは何百箱にも及ぶ書類、何時間という監視映像や録音、復元した携帯電話やコンピュータから集めたデジタル・ファイルのキャッシュ、廃棄された警察の証拠品の袋などを入手し、当局の公式説明に穴をあけた。

私たちは、ひそかに集めた資料を特注の巨大データベースに落としこみ、何千ページにも及ぶ公的記録を追加したうえで、キャッシュ全体にアドバンスト・サーチをかけ、世界のあちこちに広がる金と裏切りと殺人の物語をひとつにまとめた。さらに、一五人の故人とつながりのある二〇〇人以上の人々を探し出してインタビューをおこない、大西洋の両側で四〇人以上の現役の諜報員や元諜報員、法執行機関の情報提供者から情報を集めた。アメリカの諜報機関の極秘ファイルから得た情報もある。そのひとつは、諜報機関の幹部が議会に提出した機密報告書で、ウラジーミル・プーチンが主導した西側諸国での暗殺計画がくわしく記されていた。

このプロジェクトにとって、チームのどの記者もきわめて重要な存在だった。リチャードは、資料をデジタル化して検索できるように手作業で何十万部という書類をスキャンし、法執行機関関係の資料についても必要不可欠な貢献をした。トムは巨大な証拠のデータベースを構築し、科学捜査能力を発揮して、この陰謀の中核をなす、めまいがするほど複雑な金融操作を解き明かした。ジェーンは人探しの類いまれな技術を用い、困難を乗り越えて人々から話を引き出した。アレックスは手がかりを求めてアメリカじゅうを駆けまわり、革靴の底をすり減らした。ジェイソンは、スパイたちとの面談の合間に新しいタトゥーを入れに行くような「ロックな」記者だが、アメリカ諜報機関の数多くの情報源から、イギリスでの一連の死亡事件のすべてがロシアにつながっていることを示す詳細な極秘ファイルを吐き出させ、隠されていた秘密の多くを明らかにした。

この件の報道はときに予測外の事態を引き起こした。ある記者の自宅付近には、黒い車に乗った人物が何カ月ものあいだ、毎晩のように現れた。別の記者は、帰宅して寝室の身のまわりの品が動かされているのに気づき、チームのほかのひとりは、尾行されている気配を感じた。私たちは身の安全を守るために、追跡装置、緊急ブザー、警報装置、暗号化、対監視技術を駆使した。プロジェクトが最終段階に入ったときには、セキュリティのために秘密の場所に居を移した記者もいた。

最初の調査報告が〈バズフィード・ニュース〉で公表されたのは、二〇一七年の六月だった。それがもたらした反響については、これからくわしく綴っていく。それ以降も調査は続き、暗殺の疑いがあることを暴いた最初の一五件の死亡事件が、クレムリン主導による世界規模の暗殺計画の中心にあったことを示す新たな証拠が集まっている。

本書はこうした調査全体にもとづいている。ここで描かれる出来事の詳細は、膨大な文書やデジタル証拠の保管庫と、現存する人々へのインタビューから引き出された。記された会話は、それを耳にした人々の記憶に依拠する。ここから先の内容は、複数の政府が秘密にしておきたかったことだ。〈バズフィード・ニュース〉の傑出した同僚たちの飽くなき努力がなければ、永遠に埋もれてしまっていたことだろう。

ハイディ・ブレイク

はじめに

イングランド、ソールズベリー――二〇一八年三月四日

ひと晩じゅう街に垂れこめていた霧は、昼ごろには晴れていた。雲のかかったソールズベリー大聖堂の尖塔が顔を出し、日曜の午餐を求めてキャッスル・ストリートをぶらつくまばらな人影も見えるようになった。その日の午後はひんやりとしていて静かだった。中世の家々の屋根に小雨が降っている。円柱のあるレストランの入口から、ふたつの人影が出てきた。そのカップル――小太りでしゃれた装いの白髪頭の男性と、それより何十歳か若いブロンドの女性――は、イタリアン・レストラン〈ツィッツィ〉でリゾットを白ワインで流しこんでいたが、食事中に男がにわかに激高しなければ、そのまま昼食客にまぎれて誰にも気づかれなかったはずだ。男が大声でわめき出してすぐに、ふたりは突然レストランをあとにし、狭い路地を抜け、店が立ち並ぶ界隈から急いで離れたが、水嵩の増した川にかかる橋を渡りはじめると、足取り

が遅くなった。エイボン川の対岸には木々に囲まれた小さな公園があり、霧雨のなかで子供たちがアヒルに餌をやっていた。男のほうが足を止め、昼食のテーブルから取ってきたパンを子供たちの手に押しつけた。ふたりは公園の芝生の端へ向かい、そこでふいに坐りこんだ。それから何分もしないうちに、通行人が奇妙な光景に目を丸くして立ち止まる。

男女は並んでベンチにぐったりと身をあずけていた――女のほうは意識を失い、男は奇妙な手振りをして空に目を釘づけにしているように見えた。通行人がそっと近づくと、男は凍りついたようになっていた。やがて女のほうが白目をむき、口から泡を吹いて痙攣しはじめた。

救助に駆けつけた日曜の買い物客たちは、目のまえの光景の世界的な意義にはまったく気づいていなかった。それは敵対する超大国が西側に仕掛けた秘密戦争の最新の攻撃だったのだ。平和なウィルトシャー州の町が戦場になった――第二次世界大戦以来、ヨーロッパの地で初めて化学兵器による攻撃を受けた場所に。博愛精神に満ちた人々は、救急車の到着を待って意識を失った男女に傘を差しかけ、芝生の上に立ちながら、命を脅かす毒にさらされていた。

ベンチに坐っていた男女は、かつてＭＩ６［イギリス秘密情報部］のために働いていたロシアの元スパイ、セルゲイ・スクリパリと、その三三歳の娘ユリアだった。六六歳のスクリパリは、国家反逆罪で収監されていたロシアの刑務所から釈放されたのち、八年前にイギリスに移住していた。軍の諜報機関の幹部だった彼は、二〇〇六年にイギリスに極秘情報を売り、三〇〇人に及ぶロシアのスパイの身元を明かした罪で投獄されたが、その四年後、アメリカの都市郊外に潜入していたロシア人スパイ一〇人のモスクワ返還の交換条件として、西側に協力して捕まったほかの三人のスパイとともに釈放されたのだった。冷戦以来最大の東西のスパイ交換は、ウィーン空港の滑走路でおこなわれた――が、返還されたロシア人スパイが無事故国におり立つやいなや、ウラジーミル・プーチンが、釈放した男たちに対する思惑を明らかにした。「裏切り者は死ぬことになる」国営テレビでプーチンは宣言した。「約束する。彼らは友を裏切り、戦友を裏切った。裏切りの報酬に何をもらったにせよ、その銀貨三〇枚［新約聖書マタイ伝福音書二七章。ユダがキリストを裏切って得た報酬］で喉を詰まらせるだろう」

ソールズベリーの芝生の上で起きた出来事によって、ロシアの大統領が約束を守ったことが証明された。セルゲイとユリアのスクリパリ親子は、郊外にあるセルゲイの自宅のドアの取っ手になすりつけられた怖ろしい化学薬品で気道をふさがれたのだ。

ソールズベリー地区病院の集中治療室に運びこまれるころには、ふたりとも痙攣を起こしていた。肺には液体がたまり、心臓の鼓動は停止寸前だった。治療にあたった医師たちは当初困惑したが、運びこまれた男性がロシアを裏切り、イギリス政府の保護を受けて暮らしている人物だと警察から知らされると、その症状のぞっとする原因がわかってきた。スクリパリ親子には、神経剤にさらされた際のありとあらゆる症状が見られたのだ――軍で使用される化学兵器で、中枢神経系統を攻撃し、生命にかかわる体の機能を停止させる。その有毒ガス、液体、蒸気は無差別に死をもたらすので、二〇年ほどまえに世界的に開発も備蓄も禁止されていた。

ソールズベリーの町なかで人ふたりが化学兵器の攻撃を受けるという想像しがたい事件が起きたということは、ほかにも犠牲者がいるのではないか？

そうした不安は、集中治療室に新たな患者が運びこまれていよいよ強くなった。ニック・ベイリー部長刑事はウィルトシャー警察の叙勲警察官で、セルゲイ・スクリパリの自宅の捜索に送りこまれたが、元スパイとその娘とまったく同じ症状に襲われたのだ。それからすぐに、別のふたりの警官が目のかゆみと呼吸困難を訴えて病院に運びこまれた。さらにその後、セルゲイ・スクリパリからアヒルのパンを受け取った三人の子供と、救急車の到着前にスクリパリにマウストゥマウス人工呼吸を施した非番の医師と看護師も搬送されてきた。まもなく、二一人もの人が神経剤による症状を見せていることがわかった。

致命的な化学兵器がスクリパリ親子の攻撃に用いられたのは火を見るより明らかで、無差別に大勢のイギリス国民の命が危険にさらされることになった。ソールズベリー地区病院の医療関係者たちは、公衆衛生上の大危機が生じることを覚悟した。スコットランド・ヤード（ロンドン警視庁）のテロ対策司令部が地元警察から捜査を引き継ぎ、白い防護スーツの捜査官が町じゅうで神経剤の痕跡をしらみつぶしに探すとともに、一八〇〇人の軍関係者が配置された。しかし、攻撃に使用された化学物質を特定できない以上、その入手経路も、怖ろしい効果への対処法も知りようがなかった。

ソールズベリーの北東にある、有刺鉄線で囲まれた約三〇〇〇ヘクタールの開けた土地に、窓のない研究所や燃料庫などの建物群があり、イギリスで最高機密とされているものが隠されている。スクリパリ親子が毒ガス攻撃を受けたのは、このポートン・ダウンからほんの数キロのところだった。ポートン・ダウンの国防科学・技術研究所は、世界第一級の化学・生物兵器研究センターだ。医師たちが神経剤中毒の症状に気づくと、ただちにスクリパリ親子からサンプルが採取され、検査のためにこの最高機密の研究所に持ちこまれた。

イギリス政府お抱えの科学者が毒の種類を特定するのに、時間はかからなかった。純度の高いノビチョク――高致死率の化学兵器で、ロシア製であるのはまちがいなかった。ポートン・ダウンの研究者たちは、長年このような神経剤を研究していた。ノビチョクは一九七〇～八〇年代にかけて、ソビエトの軍事計画、暗号名〈フォリアント〉の一環として、ロシア南西部にあるシハヌイ軍事研究基地で開発された。その備蓄が存在することは、一九九二年にロシア人科学者ふたりが暴露していた。ソビエト連邦の崩壊後まもなく、ロシアが生物・化学兵器の開発や保有を禁止する化学兵器禁止条約に署名したときのことである。ＭＩ６はそれ以降、ノビチョクが個人の暗殺に使われる可能性について情報収集してきた。スクリパリ親子への攻撃にソビエトの開発した神経剤が使われたことは、大きな驚きをもって受け止められた。裏切り者をひそかに消すただの報復行為では終わらない、社会への意図的な公然たる攻撃だった。セルゲイとユリアへの攻撃はメッセージであり、その送り主は明らかだった――クレムリンである。

イギリスの首相は説明を求めた。テリーザ・メイは諜報機関の幹部たちを呼んで打ち合わせ、プーチンが秘密工作員をイギリスに送りこんでスクリパリ親子を抹殺しようとしたのは明らかであると説明を受けた。MI6は、過去一〇年にわたって、ノビチョクを含む生物・化学兵器を個人の暗殺に再利用する計画の指揮をロシア大統領みずからがとっているという確かな情報をつかんでいた。専門の暗殺部隊が、ロシアの敵と見なされた個人に神経剤を用いる訓練を受け、とくに化学兵器を「ドアの取っ手」になすりつけるよう指示されていたのだ。セルゲイ・スクリパリの自宅でもっとも濃度の高いノビチョクが検出された場所である。ロシアのスパイたちは、すでに二〇一三年からスクリパリ一家に目をつけていた。ユリアの複数のメールアカウントはロシアの軍事諜報部にハッキングされ、さらに驚くべきことに、セルゲイの妻と息子は一家がイギリスに移住して数年のうちに不慮の死をとげていて、ふたりも毒殺されたのではないかという疑いがあった。

　イギリス政府は行動を起こすしかなかった。親子が攻撃された八日後の三月一二日、メイ首相は下院の議場で、今回の事件はウラジーミル・プーチンの指示である可能性が「きわめて高い」と述べた。「ロシアによるわが国への直接攻撃か、ロシア政府がこの大惨事をもたらしうる神経剤を統制できなくなっているかのいずれかです」と首相は言い、翌日の深夜零時までにクレムリンからの説明を要求した。ロシアの政府高官はすぐさま反論し、メイ首相の発言は挑発であり、「イギリス議会におけるサーカス」にすぎないと切り捨てたが、説明はしなかった。

二日後、メイ首相は、ロンドンで外交官を装って諜報活動をおこなっている二三人のロシア人スパイの国外追放を宣言した。ロシアもただちに反応し、二三人のイギリス外交官をモスクワから退去させた。

ロシアがイギリスで化学兵器を使用したという非難は、国際的に前例のない反応を引き起こし、二八の西側諸国から一五〇人のロシア人外交官が追放された。アメリカ、イギリス、フランス、ドイツの首脳たちは、ロシアが「第二次世界大戦以降初めてヨーロッパで神経剤を攻撃に使用した」ことを糾弾する共同声明を発表し、それは「イギリス国家に対する攻撃」であり、「われわれすべての国の安全保障を脅かす」国際法違反だと主張した。ロシアと西側との関係は冷戦終結後初めて氷点下に冷えこんだ。欧州連合（ＥＵ）離脱の決議で孤立を深めていたイギリスにとっては、スクリパリ親子への攻撃は国際的な結束を明確に打ち出す好機になった。離脱交渉で不甲斐ない失敗を重ねていた首相が、表向きだけであれ、世界的に尊敬される女性政治家としての姿を示すことができた。しかしモスクワでは、プーチンが喜びを隠そうともせずに事態を見物していた。

スクリパリ親子暗殺未遂への西側の反応は、クレムリンのその男にとってこの上ない贈り物となった。事件から二週間後の三月一八日にロシア大統領選挙が控えていて、有権者の支持を集める必要があったのだ。もちろん、たいした対抗馬はいなかった。野党の表看板アレクセイ・ナワリヌイはくり返し攻撃されたあげく、選挙運動中に収監され、結局出馬を禁じられた。かつてプーチンの一番の対抗馬だったボリス・ネムツォフは三年前にクレムリンのすぐそばの橋の上で射殺されていた。選挙結果は決まっていたが、それでも次の六年の権力掌握に向けて完全勝利を手にしたいプーチンにとって、手堅い得票率は必須だった。目的達成のためにロシア人の愛国心を高め、経済制裁のせいで悲惨な状態にある国の経済や、はびこる汚職、崩壊しかけた社会インフラ、慢性的な資金不足の公共医療サービス、欠陥だらけの教育制度から国民の目をそらさなければならなかったのだ。となれば、西側の敵の脅威を強調し、母国の防衛ができるのは自分だけだと訴えること以上にいい方法があるだろうか。

それはスクリパリ親子が攻撃される三日前の教書演説の主要テーマでもあった。そのなかでプーチンは、アメリカ空軍の防衛線を突き破る新たな核弾頭ミサイルを開発したと発表した。黒いスーツに深紅のネクタイを締めた大統領は、肩を怒らせて演壇に立ち、こう宣言した。「この一五年間、兵器開発競争をエスカレートさせ、ロシアを一方的に利用し、わが国に制限や制裁を科そうとしてきた人々にこう告げたいと思う。ロシアを抑えつけようという試みは失敗に終わった、と」背後のふたつの巨大なスクリーンには、雪で覆われたロケットランチャーが暗い空へ巨大なミサイルを打ち上げる映像が流れ、続くアニメーションで地球全体を網羅する弾道軌道が示された。

宣戦布告めいたプーチンの教書演説は、世界的な有力者であることを誇示するために念入りに用意された選挙前の最初のパフォーマンスで、スクリパリへの攻撃は次のイベントとしては完璧だった。イギリスがクレムリンを非難し、アメリカ主導のＮＡＴＯ（北大西洋条約機構）加盟国がそれにしたがうと、西側の敵からの不当な非難に対してロシアという国のメカニズムが過熱化し、国全体がヒステリーを起こした。並はずれたプロパガンダ製造機たるロシアの基準からしてもめったにない、目もくらむほど多種多様な陰謀説が、国の多数のデマサイトやフェイクニュース・メディア、政治宣伝機関などから吐き出された。曰く、イギリスはわざとスクリパリ親子を意識不明にして、ロシアを嵌める証拠を捏造した。その目的は、難航しているＥＵ離脱交渉から注意をそらす、大統領選挙に先駆けてプーチンの名声に疵をつける、あるいはシリアにおける「調停者」としてのロシアの評判を落とすためだ。二〇一八年サッカー・ワールドカップ開催の権利を奪われた恨みからかもしれない。スクリパリが寝返ってイギリスの機密をモスクワに売りはじめるのではないかとのおそれから、ＭＩ６がスクリパリに毒を盛った。事件の黒幕には西側寄りのウクライナ政府がいる。スウェーデン、スロバキア、チェコ共和国が悪い。あるマフィア組織がスクリパリ親子暗殺の契約を結んだ。使われたノビチョクはポートン・ダウンで製造されたか、アメリカが独自に開発したか、旧ソビエト連邦諸国で化学兵器の検査をおこなっているあいだに盗まれた——そうした陰謀説が次から次へと流れた。

ロシアの対外情報庁長官セルゲイ・ナルイシキンは、この神経剤攻撃を「無礼にもイギリスとアメリカの諜報機関が演出したグロテスクな挑発行為」と呼んだ。プーチン自身はイギリスの非難を「妄想でありナンセンス」と軽蔑をこめて無視したが、プロパガンダ製造者たちと協力して疑惑の炎をあおることも忘れなかった。

スクリパリ親子への攻撃から三日後、イギリスがロシアによる暗殺未遂事件だと公に非難するまえに、クレムリンの〈チャンネル1〉は、局の顔である時事ニュース番組のメインニュースとしてはっきりと警告を発した。スクリパリは「母国の裏切り者」だとキャスターは言った。「誰であっても死んでほしいとは思いませんが、こういう道に進みたいと夢見ている人に純粋な教育目的から警告します──裏切り者は世界でもっとも危険な職業のひとつです」二〇一〇年にアメリカで捕まった潜伏スパイ一〇人のネットワークの主要人物、魅惑的なアンナ・チャップマンも、スクリパリを裏切り者と断罪した。

大統領選挙を間近に控えたプーチン自身も、特別に製作したドキュメンタリー映画で警告を発した。お抱えの質問者が、人を赦すことはできますかと尋ねると、大統領はうなずいたが、すぐに氷のように冷たい笑みを浮かべた。

「といっても、何もかもというわけではない」プーチンは言った。質問者は、何を赦せないのか知りたがった。

「裏切りだ」プーチンは吐き捨てるように答えた。

ロシア人はこの種の認知的不協和と暮らすことに慣れている。そうして国全体が判断力を失っているのだ。混乱のなかに陰謀と矛盾の種をまき、故意の偽情報で議論をゆがめ、嘘を広めて事実をあいまいにすることで、大衆の意識は永遠の霧に閉ざされたように曇ってしまう。そこでは何ひとつ真実ではなく、誰ひとり信じられない。セルゲイ・スクリパリはロシアの機密を西側に売って母国を裏切った——プーチンは強い人間だから、裏切り者は死ぬ。西側はロシアの力を削ごうと、でっちあげの告発で名誉を傷つけている——プーチンは強い人間だから、彼だけが国を救える。ロシアの人々はこうした耳障りなメッセージを受け取り、おおかた信じていた。

投票日が来ると、プーチンは全人口の三分の二以上の投票率で七七パーセントの票を得て勝利した。三月一八日に投票が締め切られてほぼすぐに、プーチンの選挙運動のスポークスマン、アンドレイ・コンドラショフは勝利の要因はたったひとつだったと言った。「投票率は八パーセントから一〇パーセントほど予想を上まわりました。それについてはイギリスにお礼を言わなければなりません」コンドラショフは言った。「確たる証拠もなく、むやみにロシアが非難されると、ロシア国民は権力者のまわりで団結するのです。いまの権力者がプーチンであるのはまちがいありません」

セルゲイ・スクリパリへの攻撃はイギリス、そして西側諸国に向けたあからさまな挑発行為で、イギリスとしてはあのように反応する以外に選択肢はなかった。ロシアの策略はうまくいったというわけだ。しかし、それはもっと大規模で邪悪な計画の一部でもあった。

事実はこうである――プーチンは初めて大統領に選出されたときから致死的な手段で敵を排除しているが、西側は長く目をそらしてきたのだ。一九九九年の大晦日にプーチンがクレムリンの頂点に立ってからというもの、意見を異にする政治家、ジャーナリスト、活動家、離反者、捜査官、批評家たちがロシアの地で銃弾に倒れ、毒を盛られ、車に轢かれ、窓から放り投げられ、殴り殺され、爆弾で吹き飛ばされてきた。こうした残忍な行為に目をつぶることは、経済的に復活してヨーロッパのエネルギー供給を支配している核保有国、そして西側経済に何億ユーロもつぎこんでいるオリガルヒの超富裕階級とビジネスをするうえでの代償だった。西側の歴代の指導者たちは、プーチンを対等にビジネスのできる相手だと信じこもうとした。うまく説得すれば、孤立した冷たい世界から出てきて、世界最大の国ロシアを、法にしたがいリベラルな温かい世界秩序に組み入れるだろう、と。それは破滅的な誤解だった。

プーチンは、西側世界に入りたいなどと思ったことは一度もなく、昔からずっと、全体主義の治安国家ソビエトが生み出した人間だった。プーチンにとって、大量殺戮、検閲、政治的弾圧、好戦的な孤立主義の国ソビエト連邦の崩壊は「二〇世紀の地政学的大惨事」であり、それが起きたのは西側諸国のせいだった。鉄のカーテンの崩壊へとつながった一九八九年の東欧革命や、ヨーロッパの再統合、旧ソビエト連邦諸国のEUとNATOへの加盟――これらはじつに腹立たしい話で、復讐に値した。そこでプーチンはKGB（ソ連国家保安委員会）内の階級をのぼりつめ、クレムリンに入ったときには、保安機関で習得したありとあらゆる策略を駆使してロシアにかつての栄光を取り戻す気満々だった。アメリカとヨーロッパの指導者たちが彼をサミットや自国に招き、G8の議長に選び、親密な軍事的・政治的関係を築くために〈NATO・ロシア理事会〉を設立する一方、プーチンはにこやかにカメラに収まり、握手をしながら、内心では西側の安定の礎である自由主義制度や同盟国との戦争を思い描いていたのだ。鶏小屋にキツネを入れたようなものだった。

敵、裏切り者、反対勢力を効果的に抹殺することが、プーチンのひそかな政策の核だった。暗殺はソビエト時代の国政に深く根ざし、怖ろしい国家保安機関の手に半世紀以上もゆだねられていた特権的な権力行使の手段だった。その保安機関から新たな大統領が誕生したのだ。KGBは、ウイルス噴霧器、青酸カリ銃弾、リップスティック型拳銃、先端にリシンを塗った傘など、驚くべき殺人兵器を生み出す毒物や武器の製造工場を持ち、追跡不可能な殺人方法を編み出して実践することにおいては世界でも抜きん出ていた。その技能はソビエトの崩壊以降、衰えたが、プーチンのまわりは別だった。西側が両手を広げて彼を仲間に招き入れているあいだに、ロシア大統領はKGBの暗殺プログラムを復活させることに余念がなかった。公的資金が、化学・生物兵器や向精神薬、未知の発癌物質、その他の検知できない毒の研究開発につぎこまれ、国内外を問わず敵を追いつめる特別攻撃部隊が組織された。プーチンはKGBの後継機関FSB（ロシア連邦保安庁）に資金と権力を与え、その職員に、罪を免れた国家の敵を世界じゅうで抹殺することを許可し、ソビエト時代に怖れられた国家保安機関に匹敵する力を持たせた。母国を裏切った者、ロシア国家の絶対権力を脅かす者、多くを知りすぎた者は誰であれ、クレムリンの攻撃の照準のなかに身を投げ出したのも同然だった。死体はみな、あるメッセージを発していた――ウラジーミル・ウラジーミロビッチ・プーチンを怒らせたら、地球上に安全な場所はなくなる。

暗殺は、もっと広範な「破壊戦争」においても欠くべからざる攻撃方法だった。石油価格の高騰で国の財源が潤ったことを受け、プーチンはボタンひとつで他国のインフラを遮断できるサイバー兵器の開発だけでなく、敵の「コンプロマート［特定人物の信用失墜を狙った情報］」を集めるハッキング研究にも資金を投じた。アンナ・チャップマンの潜伏スパイチームをアメリカの郊外に潜伏させ、ヨーロッパの主要な首都のすべてにスパイを大量に送りこみ、西側の権力の回廊にクレムリンの意図を反映させるために、影響力のある諜報員のネットワークを築くなど、ロシアの諜報活動を冷戦時代のレベルにまで引き上げた。ロシアの凶悪な組織犯罪集団に武器を提供し、強大なマフィアを政府や保安機関にいっそう深く取りこみ、マフィアが世界に伸ばす触手を、国の非公式なネットワークとして拡大した。偽情報を流布するために世界じゅうでプロパガンダ製造者を育成し、西側で陰謀説をかき立てて混乱の種をまくために、ソーシャル・メディアの「荒らし」や「釣り」のプロを集めて何百万という偽名のアカウントを運用させ、外国の過激派やテロリスト、独裁者に資金をまわす非合法の資金流通ルートを構築した。さらに防衛費を二倍にし、何千億ドルに相当する資金を大々的な軍の近代化計画につぎこんだ。ソビエト時代のぼろぼろの兵器が、何百という真新しい爆撃機、潜水艦、軍艦、大陸弾道ミサイルへと変わった。

ネットワークを拡大するにつれ、国境の外で標的を暗殺する方法も大胆になってきた。二〇〇六年には、実質的に外国で国家の敵を殺す許可をＦＳＢに与える新しい法律まで制定した。それ以降、プーチン政権を批判する人間、政敵、裏切り者が、アメリカとヨーロッパで殺されるか、謎めいた状況で命を落としている。とはいえ、プーチンがどこよりも熱心に――あるいは咎められずに――暗殺を実行してきた場所は、イギリスだった。

ロンドンは、プーチン政権から逃れた超裕福なロシア人たちにとって理想の遊び場だった。景気のいい銀行や急騰する不動産市場が、共産主義体制崩壊後の略奪で得た金を隠しておく安全な場所となり、豪奢なホテル、贅沢なデパート、有名人の集うナイトクラブが、その金を遣う魅力的な場所となった。イギリスは、不法に手に入れた財産も汚れた評判も、またたく間に真っ白に洗ってくれる場所だった。モスクワから安全に現金を動かし、得体の知れないオフショアの機関を経由して、まっとうに見えるイギリスの会社に投資したければ、世界的に活躍する弁護士や会計士が喜んで手を貸してくれた。不動産業者は、イギリスでも最高級の住まいの鍵をつべこべ詮索せずに手渡してくれ、ことば巧みなＰＲの専門家が集まってきて、ロシアで儲けた汚いビジネスにつきまとう汚い評判をピカピカに磨き上げてくれた。オックスフォード、ケンブリッジへの寄付、与党への政治献金、堂々たる邸宅、子供のイートン校進学――その程度のことで、モスクワから来た新参者がイギリスの上流階級になじむことができたのだ。

ほどなく、毎年何十億ポンドにも相当するロシアの金がロンドンの銀行や不動産に流れこむようになった。イギリス経済は、衰退する製造業に代わって金融業への依存を深めていたから、トニー・ブレア、ゴードン・ブラウン、デイビッド・キャメロンの政府はみなこの新たな命綱を手放すまいと躍起になった。モスクワからの裕福な亡命者に対して、政治的保護や投資ビザが気前よく施されたのもそのためだ。しかし同時に、プーチンと緊密な関係を築き、ロシアへのエネルギー投資を円滑に進めることも重要だった。だからこそ、クレムリンの敵がイギリス国内で次々と命を落としても、政府は黙って目をそらしていたのだ。

ボリス・ベレゾフスキーは、プーチンが権力を握ってからイギリスに逃れた亡命ロシア人コミュニティの中心人物だった。ソビエト時代に数学者として輝かしい実績をあげたのち、ボリス・エリツィン政権で高官の地位につき、国の資産を強奪して億万長者となった。さらには、無名だったプーチンを権力の座に引き上げた黒幕を自認していたが、権力を与えてやったプーチンが独裁色を強め、次々と敵を倒しはじめると、ベレゾフスキーは支配下の新聞やテレビ局を使って激しい攻撃を開始した。それに憤ったプーチンは、一線を越えたオリガルヒは叩きつぶすと公然と警告し、ベレゾフスキーがモスクワに築いたビジネスの一大帝国を破壊しはじめた。ところが、そのオリガルヒは無傷の資産を持って、緑の丘が広がるイギリスへと逃亡し、大統領に地団太を踏ませたのだ。

ベレゾフスキーはイギリスの法律家や金融家の力を借りてモスクワからこっそり資産を持ち出し、ロシア政府の手の届かないオフショアの複雑なネットワークに隠した。そして新たに居を構えたイギリスの田舎から、反プーチン体制の国際的なキャンペーンを展開し、国外へ持ち出した膨大な資産を用いて反体制派の活動を援助しはじめた。そのなかには、やはりイギリスに亡命した元ＦＳＢ職員で内部告発者のアレクサンドル・リトビネンコもいた。ほんの数カ月のうちに、プーチンを権力の座に押し上げた人物はロシアの一番の敵になった。

ベレゾフスキーと反体制派の仲間たちは、イギリスに安全な避難所を見つけたと考えた。政府から亡命者の保護を受けることで、クレムリンが伸ばしてくる攻撃の長い腕からも守られると思ったのだ。それはまちがいだった。その後何年かのあいだに、ひとり、またひとりと、ベレゾフスキーの取り巻きの法律家やフィクサー、反体制派、実業家が奇妙な状況や疑わしい状況で命を落とし、そのどれに対しても、イギリス当局は捜査をおこなわず、クレムリンの機嫌をとりつづけた。

一件だけ例外があった。二〇〇六年にロンドンのホテルでリトビネンコが放射性ポロニウムで殺害されたのは、イギリス政府も無視できない挑発行為だった。この元ＦＳＢ捜査官を毒殺するために送りこまれたふたりの暗殺者は、とんでもないへまをしでかし、ロンドンじゅうに放射性物質の痕跡を残したのである。リトビネンコは世界のメディアが見守るなか、ゆっくりと死んでいった。亡くなるまでのあいだに、毛を失い痩せ衰えた姿を世界じゅうに発信し、死の床から、この殺害はクレムリンが命じたと告発する声明を出した。

イギリスもさすがに対応するしかなく、当局は暗殺者ふたりがロシアに戻ってから、容疑者不在のまま殺人罪で起訴した。とはいえ、首都の街なかで実行された放射性物質による大胆なテロ行為に直面しても、政府の反応は鈍く、ロシアの外交官四人を追放し、見返りにイギリス大使館員四人がモスクワから戻されただけだった。ロシアから暗殺者の引き渡しを拒まれ、刑事裁判に持ちこめなくなった政府は、未亡人マリーナ・リトビネンコが夫の殺害の公式捜査を要請するのを阻もうとした。当時内務大臣だったテリーザ・メイその人が、ロシアとの「国際的な関係」を守らなければならないと主張し、その可能性をつぶしたのだ。まる一〇年がすぎ、ロシアのクリミア併合でクレムリンとの関係修復が不可能になって初めて、イギリス政府はようやく捜査要請に対する態度を軟化させ、その結果、リトビネンコはプーチンの命令で暗殺された可能性が高いことがわかる。しかし二〇〇六年当時は、イギリス政府がクレムリン相手に勝ち目のない争いを起こすには代償が大きすぎた。

金のからむ冷たい現実として、そのころイギリスとロシアのビジネスが急速に拡大していたという事情がある。リトビネンコが毒を盛られたときには、イギリスはロシアのエネルギー部門への最大の投資国になっており、リトビネンコ殺害をめぐって両国が外交官の追放ごっこをしたほんの一週間後には、イギリスの石油大手〈ＢＰ〉が当時国営だったロシアのエネルギー会社〈ガスプロム〉と歴史的な共同事業契約を結んだ。逆にロシアのエネルギー会社もイギリスに大規模な投資をし、モスクワ企業の新規株式公開はロンドン株式市場に年間数百億ポンドの価値をもたらしていた。それらすべてがイギリス経済に必要不可欠な支えであり、プーチンにとっても好都合だった。外国からのロシアへの投資と国内ビジネスの世界展開によって、異分子排除、サイバー兵器開発、軍改革といった活動に費やすルーブルが追加で手に入ったからだ。プーチンはソビエトの訓練の賜物であると同時に、盗賊官僚《クレプトクラット》でもあった。ロシアをもう一度偉大な国にしつつ、自分や側近の資産も増やそうとした。モスクワに入ってくる金が増えれば、プーチン個人がオフショアの口座や信託、不動産などの秘密のネットワークに流せる金も増える。それによってプーチンが世界一の資産家になると見積もる向きもあった。

それでも、リトビネンコ殺害をめぐる応酬がもたらした外交上の軋轢は、ほかの西側諸国と足並みをそろえてクレムリンと密接な関係を保ちたかったイギリスとロシアの関係に影を落とした。その後、ロシア人亡命者やイギリス人のフィクサーが命を落とす事件がさらに増えたが、当局はいっそう頑固に目をそらすようになった。イギリス政府が目をつぶる姿勢を見せればそれだけ、ロシアは大胆になった。

イギリスが対応を怠った理由は、経済状況だけではなかった。ロシアの暗殺組織や国家保安機関が西側に侵入しはじめたのは、ちょうど二〇〇一年九月一一日の同時多発テロが起きて、英米の諜報・保安機関が全精力をテロとの戦いにつぎこんでいたときだった。組織犯罪集団の捜査や外国による破壊行為を監視していた、ＭＩ５（保安局）の職員やロンドン警視庁テロ対策司令部が通常の任務から引き離され、過激な聖戦主義者《ジハーディスト》との戦いに駆り出されていた。ＭＩ６では、対外諜報活動の指揮官たちがロシア担当部門を縮小し、人員の大多数を中東に集中させた。イギリスに移ってきたベレゾフスキーと仲間の亡命者たちは、巨大な犯罪組織とのつながりも持ちこみ、ロシアのスパイたちにあとを尾けられていた。イギリスの諜報・保安機関がそうした重大な事態から目をそらしているあいだに、ロンドンはロシアの諜報機関とマフィアのるつぼになっていたのだ。

イギリスにおけるロシアの脅威を監視しつづける数少ない当局者も、底なし沼に沈んでいくような事態に直面した。ロシアの犯罪ネットワークはあまりにも密接に国の保安機関と結びつき、ベレゾフスキーたちも犯罪組織とのつながりが多方面に広がりすぎていたので、危険が察知されたとしても、それがロシア政府によるものか、マフィアによるものか、もしくはその両方によるものなのか判断できないことが多かったのだ。ＦＳＢが犯罪組織のメンバーを雇っておそまつな暗殺計画を実行することも多々あり、必要とあらば、力のあるマフィアが国の暗殺者を臨時で雇い、もっと巧妙な殺害をおこなうこともあった。国が暗殺に関与している場合、手法が高度すぎてロンドン警視庁の知識を超えていることも多かった。イギリスの田舎で裕福なロシア人が死んだ事件の捜査をする地元警察は言うに及ばず。ＦＳＢの暗殺者は、薬物を使ったり、心理作戦で標的を自殺へと追いこんだりして殺害を事故や自殺に見せかける専門家で、ロシアの兵器研究所は殺害を自然死に見せる検出不能の毒を開発していた。たとえイギリスの諜報機関が暗殺計画の有力情報を得たとしても、情報源や、慎重な扱いを要する手法を明かさずに裁判所や検死官に機密情報を提出することができない場合が多い。そうなると、政治的暗殺だと糾弾しても裁判に持ちこめる可能性があまりないため、外交的な緊張と社会不安を高めるより、不審なところのない死として処理するほうが楽だった。

世界のほかの地域でもロシアの活動が目に見えて過激になると、イギリス当局はそれまでの分析に新たに考慮すべき点を加えた——「不安」である。クレムリンがサイバー攻撃を容認し、イギリス経済を混乱させ、イギリス国内の大勢のロシア人を動員して混乱を引き起こし、大きな害を及ぼすかもしれない、と国の安全保障の顧問が警告しはじめたのだ。二〇〇八年の金融危機後におこなわれた治安予算の大幅カットによって、イギリスの法執行機関の能力が低下したことに加え、一〇年ものあいだジハーディストのテロにかかりきりだったので、ＭＩ６内のロシア担当も影が薄くなり、イギリスは無防備に脅威にさらされていた。プーチンの近代化された軍隊は、予算削減で弱体化したイギリス軍をはるかにしのいでいると国防省も警告した。あからさまな敵対行動をとるようになったロシアが、ひそかに西側との全面戦争に進んでいるのではないかという懸念もあった。突如、ホワイトホール［イギリスの中央省庁や政府機関が立ち並ぶ大通り。暗にイギリス政府を指す］で、ロシアとの全面戦争の不安がささやかれるようになったのだ。戦争となれば急襲される可能性があり、イギリスは態勢を整えることもできないだろうというのが政府高官の一致した意見だった。もはやビジネスの問題ではない。政府がイギリス国土におけるロシアの暗殺計画への対応を考える際には、真の脅威を念頭におく必要があった。

リトビネンコの殺害以降、プーチンはいっそう露骨に力を誇示するようになった。殺害後数週間のうちに兵器の近代化計画を実行に移し、立てつづけのサイバー攻撃でエストニアを機能不全にし、二〇〇八年にはジョージア侵攻で初めて対外軍事遠征に乗り出した。ドイツ、フランス、アメリカへのサイバー攻撃もほのめかし、ヨーロッパじゅうの極右や分離主義集団に対するあからさまな資金提供や支援も増えた。しかし、ロシアの侵略行為がこれほど大胆になっても、イギリス政府は、好戦的な同盟国アメリカと、ロシアの石油やガスに依存しすぎてまったく戦意のないヨーロッパ諸国とのあいだで身動きがとれなかった。そんななか、東ウクライナへの侵攻が転換点となった。

二〇一四年三月のロシアによるクリミア併合で、プーチンをリベラルな枠組みに取りこめるのではないかという希望はついえた。ロシアはG8から除名され、NATO諸国はモスクワとの政治・軍事協力のいっさいを中止した。アメリカとEUは容赦のない制裁を科し、世界的な石油価格の下落と相俟って、ロシア経済は危機にさらされた。しかし、プーチンは意に介さず侵略を進め、混乱に陥ったドネツクやルハンスク地域に国境を越えて装甲車や重火器を送りこみ、ウクライナ政府とのあいだで全面戦争の火蓋を切った。さらに制裁が加えられると、親ロシア派武装勢力が、アムステルダム発クアラルンプール行きのマレーシア航空一七便を東ウクライナ上空で撃墜し、二八三人の乗客と一五人の乗員が犠牲になった。その事件後、ようやくイギリス政府は態度を軟化させ、アレクサンドル・リトビネンコの死について公開捜査をおこなうと発表したのだ。

ただ、そのあとですら、政府は国内でロシアの大規模な暗殺計画が実行されている証拠を公表しなかった。長く目をそらしてきた脅威に直面するには、イギリスの街なかで化学兵器による無差別攻撃が起きる必要があったのだ。

ソールズベリーでセルゲイとユリアのスクリパリ親子が昏倒する事件があったころには、西側諸国もようやくロシアの脅威の重大さに気づいていた。この事件が起きたのは、一連の驚くようなクレムリンの行動の直後だった——ドナルド・トランプを勝利させるためのアメリカ大統領選挙への図々しい関与、政府主導のハッキングや、インターネットの荒らし、過激派への資金提供によるヨーロッパの民主主義への干渉、モンテネグロでのクーデター画策、西側諸国の政府へのサイバー攻撃の過激化、そしてシリア政府を支援する軍事介入では、シリア国民にこれでもかと化学兵器攻撃を仕掛けた。こうしたロシアの行動は、西側の敵を混乱に陥れ、政情不安をもたらすために、国の力を総動員した一方的な破壊戦争だった。

同じころ、イギリスの諜報機関は、国内で急増しているロシア人の暗殺に適切に対処していないとアメリカの諜報機関から厳しい目を向けられていた。ＣＩＡは、これが海を越えてアメリカにも広がってくるのではないかと不安を募らせながら、くり返される暗殺の手口を大西洋の対岸から監視していた。ベレゾフスキーの取り巻きたちの死をロシア政府と結びつける情報を長年ＭＩ６と共有していたので、イギリス当局がどの事件も捜査せずに闇に葬るのを驚愕の目で見ていた。イギリスが沈黙によって加担することで、プーチンがさらに大胆に暗殺を企てるのではないかという不安は、二〇一五年、ワシントンＤＣでミハイル・レーシンが不可解な死をとげたことにより強まった。レーシンはプーチンの元側近で、アメリカ司法省に証言を始める準備をしていたのだ。ＭＩ６とＣＩＡ双方のロシア担当の関係はどんどん悪化した。

二〇一七年、スクリパリの事件が起きる前年の夏には、〈バズフィード・ニュース〉の調査ジャーナリストのチームが、イギリスでロシア人の暗殺がくり返されている事実を暴露する特集記事を組んでいた——その証拠をイギリス政府が握りつぶそうとしていることについても。

ロシアによる暗殺がまたしても起きたからには、首相としても立場を明確にする以外なかった。しかし、スクリパリ親子に対する神経剤攻撃を強く非難し、外交官を国外追放しても、大統領再選へと上機嫌で突き進んでいたプーチンは狼狽しなかった。イギリスでロシア政府主導の暗殺計画が実行されたとテリーザ・メイが非難声明を出したほんの数時間後には、別の政敵の死体が見つかった。ニコライ・グルシコフは、ベレゾフスキーの親しい友人で仕事仲間でもあり、プーチンを公然と批判する敵だったが、犬のリードで首を絞められた死体がロンドン郊外の自宅で見つかった。ロンドン警視庁テロ対策司令部がすみやかに捜査の指揮をとったが、殺人者はまるで手がかりを残していなかった。

一方、セルゲイとユリアの親子は奇跡的に回復した。それもポートン・ダウンの科学者の専門知識と、彼らが神経剤対策に開発した最先端治療のおかげである。ベイリー部長刑事、非番の医師と看護師、芝生の上にいた子供たちもみな退院し、スクリパリ親子は動かせるだけ回復したところで安全な場所に移され、治療が続けられた。神経剤に汚染されたソールズベリーの九カ所で、何百万ポンドもの費用をかけて軍隊が除染作戦を実行した。人命が失われなかったので、しばらくは当局が危機を回避したように見えたが、スクリパリ親子への攻撃から四カ月後、ソールズベリーでさらにふたりがノビチョクの中毒症状で病院に運びこまれたというニュースが飛びこんできた。

ドーン・スタージェスとチャーリー・ローリーは、不遇な四〇代なかばのカップルだった。六月末のさわやかな夏の日、ローリーはゴミ箱や大型のゴミ容器をあさっているときに、恋人への上品な贈り物になりそうなものを見つけた。蓋に長いノズルのついた小さな壜が入った香水の箱である。箱には金色の文字で〈ニナ・リッチ〉と書かれていた。ローリーはそれを家に持ち帰ってスタージェスに贈った。スタージェスはノズルを押して両方の手首にスプレーした。

壜に入っていたのは香水ではなかった。ロシアの暗殺者がソールズベリーにノビチョクを運んできた入れ物だったのだ。スタージェスはスクリパリ親子に使われた量の一〇倍の神経剤を浴びてしまい、一週間あまりのちに病院で亡くなった。ノビチョクはローリーの手にも多少かかったが、彼はかろうじて生き延び、恋人が亡くなって二日後に意識を取り戻した。スタージェスの葬儀で棺を担ぐ人間はいなかった。政府の公衆衛生監視官が、参列者の汚染を防ぐために特別な手立てを講じたのである。

ロンドン警視庁テロ対策司令部の指揮官は、最優秀の捜査官たちにノビチョクを持ちこんだロシアの暗殺者を追跡させたが、六カ月間はまるで手がかりのないままだった。だが九月五日、警察幹部は、スクリパリ親子の暗殺未遂の容疑でふたりの男を逮捕したと発表した。ふたりはGRU（ロシア連邦軍参謀本部情報総局）の職員で、イギリスに偽名を使って入国していた。警察は、防犯カメラの静止画像とともに両名の写真を公開した。防犯カメラの画像には、ガトウィック空港に到着してイースト・ロンドンのさびれたホテルに向かい、ソールズベリーに偵察に出かけ、三月四日に同市を再訪して神経剤を使った暗殺者たちのにやつく顔が映っていた。

ロシア外務省のスポークスマンは、イギリスの捜査結果を「大きなでっちあげ」と切って捨てた。そしてプーチンが、ロンドン警視庁に拘束されたふたりの容疑者はロシアで罪を犯すこともなく暮らしていた「民間人」であり、まもなく表に出てみずから証言するだろうと告げた。翌日ふたりはロシアのプロパガンダ・ネットワーク〈ロシア・トゥデイ〉のインタビューに姿を現し、自分たちは大聖堂を見物しにソールズベリーを訪れた観光客にすぎないと訴えた。

同じ月、その容疑者のひとりがアナトリー・ウラジーミロビッチ・チェピガ大佐という

GRUの古株の職員であることを、追跡調査のウェブサイト〈ベリングキャット〉が突き止めた。チェピガはチェチェンとウクライナで軍務につき、プーチン当人から国家最高勲章を授けられていた。まもなく同サイトは、もうひとりがアレクサンドル・ミシュキンというGRUの軍医であることも調べ上げた。
イギリスの諜報機関もその情報を裏づけたが、クレムリンは歯牙にもかけなかった。プーチンは、翌月の演説でスクリパリを「裏切り者」の「ごろつき」と呼び、怒りをこめてGRUのソールズベリー事件への関与を否定した。

ホワイトホールや、テムズ川沿いの保安・諜報機関の本部では、官僚や職員たちがどうしてこういう事態になったのか自問していた。ロシアの敵がイギリスで突然不可解な死に方をすることには、長いあいだあまり関心を向けてこなかった。崩壊したソビエトからの略奪で金持ちになったロシアの泥棒男爵や、その不正な財産の西側でのロンダリングに手を貸した薄汚い金融家が、不幸な最期をとげたとしたら——そう、それは自業自得というものだ。クレムリンに君臨する男の脅威に西側が気づいてからも、そうした死は個別の案件と見なされ、あまり考慮する必要のない問題とされた。当局者たちは、長年ロシアに注意を払ってこなかった遅れを取り戻し、ロシアの核開発やウクライナでの軍の動向といったもっと大きな問題に取り組もうとしていたのだ。ところが、何百というイギリス国民が神経剤の脅威にさらされ、クレムリンがまったく悔い改める様子を見せない状況で、プーチン主導の暗殺計画が制御不能で放置されていることは否定できなくなった。どうすればプーチンを止められるだろう。

ウラジーミル・プーチンのひそかな戦争がようやく明るみに出た。とはいえ、イギリスの指導者たちは、あわてふためいた抗議とは裏腹に、とうてい本心から驚いたと主張することはできなかった。ロシアの暗殺者が街をうろついているのを知りながら目をそらし、プーチンの敵やイギリスのフィクサーが死んでも傍観してきたという自覚があったのだから。

本書は、クレムリンの標的となり、イギリスの地で生きて死んだ人々の物語だ――彼らとともに葬られ、歴代の政府が決して明かしてほしくなかった秘密の物語でもある。

第一部　ふたつの世界の衝突

1

ロンドン――一九九二年

その人目を引く若い弁護士は、ニューヨーク発ロンドン行きのコンコルド機ではかならず前方の席に坐ることにしていた。超音速ジェット機の前三列は、もっとも重要な乗客のために取ってあり、自分もそのひとりに数えられたいと思っていたからだ。一度、ジャッキー・オナシスの隣だったことがあり、近くにエリック・クラプトンが坐っていたこともある。だから次はどんな有名人が隣に来るだろうと期待に胸を震わせて、搭乗してくるほかの乗客を見つめるのが常だった。

通路を挟んだ1Bと1Cに坐った若いカップルにすぐさま視線が向いた。ひんやりとした秋の日で、三〇歳をさほど越えていないように見える男のほうは、豪華な茶色の毛皮の襟がついたアルマーニのオートクチュールのコートを着ていた。背が高く、日に焼けた筋肉質の体で、ひげを無骨な感じに仕上げ、人懐こそうな顔のまわりにカールした黒髪が垂れている。連れの細身の女性ははっきりした顔立ちで、ブロンドの巻き毛が柔らかい革のジャケットに包まれた肩に落ちていた。腕のなかで生まれてまもない赤ん坊がすやすやと眠っている。なんともすばらしいカップルだと弁護士は思った――見るからに愛し合っている。きっとふたりとも名家の出にちがいない。〈ブリティッシュ・エアウェイズ〉は最前列の席を用意して、優遇していることを示そうとしたのだ。

離陸したジェット機が大西洋上空に達したところで、その背の高い男性が通路越しに身を乗り出し、弁護士に手を差し出した。「スコット・ヤングです」意外にもスコットランド訛りで自己紹介した。「あなたを知っている気がするんですが」

弁護士はそう言われたことを喜んだ。最近、大富豪の代理を務め、世間の注目を浴びることも多かったからだ。

「そうかもしれませんね」弁護士はヤングの手を握りながら明るく言った。「最近、テレビに出てますから。弁護士なんです」

ヤングはさらににっこりと微笑んだ。婚約者のミシェルが赤ん坊のスカーレットに母乳を与えるのに忙しくて、退屈していたのだ。一家はバルバドスの超豪華リゾートホテル〈サンディ・レーン〉で休暇をすごし、途中で少し買い物をするためにニューヨーク経由で帰宅するところだった。ヤングは自信をみなぎらせ、旅行の費用全額――飛行機代、五つ星のホテル代、ブランド物の買い物代、その他すべて――を現金で支払ったと打ち明けた。そのことに弁護士は興味を持った。おそらく、それが飛行機の最前列にいる理由なのだろう。だが、コンコルドの航空代はひとり往復約八〇〇〇ポンドもする。どんな人間がそれを現金で払う？

ふたりの男はフライトのあいだ、楽しくしゃべってすごした。ヒースローに到着し、タラップがつけられるときになって、ヤングは弁護士に名刺をもらえないかと頼んだ。

「ちょっと税金の問題があって相談したいんですよ」立ち上がって足を伸ばしながらヤングは言った。

二週間後、ヤングは弁護士のロンドン中心部のオフィスに足を踏み入れ、ドアを閉めた。

「これまでヨーロッパじゅうの銀行から金を奪ってきたんですが」彼は事務的な口調で言った。「それをイギリスで遣おうとするたびに、税務署から金の出所を訊かれるんです」

弁護士は、じつにおもしろいことになったぞと思った。これまで顧客になった犯罪者――愛情をこめて「わが犯人たち」と呼んでいる――のほとんどは活動の舞台をイギリスにかぎっていたが、どうやらヤングは国際的な野心を持つ人間らしい。ますます興味深い犯罪者だ。弁護士は新たな顧客に、問題を解決する力になると約束した。しかしまずは、もっと事情をくわしく知る必要があった。

ヤングは生まれるときにも急いだのではないかと思わせるような男だった。物心ついたときから、生まれ育ったスコットランドの埃っぽい港町ダンディの荒れ果てた共同住宅地とはできるかぎり距離を置きたがっていた。早くに学校を辞めて故郷の町のパブやクラブでドラッグの売買を始め、その後エジンバラに出ると、スコットランドの首都の紫煙漂う地下のバーで手広く商売に励んだ。正式な教育がないところは、人間的な魅力や弁舌の巧みさや狡猾さで補った。だいたいどんな人間でも説得して動かすことができ、駆け引きに類いまれな才能を発揮した。その才能のおかげで、ヤングはのちに、世界でも最高に裕福で政治的に有名な人々の「スーパーフィクサー」を自認する道へと進む。だがそのまえに、みずから大物になる必要があった。

ダンディで仕事を始めて以来、ヤングは危険な人物とかかわる習慣を捨てられなかった。最初に教えを受けたのは、アレックス・ブラウンというつねに銃を持ち歩いているカジノ王で、ショットガンを抱えてパブで騒ぎを起こすことをものともしない人間だった。そうして騒ぎを起こした場所は、奇妙なことに不審火で燃えてしまうのだった。ブラウンは結局、スペインのマリーナに係留していた豪華ヨットのそばの海にうつぶせに浮かんで死んでいるのを発見されるが、そのはるかまえにヤングは金を蓄え、明るい未来と大きな仕事を求めてスコットランドをあとにしていた。ロンドンに出ると、この若いやり手の悪党はいっそう危険な人間たちとかかわるようになった。

パッツィ・アダムズは、イギリスでもっとも怖れられている組織犯罪集団を率いる三兄弟のひとりで、ロンドンの裏社会で誰よりも暴力的な人間として有名だった。「Ａチーム」と呼ばれることを好んだアダムズ一家は、おびただしい数の犯罪を通して何億ポンドもの資産を保有していた。パッツィは一家の用心棒で、高速バイクを使った狙撃を得意とした。ロンドン警視庁は二五件もの暗黒街の襲撃をパッツィの仕業と考えていた。ヤングはロンドンにやってくると、どうにかこのギャングのボスへの紹介を取りつけ、苦労して信頼を得た。まもなく一家のために働くようになり、そこから本当の意味で現金が入ってくるようになったのだった。

Aチームは、イギリスの二流のギャングから一線を画する存在だと自認していた。過激な暴力を強みとするだけでなく、国際的な視野を持っていたからだ。警視庁は、一家がコロンビアのドラッグ・カルテルと強大なロシア・マフィアの両方とつながり、ヘロインやコカインをサンクトペテルブルクへ送りこんでいることを突き止めていた。兄弟のビジネスは、恐喝、強請《ゆすり》、収賄、人身売買、マネーロンダリング、密輸、詐欺、銃の密売、窃盗といったギャングらしいやり口に加え、ヨーロッパへの麻薬密輸や武装強盗が活発になっていると見られていた。

ヤングは弁護士にパッツィ・アダムズとの関係は明かさなかったが、ヨーロッパじゅうの銀行を襲って大金を手に入れている武装強盗団と手を組んでいることは説明した。奪った金はほとんどスイスやリヒテンシュタインの銀行の口座か、途方に暮れるほどの金額が詰まったスーツケースのなかに隠してあった。しかし、ヤングがイギリスでそれをばらまこうとするたびに内国歳入庁から質問され、答え方がわからないのだという。

その問題は、ヤングが恋に落ちたことでいっそう切迫していた。ミシェルとの出会いは、彼女が二〇代前半の有能なファッション・バイヤーだったときで、ヤングは最初のデートで、きみこそぼくの子供の母親になる人だとわかったと告げた。そのことばどおりとなり、ミシェルは妻になることにも同意した。婚約者となった彼女はもちろん身のまわりの高級品を好んだが、ヤングのことは合法的なビジネスマンだと信じて疑わなかった。ヤングは疑惑を招くことなく、彼女にふさわしい贅沢な暮らしをさせられるよう、イギリスで自由に金を遣う方法を見つけなければならなかった。

弁護士は、この新たな顧客にどこか率直でナイーブなところがあるのに驚いた。もっと広い社会に受け入れられたいと思っている。これほど愛し合っている若いカップルが出世していくのを見守るのも悪くない。

弁護士はヤングに、まっとうなかたちで力を貸してくれる人間を知っていると告げた。税金専門の法廷弁護士と話さなければならない。そしてこれは一流の勅撰弁護士がすべき仕事だった。

弁護士がヤングを連れて勅撰弁護士のオフィスに入ると、入口で熱心そうな事務員に出迎えられた。

「一時間の相談料として三五〇〇ポンドいただきます」と挨拶代わりに言われた。涙が出るほどの金額だったが、ヤングはひるまなかった。うなずいて了承すると、なかへ通された。

フクロウに似た勅撰弁護士は机の奥に坐ったまま、ヤングが一部始終を語るのをじっと聞いていた。話が終わるとうなずき、時計の音だけが響くなか、両手を組んで親指をくるくるまわしながら、補足の質問をした。そして椅子の背にもたれ、高価な助言を始めた。

「税務署に金の出所を説明すべきだ」そう言う勅撰弁護士にヤングは目をみはった。役所に犯罪を告白しろなどというのは、金を払って聞きたい助言ではなかったからだ。しかし、勅撰弁護士はくわしく説明した。一九八八年の所得税・法人税法の課税対象所得一覧には、銀行強盗で盗んだ金の記載はない。つまり厳密に言えば、強盗で得た金については税金を一ペニーたりとも支払う義務はないということだ。なおいいことに、税法は申告者が申告内容によって有罪にならないことを保証している。要するに、内国歳入庁はヤングを警察に突き出せないということだ。

「彼らもロンドンに金が入ってくるのを止めたくないんですよ」若い弁護士が賢しらに口を挟んだ。「現金は盗んだものだと正直に申告し、利子や将来の投資で見込まれる利益に対する税金を払うことに同意すれば、当局は満足するというわけだった。

その助言どおりであることがわかって、ヤングは驚いた。かくして彼は、エッピングの森のはずれにある勅撰弁護士の壮麗なジョージ王朝ふうの邸宅を日々訪ねるようになった。毎朝ポルシェを駆って邸宅の曲がりくねったドライブウェイに入り、混乱した資産状況を整理して、身ぎれいになるために骨の折れる一日をすごしたのである。三カ月後、手続きは完了した。予想どおり、内国歳入庁はヤングの説明を受け入れ、ヤングは突如としてイギリスの銀行口座に何百万ポンドもの貯金を持つことになった。

最後の訪問の際、ヤングは邸宅のまえにポルシェを駐め、磨きこまれた大きな木の箱を抱えてベルを鳴らした。なかへ通されると、ソファに坐ってお茶を飲みながらゆっくりとくつろいだ。その間、勅撰弁護士は謎の木箱を興味津々で見つめていた。暇を告げるときになって初めて、ヤングは贈り物を相手に手渡した。

「力になってくれたことに感謝したくて」弁護士が感動を覚えるほど真剣な表情でヤングは言った。「開けてみてください」

蓋を持ち上げて、弁護士は口をぽかんと開けた。なかには茶色の革のバンドがついた、光り輝く真新しい純金の〈ロレックス・デイトナ〉が入っていた。ヤングは時計を箱から出して弁護士の手首につけた――それは今日まで同じ手首を飾っている。そして別れの挨拶をすると、新たな人間として世の中へ出ていった。

イングランド、オックスフォードシャー――一九九六年

〈ウッドペリー・ハウス〉は一八世紀に建てられたパラディオ様式邸宅で、古英語の「森のそばにあるヨウナシの木《ウドウ・ピリッジ》」にちなんで名づけられた。その広々とした敷地を見晴らす書

斎の窓から、砂利を敷いた長いドライブウェイを近づいてくるポルシェが見えた。優美な車は、砂金石造りの建物正面のまえで快音を立てて停まった。おりてきたのは、背が高く、金のかかった装いの見知らぬ人間だった。書斎で論文の仕上げをしていたイラン人の学者は、ノックの音を聞いて机を立ち、玄関へ向かった。ドアを開けると、にこやかな笑みと差し出された手とともに挨拶された。

「スコット・ヤングです」訪問者は言った。「ヒースローに行く途中だったんですが、妻がこの家を買わなきゃならないと言うもので」車の助手席にいるすらりとしたブロンドの女性を身振りで示して続けた。「お売りになる気があれば、値段をつけたいんですが」

〈ウッドペリー〉の所有者はオックスフォード大学の著名な法学講師カーヴェ・ムサヴィだったが、家を売るつもりはなかった。それでも、玄関に現れた男には妙に抗いがたいものがあり、気がつけば条件を話し合うためにロンドンで数日後に会う約束をしていた。

ムサヴィがメイフェアにあるホテル〈ドーチェスター〉の豪奢なバーに行くと、テーブルについていたヤングは、そばのアイスバケットのボトルからシャンパンを注いだフルートグラスをムサヴィに差し出し、乾杯というふうに自分のグラスを掲げた。

「なんのお祝いです？」ムサヴィは訊いた。

「あなたに満足していただける取引をすることに」ヤングは愛嬌のある笑みを浮かべて言った。「あなたの家を現金で買うつもりです」そう言ってテーブルの下からブリーフケースを引っ張り出した。蓋が開くと、ムサヴィは目をみはった。なかには五〇ポンド札の束が縁までぎっしり詰まっていたのだ。

内国歳入庁と税金の折り合いをつけてから四年がすぎたが、ヤングは危険な取引のスリルを楽しむ気持ちを失ってはいなかった。アダムズ兄弟との関係は維持しながら、最近は上流の顧客に目を向けるようになっていた。ミシェルとは結婚して、スカーレットとサーシャというふたりの小さな娘もでき、大切な家族になっていた。新たなつながりを作るのにも忙しく、取引もスイスの口座やスーツケースに隠した数百万ポンドという金だけを扱うものではなくなっていた。賭ける金がずっと高額になっていたのだ。

ヤングはムサヴィに、現金を受け取る用意があれば一〇〇〇万ポンド払うと言った――一般の不動産市場でつくであろう価格の二倍である。そして、書類には二〇〇〇万ポンドの買値を記入し、残りは記録に残さず、税金もかからないようにする。ムサヴィはその提案が気に入らなかったが、〈ウッドペリー〉という重荷を肩からおろすのも悪くないと思い、銀行送金で払ってもらえるなら、市場価格で喜んで売ると答えた。

取引開始後、オックスフォードの学者が何かおかしいと気づくのに長くはかからなかった。最初の兆候は〈ドーチェスター〉でヤングが前金としてブリーフケースから四万五〇〇〇ポンドを取り出しながら、五万ポンドの領収書を書いてくれと頼んできたことだった。つまり、この男は誰かに報告する義務を負っているらしい、とムサヴィは思った。それで少しばかり分け前を取ろうというわけだ。そのことだけでも疑念を抱くには充分で、ムサヴィは大手の不動産業者にヤングという人物について調べてもらった。不動産業者は困惑した声で報告してきた。

「手を尽くして調べたんですが、何も出てきませんね。その人物の金がどこから来たものか、まるでわかりません」

直接ヤングに、どうやって財産を築いたのか訊いてみると、まず不動産で儲けたあと、ソビエトの優秀な数学者の助言にしたがって、キャッシュレス決済を開発するＩＴ企業に投資したと答えた。ほどなくヤングは、家を見たいというしかめ面の見知らぬ人間をともなって〈ウッドペリー〉に現れた。スーツを着た小柄なその同伴者は、せかせかとした態度で、話すとひどいロシア訛りだった。この人物がヤングにテクノロジー産業への巨額の投資を助言したモスクワの恩人なのだろうか。それとも〈ウッドペリー・ハウス〉の購入に実際に金を払う人物か？

オックスフォードシャーの邸宅の所有権を得るための準備として、ヤングはありとあらゆる方面に金をばらまいた。本人の説明どおり、インターネットのキャッシュレス決済を開発した企業に二六〇〇万ポンドを投資し、フィンランド人の億万長者で保守党の後援者であるポジュ・ザブルドウィッチと五〇パーセントずつ権利を分け合うと、すぐに小売業界の大物サー・フィリップ・グリーンとともに、別のインターネットのベンチャー企業に二〇〇〇万ポンドを投資する準備を始めた。本人は億万長者のクラブに加わったと嬉々として吹聴していたが、ムサヴィに頼まれた不動産業者がさらにヤングを追跡し、邸宅の購入にどの銀行を使うのかくわしく調べたところ、ヤングが現金をかき集めるのに苦労し、先に進めなくなっているように思われた。驚いたムサヴィはヤングに電話をかけ、強く問い質した。

「支払い期限は二四時間以内だ。それをすぎたら、あなたは購入する権利を失い、私はあなたを訴える」

ヤングはたじろがなかった。「明日、そちらの口座に現金を入れますよ」

「本当に現金をかね？」ムサヴィはまだ信じられない思いで訊いた。

「カーヴェ、現金と言ったら現金です。じかに受け取るのは本当に嫌ですか？」ムサヴィは嫌だと答えた。金はテーブルの下からではなく、銀行を通して公明正大に受け取りたかった。すると驚いたことに、翌日〈クーツ〉――女王のメインバンク――からムサヴィの口座に代金の数百万ポンドの送金があった。

新たに手に入れた八〇ヘクタールの敷地を持つ邸宅で、ヤング一家はこの上なく幸せだった。ふたりの娘はオックスフォードの途方もなく金のかかる〈ドラゴン・スクール〉に入れた。きら星のごとき有名人の子女が通う学校だ。ミシェルは大喜びで邸宅の女主人に収まると、大規模な改装をおこない、大勢の使用人を指揮して家を美しく保った。毎朝目覚めると、寝室の窓から起伏のある土地を眺め、目のまえのすべてが自分のものであることに驚きを感じるのだった。一月に雪が降ると、娘たちにダウン入りのジャンプスーツを着せ、家族で外に出てマシュマロのような雪に覆われた芝生を転げまわった。

しかし一家は、荘厳な邸宅のまわりの静かな田舎町に波風を立てた。〈ウッドペリー〉の改装に雇われた、高級物件を扱う地元の建設会社の経営者は、仰天した様子で旧知の仲のムサヴィに連絡してきた。

「ミスター・ムサヴィ、あの連中、どこかひどくにおいますよ」彼は言った。「家具を見たんです！　どう見ても成金だ。どこからあの金を手に入れたんです？」

一方、ミシェルは学校の校門で贅沢なライフスタイルを自慢して顰蹙を買っていた――エキゾチックな場所ですごす休暇や、ダイヤモンドや、ミシュランの二つ星を獲得したレイモンド・ブランクがオーナーシェフのレストラン〈ル・マノワール・オ・キャトル・セゾン〉へ週二度ディナーに出かけることなど。ポルシェで田舎道を飛ばしまくるヤングもそれに拍車をかけた。静かな地元のパブの外で、うるさいエンジンをかけっぱなしにすることもよくあった。最初は新たに町の一員となった裕福な家族を歓迎していた人々も、すぐにじっくり観察して胡散臭さを感じるようになった。イギリスのきわめて格式高い寄宿学校〈ストウ・スクール〉で教育を受けたというヤングの主張も、会食の席でポートワインをまわす順番をまちがえたことで、嘘だったと判明した。

ムサヴィは徐々に疑惑を深めていたが、邸宅を売却して約一年がすぎたある日、近くに新たに構えていた自宅に私服の刑事がやってきた。ロンドン警視庁で国の安全保障を担当する公安課の刑事で、ヤングのことで話があると言う。警視庁は、〈ウッドペリー〉の購入者がロシアのマネーロンダリングにかかわっているという疑いを抱いている、それについて何か知らないか、と尋ねてきた。

ムサヴィは、ヤングが邸宅を記録に残らない現金で購入したいと言ってきたことについては少し明かしながら、知らないと答えた。しかし、内心ではもっと深く探ってみようと決意し、ヤングが実際にどうやって資産を手に入れたのか独自の調査を開始した。その疑惑を共通の知り合いにぶつけてみると、新たな移住者と抜かりなく親しくするその地元民に驚いた顔をされた。

「知らないんですか？」おもしろがるようにその男は訊いた。「スコットはボリス・ベレゾフスキーの手先ですよ」

突然事情がはっきりした。ムサヴィもベレゾフスキーについてはよく知っていた。アルコール依存を深めていたロシア大統領ボリス・エリツィンのもと、国営企業を底値で買いあさり、莫大な財産を作った悪名高きロシアのオリガルヒだ。その財産の多くをオフショアに移し、ヨーロッパじゅうで豪華な不動産やヨットなどを買いまくっている。つまり、ヤングの金はすべてそこから来ているにちがいない。おそらくヤングは嘘で世渡りをする欲深い行商人にすぎないが、ロシアの泥棒男爵とかかわるのは危険だ。そのときから、ムサヴィは邸宅を買った男について奇妙な予感を抱くようになった。スコット・ヤングが命を落とすであろうことは数学的に予測がつくと彼は思った。

2

モスクワ、サンクトペテルブルク——一九九四年

絶え間なく雪の舞うモスクワの空の下、小柄でずんぐりした大物実業家はリムジンからおり立った。黒い目はあふれんばかりのエネルギーで輝いている。その男、ボリス・ベレゾフスキーは、本部として使っている革命以前に建てられた大きな邸宅へと急いだ。そのうしろに用心棒の一団が続く。オリガルヒのゴッドファーザーと見なされる男が急いでいないことはめったにないが、この日も例外ではなかった。ベレゾフスキーは自身のビジネス帝国を拡大していた。

一九世紀の商人の住まいを改装した建物は、凍結したモスクワ川にかかるボリショイ・ウスチインスキー橋に近いモスクワ中心部の高級住宅地にあった。橋からは、鋼色の空に光り輝いて聳《そび》え立つクレムリンのドームが見えた。ベレゾフスキーは本部に続く道路の両端を封鎖し、

その建物をモスクワの実業界や政界で頭角を現しつつあるエリートが集う私的なクラブに変えていた。紫煙漂う部屋のなかは、化粧漆喰《しっくい》の天井、壮麗なシャンデリアなど贅を凝らした造りで、繊細な装飾を施したイタリア製の家具に囲まれて、ルーブルで買える最高級のワインをそろえたバーがあった。

ソビエト時代には著名な数学者、技師、チェスマニアだったベレゾフスキーは、ソビエト連邦崩壊後、さまざまな運命を乗り越えてきたが、四〇代なかばのいま初めて、みずからを金持ちと呼べるようになった。鉄のカーテンが消滅するなり、好機と見てドイツ車の輸入を始め、ロシアがビジネスに門戸を開くとともに、その事業が爆発的に成長したのだ。ソビエト時代の価格統制がいきなり取り除かれて生じた激しいインフレで、ルーブルの価値が下がったときに、国営の自動車製造会社〈アフトバス〉から委託販売で乗用車ラーダを大量に仕入れ、後払いにすることで利益をあげた。ベレゾフスキーはすぐに同社最大の販売業者となった。経営する〈ロゴバス〉はその手法で数百万ルーブルを稼ぎ出し、メルセデス・ベンツ、クライスラー、シボレー、その他西側の高級車のロシアにおける公認ディーラーにもなった。〈ロゴバス〉は新たな資本主義ロシアの最初のサクセスストーリーのひとつだったが、ベレゾフスキーはそれでは飽き足らなかった。

身を切るようなこの一月の朝、ベレゾフスキーが〈ロゴバス・クラブ〉の壮麗な入口を通り抜けているときに、持っていることが自慢のかさばる携帯電話が鳴りはじめた。かけてきたのは〈ロゴバス〉の経営責任者ユーリー・デュボフ。直近の大規模な事業拡大で、大きな問題に突き当たったという。

ロシア第二の都市サンクトペテルブルクで、メルセデスの旗艦サービスセンターを新たに開設することになっていたが、その建設予定地が〈ロゴバス〉の所有であることを裏づける書類の発行を、市当局が拒否していたのだ。正規の書類なしにセンターを開けば、悪名高き汚職役人や略奪目的のギャングから強請られる恰好の材料になってしまう。しかも、ドイツ最大手の自動車会社が希望するセンターの開業予定日はすぐそこに迫っていた。

「うちの人間にはどうすることもできない」デュボフは絶望した声で言った。「シュトゥットガルト［メルセデスの製造会社ダイムラーの本社がある］との関係も大きく損なわれるかもしれない」

ベレゾフスキーは何をすべきかよくわかっていた。「プーチンに会いに行くことだな」

デュボフは当惑した。「それはいったい何者だ？」


リムジンが雪に覆われたサンクトペテルブルクの街を走り、カザン聖堂の金色のドームや冬宮殿の光り輝く円柱のまえを通りすぎるころ、デュボフは昼食をともにする相手についてほとんど何も知らないことを懸念していた。ベレゾフスキーによると、ウラジーミル・ウラジーミロビッチ・プーチンはこの街の副市長で、現市長の老アナトリー・ソプチャクに揺るぎない忠誠を誓いながらも、より大きな力を持つ副官である。最近は市の行政を取り仕切っているという。

「じつにいい人間だよ」とベレゾフスキーは言っていた。「あの街は実質、彼が牛耳っている」〈ロゴバス〉の事業を築くなかで、デュボフもモスクワの政治家を数多くもてなしてきたため、プーチンとの打ち合わせがどういう展開になるかはわかりすぎるほどわかっていた。おいしい食事とすばらしいワインと大量のウォッカで何時間ももてなしてから、目下の問題へと話を持っていき、解決にかかる金の額を相談するのだ。

コートの袖から雪を払い落としながらレストランに入ると、ラウンジにグレーのスーツを着た男がふたり坐っていた。デュボフの姿を見てふたりは立ち上がった。ウラジーミル・ウラジーミロビッチと自己紹介した背の低いほうの男は、痩せ型で、慎重な物腰に地味なネクタイが似合うぱっとしない感じの人物だった。壁の横に立たせたら、どっちが壁かわからないなとデュボフは思った。もうひとりの男はプーチンの秘書のイーゴリ・セチンと名乗り、片手にアタッシェケース、もう一方の手に大きな携帯電話を持って気をつけの姿勢で立っていた。妙にまじめそうなふたり組だった。

彼らは飲み物を断り、立ったままでいた。テーブルの用意ができるまでの一〇分間、デュボフはサンクトペテルブルクの天気について感想を二言三言――言ってもかまわないと思ったので、不快だと――言ってみた。振り向けた話題が無表情と沈黙ではね返され、ほかの話をしたがっている様子もなかったので、デュボフは雑談をやめ、いきなり要望をぶつけることにした。

〈ロゴバス〉はすでに新たなメルセデスのサービスセンターの用地に支払いをすませ、建物も完成間近だが、会社にその土地の正式な権利を認める書類の交付を市当局が差し止めている、とデュボフは説明した。副市長に力になってもらえないだろうか。

「一分待ってくれ」プーチンはそう言ってセチンから電話を取り、アンテナを伸ばして、すたすたと窓辺に歩いていった。

戻ってくると、セチンに電話を返し、デュボフに向かって言った。「書類はあなたが市役所にいらしたら、すぐに決裁されて交付される」プーチンはコートに手を伸ばした。「ではこれで」

「ランチは？」虚を衝かれてデュボフは訊いた。

「ここへはランチに来たはずだったが――」とプーチン。「あなたのビジネスの問題を解決するためだとわかった。問題は解決したので、食べたりしゃべったりに時間を使う必要はない」

そう言うと、セチンとともにくるりと背を向け、店から出ていった。残されたデュボフはぽかんとしてふたりのうしろ姿を見送るしかなかった。

「紹介してもらった人物は、たいそう変わり者だった」モスクワの〈ロゴバス・クラブ〉に戻ったデュボフは、ベレゾフスキーに報告した。頼みごとと引き換えの無料のランチを断るとはどういう政治家だ？

ベレゾフスキーは微笑んだ。「そう。彼はとても特別な人間だ」

その数年前、サンクトペテルブルクに車を輸入しはじめたころのことだ。ベレゾフスキーは、ソプチャク市政の若手職員だったプーチンと知り合い、役所との問題をいくつか解決してもらう代わりにささやかなお返しをしようと申し出た。驚いたことに、プーチンはそれを断った。ベレゾフスキーの知るかぎり、賄賂を受け取らない初めてのロシアの役人だった。その経験が忘れられなかったので、以後サンクトペテルブルクに行くたびに、プーチンのオフィスを訪ねて会話するようになった。ベレゾフスキーにとって、それはロシア第二の都市で根まわしをしなければならないときに役立つ関係だった。加えて、プーチンの影響力は市役所にかぎられないように見えた。

几帳面な若き副市長は、サンクトペテルブルクを恐怖に陥れていた強大な組織犯罪集団にもかなりものが言えそうだった。ロシアのマフィアは、ソビエト時代の治安国家が内部爆発してできた空間で、急速に成長していた。自動車産業はとくにギャングがはびこる業界で、無法者が新車の委託販売権を力ずくで奪ったり、儲かっている販売店を支配下に置いたりしていた。そのため、サンクトペテルブルクの中心部にぴかぴかのメルセデスのサービスセンターを開設するのは危険な賭けだった。しかし、プーチンは街でもっとも強大なマフィア――「タムボフ・ギャング」として知られる「タムボフスカヤ・ブラトワ」――に一目置かれており、ベレゾフスキーの事業の安全を保障しつつ、面倒な行政手続き上の問題の解決にも力を貸してくれたのだった。

ベレゾフスキーはプーチンが特別な人間だと確信していた。でなければ、なぜサンクトペテルブルクの腐敗役人の世界で出世し、染みひとつなさそうな道徳性を汚さずにギャングから信頼されるなどという離れ業ができる？　どうして見返りを求めずにこれほど力になってくれる？

しかし、じつはプーチンには喉から手が出るほど欲しいものがあり、ベレゾフスキーはそれをうまく与えてくれる独自の立場にいたのだ。それは、たんなるランチのおごりや車や札束ではない。「クレムリンの扉を開ける鍵」だった。

ボリス・エリツィンは共産主義者を排除し、ロシアの人々を過去の全体主義の暗闇から自由で豊かな未来の夜明けに連れ出すと約束して、一九九一年に権力の座についた。世界銀行など西側資本主義の拠りどころを手本としたその政策は、がたついた社会主義経済に、突然の価格統制廃止や国営企業の大規模民営化といった資本主義のショック療法を加えた。国の予算不足をルーブルの大量発行で埋めたことも相俟って、その政策は長引くハイパーインフレを引き起こし、ロシアの一般市民は貯えを失って絶望的な貧困へと突き落とされたが、幸運な少数の人々のもとには、ソビエト体制へのショック療法から思いがけない富が転がりこんだ。

ベレゾフスキーは、ロシア初の自由選挙で選ばれた大統領の回想録出版に資金を提供して、大統領の恩顧を受けた。一九九三年に発表された『エリツィンの手記』は商業的には悲惨な失敗作だったが、ベレゾフスキーは著者に印税がたんまり入るようにして、虚栄心の強いエリツィンを喜ばせ、私的な取り巻きになることを許された。そこからベレゾフスキーは、大統領の娘であり有力者でもあるタチアーナに狙いをつけ、気前よく贈り物や援助をして親しくなった。つまり、クレムリン・ファミリーとして知られた国の中枢の一員になったのだ。それは、エリツィンがソビエト時代の組織の解体と資産の分割にあたって相談していた内輪のグループだった。ベレゾフスキーは大統領の宮殿に願ってもない居場所を得ることで、この上なく大きな利益を手にすることになった。

ハイパーインフレに乗じて〈ロゴバス〉でひと財産を築いたベレゾフスキーは、それをできるだけ多くの国営企業の買収に使う計画だった。私的なビジネスを禁じていたソビエトには四万五〇〇〇もの国営企業があり、そのなかには巨大な石油、ガス、鉱物関係の企業もあった。そのすべてがエリツィンの投げ売りによって底値で買い放題だったのだ。ベレゾフスキーには資金があり、競売で勝ち抜くのに必要なクレムリンとのコネもあったが、もうひとつ必要なものがあった。ソビエト後の混乱した略奪社会においては、犯罪組織とつき合わずに成功する方法はなかったのだ。

ロシアでは爆発的にギャングが増えていた。ソビエトという治安国家の崩壊で野放しになり、ＫＧＢの解体で何千人という職員が組織犯罪の世界へ流れこんだことも状況に拍車をかけた。

国全体がソビエト体制の抑圧から少しずつ目覚めていく一方、マフィアははるかに先んじて覚醒していた。マフィアはロシアでもっとも輝かしい最高のビジネスマンを自認し（ソビエト時代に事業家として成功するには、ほかに方法がなかった）、国家の事実上の民間部門であるブラックマーケットを何十年も牛耳った商売の経験や、長年共産党のエリートに贅沢な品を供給して培った政府との深いつながりを誇っていた。そこで国営企業の競売が始まるなり群がって、ロシアのエネルギー、鉱業、通信、輸送部門をごっそり買い上げた。資本主義によって新たな収入源もできた。マフィアに「クルィシャ」――保護、または文字どおり「屋根」の意――の金を払わずにロシアで私的なビジネスを始めようとすれば、脅されたり、街から追い出されたり、殺されたりした。一九九四年にエリツィンが自国を「世界最大のマフィア国家」と呼び、「巨大犯罪集団が国をまるごと呑みこもうとしている」と警告したのも無理からぬことだった。ソビエトに代わってマフィアが国を乗っ取っていたので、ベレゾフスキーがロシアの混乱をきわめる新たな実業界で生き残ろうと思えば、どうしてもマフィアとつき合う必要があったのだ。

そこへ登場したのがバドリ・パタルカチシュビリである。しゃれた口ひげを生やしたこのジョージア人のビジネスマンは、モスクワのマフィアと強くつながり、国家保安機関内の犯罪分子とも深い関係を結ぶ、ソ連崩壊後の裏社会のコネに恵まれた人物だった。ジョージアの首都で国営の自動車製造会社の上級職についていたが、ベレゾフスキーに犯罪社会での利用価値を認められ、モスクワの〈ロゴバス〉の副社長にすえられた。パタルカチシュビリが持っていた何よりも得がたいコネは、一九九〇年代にモスクワの外で最強クラスの犯罪組織だったジョージア・マフィアのボスで、レスラーとして世界チャンピオンをめざした経験もあるオタリ・クバントリシュビリとの結びつきだった。クバントリシュビリは重要な政治家と親しく、売りに出されるもっとも人気の高い国営企業をめぐって争う犯罪組織同士を仲裁して、大民営化の初期にはマフィアの顔のような存在だった。パタルカチシュビリは一九九三年末にモスクワにやってきた。クバントリシュビリが駐車場で狙撃手に撃たれて死ぬまえのことで、モスクワの裏社会で強いコネを作るのには間に合った。

バドリ・パタルカチシュビリを〈ロゴバス〉に迎えたことで、ベレゾフスキーは、ソビエト後のロシアで金持ちになって生き残るための不浄な「三位一体」のコネを手に入れた——マフィア、クレムリン、国家保安機関である。やがて、心の友にも出会ったことに気づく。ボリスとバドリはすぐに離れがたいコンビとして知られるようになるが、会ったとたん、互いにぴったりのパートナーという感触を得た。ベレゾフスキーは好みが極端で癇癪持ちだが、抗いがたく人を引きつける魅力とすばらしい説得力の持ち主で、どうしようもなく実務に弱かった。パタルカチシュビリはその対極で、くるりとはねた白いひげを生やし、毛皮の帽子を好むやさしげな外見の下に、鋼のような無慈悲な人間が隠れていて、与えられた仕事はかならずやりとげた。半人前のふたりがひとつになったようなものだった。ベレゾフスキーがアイディアを持ちこみ、パタルカチシュビリがそれを実行に移す、並はずれたビジネスの連携関係が生まれたのだ。

ボリスとバドリはエリツィンの「民営化」の競売で、真の価値の何万分の一という価格で驚くほどの数の国営企業を買収し、ほぼ即座に億万長者になった。まずは〈ロゴバス〉が〈アフトバス〉と結んでいた実入りのいいディーラー契約を利用して、この国営自動車会社の支配的持分を獲得し、次に国営航空会社〈アエロフロート〉や、いくつかの大手銀行、国内のアルミニウム産業の多くの企業の過半数の株式を手に入れた。最大の目玉は、頭角を現しつつあったもうひとりのオリガルヒ、ロマン・アブラモビッチと組んでロシア最大の石油会社〈シブネフチ〉を一億ドルで買ったことだった。実際には何十億ドルの価値のある会社を何十分かの一の価格で手に入れたのだ。

こうして裕福になったボリスとバドリは、権力を拡大する別の方法に目をつけた——国の検閲が突然なくなって活気づいたマスメディア企業の買収である。全国紙の〈コメルサント〉や、ロシアの主要テレビ局〈チャンネル1〉といったメディアを所有することで、国内の九八パーセントの家庭への入口となり、非常に価値のある政治的な取引材料を手に入れたのだ。

一九九〇年代なかばには、かつてのソビエトの数学者は、ソビエトという国家の灰のなかから現れた新しい泥棒政治《クレプトクラシー》の唯一無二の要となっていた。だが、それだけの権力をもってしても、大きな危機を避けることはできなかった。

夕刻間近の傾きかけた日差しが〈ロゴバス・クラブ〉の庇の下に届いていた。クラブのまえでは、ベレゾフスキーの銀色のメルセデス６００リムジンがエンジンをかけて主人の出立を待っていた。ベレゾフスキーは裏口から早足で出てきて、防弾仕様の車に乗りこむと、ドアを開けて待つボディガードにうなずき、後部座席に入った。一九九四年の涼しい夏の夕べで、通りは静まり返っていた。しかし、車がドライブウェイを抜けて公道に出た瞬間、静けさが大爆発によって破られ、メルセデスは宙に飛ばされた。防弾ドアが粉々になり、ベレゾフスキーの顔に金属とガラスの破片が降ってきた。煙がおさまると、運転席に人の胴体だけがあるのがわかった。運転手の首が飛んでいたのだ。ベレゾフスキーは、煙を上げる車の残骸から這い出た。通りには重傷を負った歩行者が五、六人いて、路肩に駐めてあった青いオペルの焼け焦げた残骸があった。車には五〇〇グラムの爆弾が積んであり、ベレゾフスキーが通りかかったときにリモコンで起爆するようになっていた。

ベレゾフスキーは火傷と顔の裂傷の治療のため、スイスの病院で数週間すごした。母国で買収した企業から得た現金の多くを隠してあるスイスは、第二の故郷と言える場所だった。モスクワに戻ると、爆破事件を捜査していたＦＳＢ（ロシア連邦保安庁）の若い捜査官から事情聴取に呼び出された。その捜査官はアレクサンドル・リトビネンコという名前だった。

緻密な捜査をするその捜査官は爆破事件の現場に出かけ、目撃者から話を聞き、ロシアの組織犯罪ネットワークの活動について無数の機密情報ファイルを調べたが、ベレゾフスキー襲撃を命じた人間は特定できていなかった。唯一の手がかりは、〈ロゴバス〉が最近、モスクワのギャングの一員セルゲイ・チモフェーエフ――見た目がシルベスター・スタローンに似ているということで、街では「シルベスター」と呼ばれていた――が支配する銀行と融資がらみで対立したという事実だけだったが、ベレゾフスキーはその問題については固く口を閉ざしていた。リトビネンコは壁に突き当たったが、ひとつだけ確信していることがあった。ベレゾフスキーへの攻撃は、彼を保護するモスクワ・マフィアへの挑戦と見なされるということだ。犯人が特定されれば、報復されるのはまちがいなかった。

〈ロゴバス・クラブ〉のまえで自動車爆弾事件が起きてから四カ月後、警察はまたモスクワ中心部で焼け焦げた自動車を発見した。車軸の下に取りつけられた爆弾で高級セダンが破壊され、なかからばらばらになった死体が見つかった。シルベスターの死体だった。

リトビネンコはベレゾフスキーの襲撃犯を見つけられなかった。シルベスターの殺害も未解決に終わり、モスクワの裏社会では、シルベスター自身が殺されたように見せかけて国を脱出したのだという噂が広まった。しかしベレゾフスキーは、リトビネンコのことが気に入った。鋭い青い目、少年っぽく刈りつめた薄茶色の髪、几帳面な物腰のこの誠実な若い捜査官と電話番号を交換し、連絡をとり合おうと約束した。

リトビネンコは保安庁の職員のなかでは例外的な人物だった。理想主義で、酒を一滴も飲まず、法と規則を遵守する。ソ連崩壊後のモスクワではめったに見られない資質だった。二〇代初めをＫＧＢの最後の混乱のなかですごして経験を積み、ＫＧＢが一九九一年に解散したあとは、ＦＳＢの組織犯罪捜査チームの捜査官という希望していた仕事につくことができた。

行儀よさそうに見えながら、リトビネンコはそのじつ興奮と情熱に駆られがちな精力的な男だった。それでも、ＫＧＢの士官学校での訓練により、そうしたエネルギーをうまく一点に集中させることができた。記録魔で、事細かに記入した手帳を仲間の捜査官に見せるのが好きだった。ロシアのマフィアの汚いビジネスの捜査で集めた書類は、一枚残らずきちんとファイルしていた。

仕事が何よりも好きなリトビネンコだが、ハイオクのエネルギーをつぎこむ別の情熱の対象を見つけたところだった。婚約者のマリーナは、くすんだ青い目とスラブ系らしい高い頬骨を持つうっとりするほど優美な社交ダンサーで、リトビネンコは友人のアパートメントで出会ってからというもの、連絡なしに花や彼女の一番好きな果物であるバナナを抱えて訪ね、少年のような熱意でマリーナを追いかけた。めくるめくロマンスののち、息子のアナトリーが生まれたばかりで、ふたりは結婚の準備を進めていた。しかし、家庭生活が完璧にうまくいっていたそのとき、愛するＦＳＢの仕事のほうが突然崩壊しはじめた。

リトビネンコは、ロシア最大のマフィアの動向について、電話を盗聴したり、幹部を情報提供者に雇ったりして、不穏な情報を山ほど集め、マフィアと政治家や役人とのつながりを調べていた。とくに有力なある犯罪組織の活動を深く掘り下げるにつれ、新生ロシアの信頼を揺るがすような悩ましい事実が次々と明らかになった。

タムボフというギャングがＦＳＢ職員と結託し、サンクトペテルブルク市当局の有力者の保護のもと、港にヘロインを密輸して、西ヨーロッパに送りこんでいたのだ。リトビネンコがこの件について調べれば調べるほど、ひとつの名前がくり返し浮かび上がった――ウラジーミル・プーチンである。

プーチンは骨の髄までＫＧＢの人間だった。ソビエトのスパイ・テレビ映画『盾と剣』に夢中になった幼いころからＫＧＢの一員になるのが夢で、一九七五年、故郷のレニングラード（サンクトペテルブルクのソビエト時代の名称）でＫＧＢの士官学校に入学できる年齢になるとすぐに入学した。卒業後の最初の任務は、レニングラードにいる他国の外交官の見張りで、その後東ドイツのドレスデンに派遣され、通訳を装って諜報活動をおこなった。幼いころからのＫＧＢファンが踏み出す第一歩としては、取り立てて輝かしいスタートではなかった。ドレスデンは鉄のカーテンのこちら側だったからだ。本物のスパイの冒険は諜報員が敵のなかで目に見えず活動する壁の向こう側、つまり西側でやるものだ。プーチンは、東側ですごす期間がもっと大きな任務の前哨戦にすぎないことを祈った――が、そんなときに大惨事が起きた。一九八九年にベルリンの壁が崩壊すると、プーチンはレニングラードに戻され、国立大学で新たな職員を訓練するつまらない職務をあてがわれた。そしてそこから、ソビエト連邦全体が崩壊し、愛するKGBが打ち壊されるのを恐怖とともに見つめることになった。

ソビエトの城壁が崩れ、ロシアが宿命の資本主義に大きく傾くと、KGBの職員たちは上司から、マフィアとつながりを持つように勧められた。世界の市場原理についてはマフィアが誰よりもくわしかったからだ。犯罪社会の大物たちが改革後のロシアを真に支配する勢力に加わるのは明らかだったので、KGBは新たな権力者と連携する方向に舵を切った。リトビネンコが掘り起こした証拠によると、*プーチンとビクトル・イワノフというレニングラードのKGBの同僚も、タムボフ・ギャングとビジネスをすることでその命令にしたがったのだった。

イワノフは冷淡な目をした押し出しのいい若手職員で、アフガニスタン紛争中に同地で二年間任務につき、KGBではプーチンよりも危険なキャリアを積んでいた。リトビネンコが集めた情報によると、KGBの瀕死の時期にタムボフ・ギャングのリーダーのウラジーミル・クマリンと親密な関係を築き、そこへプーチンを引きこんだ。タムボフ・ギャングは、サンクトペテルブルクの港の支配をめぐってライバルのマルィシェフ・ギャングと熾烈な縄張り争いをくり広げていたが、イワノフはクマリンに肩入れし、タムボフ・ギャングが敵を駆逐して街の支配を固められるように、KGBから何かと協力していた。リトビネンコの証拠によると、イワノフはそのころからクマリンの重要な副官で、ヘロインの陸揚げだけでなく、武器の密輸や人身売買、強奪、強請、委託殺人など、ギャングにとって実入りのいいほかのビジネスでも力を貸していた。一方プーチンは、利益をロンダリングするために仲間に引き入れられたようだった。〈ＳＰＡＧ〉という架空の不動産会社の顧問になっていたが、そこはクマリンがコロンビア産のドラッグで得た金のロンダリングのために設立した会社らしかった。

一九九一年にＫＧＢが崩壊したあとも、プーチンとイワノフはタムボフ・ギャングとのつながりを維持していたようだ。イワノフはＫＧＢのすぐあとに設立されたＦＳＫ（ロシア連邦防諜庁）に所属し、証拠によると、クマリンがサンクトペテルブルクを麻薬漬けにするのを国の資源で支援しつづけた。プーチンのほうは市役所に職を得、市政での地位を利用して、イワノフとクマリンが目をつけられないように守っていたようだ。リトビネンコは大きな当たりがあったと確信し、さらに調査を続けた。その発見がやがてどれほど危険になりうるか、本人は知る由もなかった。

ソプチャク市長は、市役所に新たに雇われたまじめで勤勉な職員がすぐさま気に入った。その職員は分をわきまえ、スポットライトを上司に譲る人間だった。サンクトペテルブルクがロシアのほかの地域とともに世界に開かれたときに、プーチンの流暢なドイツ語はたいへん役立った。ほどなくプーチンは、外国からの投資誘導を担当する市長直轄の対外関係委員会の長

＊　タムボフスカヤ・ブラトワについてリトビネンコが集めた証拠の多くは、のちに暗殺事件の調査委員会に開示され、litvinenkoinquiry.orgで公開された。プーチンもイワノフも組織犯罪とのつながりを否定しつづけている。

に任命された。

そのころのサンクトペテルブルクは、ハイパーインフレでひどい食糧難に陥っていた。プーチンは、危機という危機が好機をもたらすことにすぐ気づいた。地方政府は連邦から、飢えた国民のために肉や果物や砂糖などを得る代わりに、石油、材木、金属を輸出する許可を得ていた。サンクトペテルブルクの会社に輸出許可を与えるのはプーチンの仕事だった。彼の監督のもと、一億ドル相当の原材料が市から輸出されたが、妙なことに、プーチンが許可を与えた会社は船荷が出発するなりみな倒産するのだった。そのせいで、船荷が消えて交換の食糧が届かなくても、責任をとる者がいなかった。

輸出にかかわるこうしたごたごたが、サンクトペテルブルクの不正根絶を使命としていた侮りがたい市議会議員、マリーナ・サリエの注意を引いた。食糧が届かないことから、彼女は調査を開始し、市民が飢えているというのにプーチンとその一味が物資を懐に入れているのではないかと疑った。サリエの調査を受けて、市議会はプーチンの横領について検察の捜査を依頼する勧告を採決したが、プーチンは怒って不正行為を否定し、責任は倒産した会社にあると主張した。結局、プーチンの捜査がおこなわれることはなかった。ソプチャクが阻止したのだ。

市長はかつての共産主義独裁体制を激しく非難する風潮に乗って権力の座についたが、まもなく、ソビエト体制から変わった新たな民主主義のメカニズムを呪うようになった。サンクトペテルブルク初の自由選挙によって、市議会に四〇〇人の新人議員が集い、新たに得た権力のレバーをいっせいに引いたのだ。ソプチャクは、気づくと身動きがとれなくなっていた。議員たちは基本中の基本の議決事項すら議論したがり、ソプチャクのすべての提案に難癖をつける権利を嬉々として行使した。

プーチンは大荒れの市議会で上司がひどい目に遭うのを見てきたが、今度はみずからが議員の調査によって痛手を受け、民主主義は邪魔物にすぎないと悟った。しかし、資本主義となると話は別だった。市場はあらゆることを可能にした。プーチンは、副市長になるころには、ソビエト時代の諜報員としての訓練から得た権威主義的傾向と、市場への理解や犯罪をものともしない泥棒政治家《クレプトクラット》の資質をかけ合わせて、古いロシアと新しいロシアを見事に融合させた人物になっていた。サンクトペテルブルクでの影響力が広がれば広がるほど、野心も大きくなり、ボリス・ベレゾフスキーが協力を打診してきたときには、真の権力への道が目のまえに開けたことを知ったのだった。

3

スイス、ダボス――一九九六年

スイスの豪華なサロンの窓から、雪で覆われた街並みへと温かい明かりがもれていた。世界でもっとも贅沢な山の頂をめざして超一流のエリートが集まる、スキーリゾート。サロンのなかでは、ボリス・ベレゾフスキーが身を乗り出して、少数ながら有力な聴衆に熱弁をふるっていた。一九九六年一月、世界経済フォーラムが開かれている傍らで、ロシアの未来はまたしてもひと握りの大金持ちによって決められようとしていた。

ボリス・エリツィンは大統領の最初の任期を終えるところで、再選立候補の準備はしているものの、すでに千鳥足で屈辱的な敗北へと向かっていた。経済のショック療法が引き起こした全国的な窮状と、公の場に出るたびにだらしなくなっていく本人の姿が相俟って、大統領はロシアの一般市民のあいだで軽蔑の対象となり、支持率は一〇パーセントを割っていた。前月におこなわれた議会選挙では共産党が圧勝し、大統領選に関する初期の世論調査でも圧倒的にリードを固めていたことで、ベレゾフスキーは不安を強めていた［エリツィン自身は一九九一年の大統領就任前に共産党を離党していた］。共産主義者がクレムリンを奪い返せばどうなるか、よくわかっていたからだ。オリガルヒはつぶされるだろう。オリガルヒが手に入れたかつての国営企業は没収され、富は奪い返され、シベリアの刑務所での生活を心待ちにするしかなくなる。共産党の党首ジュガーノフがダボスに到着し、将来のロシア大統領として世界の指導者や国際メディアから次々と挨拶されるのを目にして、抱いている恐怖が杞憂ではないことがわかった。ベレゾフスキーは、ぼんやりと傍観してロシアが逆行するのを許すつもりはなかった。失うものが多すぎる。

ダボス・サミットを尻目に、オリガルヒのゴッドファーザーは仲間のオリガルヒを集めて、母国を救う計画を提案した。テーブルを囲む面々は、何がなんでもエリツィンを再選させなければならないと説得された。その戦いに勝ったうえで大統領に代償を払わせるのだ。ベレゾフスキーの説得力がものを言い、集まった人々は共産主義の脅威をはね返すために何千万ドルという資金を選挙運動につぎこむ秘密協定を結んだ。オリガルヒの「ビッグ・セブン」は、合計するとロシアの約半分の富とすべてのマスメディア企業を所有していた。その資金とともにテレビ局や新聞社も活用して、エリツィンのために総力をあげて情報戦争をすることになった。ロシアの選挙規定は一候補者の選挙運動費が三〇〇万ドルを超えることを禁じていたが、泥棒男爵たちが法律のようなつまらないものに邪魔立てされるだろうか？

モスクワに戻ると、ベレゾフスキーはダボスで集めた選挙資金を、ロックコンサートや有名人による応援、派手な宣伝といった西欧式の巧妙な選挙運動につぎこみ、〈チャンネル1〉の放送やコメルサント紙のコラムを使ってエリツィンを持ち上げ、共産党を血に飢えたスターリン主義の集団に見せかけた。その作戦は功を奏し、世論調査で忘れ去られた存在だったエリツィンは確実に支持を取り戻し、その夏の選挙で勝利したが、オリガルヒによる後援の代償は安くはなかった。

ビッグ・セブンは、エリツィンの再選に投じた金と引き換えに、まだ国営だった重要企業の支配的持分を獲得した。エリツィンがクレムリンに無事戻るやいなや、そうした企業が裏で操作された競売にかけられた。それにより、いまや国を支配しているも同然の盗賊官僚に対するロシア国民の憎悪はさらに深くなった。ダボス協定が結ばれ、オリガルヒにさらなる利益が転がりこんでから一年後の一九九七年、フォーブス誌が三〇億ドルの個人資産を持つ世界九位の裕福な企業家として、ベレゾフスキーの名前をあげた。しかも、エリツィンの再選を支えて彼が得た報酬は金銭面だけではなかった。

選挙後、ベレゾフスキーはいっそう影響力を行使するようになった。エリツィンによってクレムリンの国家安全保障会議の副書記という名誉職に任命され、チェチェン共和国の分離独立問題についてロシア側の代表交渉役にもなった。ベレゾフスキーは望んでやまない脚光を浴び、いっそうの金儲けにつながる新たな役割を大いに楽しんだ。
ところが、エリツィンの健康が急速に衰えだした。飲酒の影響があからさまな姿で公の場に現れることも多くなり、世界の舞台でロシアは笑い物になりつつあった。ベレゾフスキーと仲間のオリガルヒたちは、そろそろ後継者を見つけなければならないと悟った。必要なのは自在に操れる人間だった――白黒はっきりさせない御しやすい官僚で、決して裏切らず、彼らが上で糸を引くのに合わせてロシアを動かす操り人形の最高責任者。ベレゾフスキーはその任にぴったりの人間がいると思った。その男はモスクワにやってきたばかりだった。

ソプチャク市長は一九九六年のサンクトペテルブルクの市長選挙でエリツィンと同じ幸運には恵まれなかった。得票数を増やしてくれる大金持ちの後援者がそれほど多くなかったため、かつての仲間に足をすくわれたのだ。そのことが、プーチンが故郷の街を離れて首都へ進出する最後のひと押しになった。新市長の市政に加わることを、そういうふうに断ったのだ。その姿勢を知って、ベレゾフスキーはプーチンの人徳をますます確信した。後援者への忠誠心――それはエリツィンが後継者に何よりも求める資質だった。プーチンを売りこむのは簡単に思えた。

ほぼ一〇年のあいだ国の資産を略奪してきた大統領がもっとも怖れたのは、訴追されることだった。あざむいてきた国民から自分や側近が憎まれる存在になっているのは明らかだったから、後継者には、旧体制に戻って安易に国民の人気を得ようとしない人間を探す必要があった。

プーチンはベレゾフスキーと親しくつき合うようになった。〈ロゴバス・クラブ〉を訪ね、いっしょにスイスでスキーをし、スペインのベレゾフスキーの別荘に滞在した。ベレゾフスキーの伝手で政府の下級職員の仕事を得ると、磨きのかかった物静かで実直な見かけからすぐに支持を集めた。真の権力の座に近づけるように、ベレゾフスキーも力を貸した。一九九七年、プーチンはエリツィンの大統領補佐官を取りまとめる立場になった。クレムリン内で成功を収めたのだ。

モスクワ――一九九八年

ベレゾフスキーは入院していた。スノーモービルの事故で怪我を負ったのだが、その回復期に電話が鳴った。かけてきたのは、四年前の自動車爆破事件で彼の事情聴取にあたったアレクサンドル・リトビネンコだった。熱心な若い捜査官は、刷新されたロシアの国家保安機関ＦＳＢの重要機密を扱う部署に異動していて、ベレゾフスキーにふたりだけで話がしたいと言った。無駄にする時間はない、急を要する用件だ、と。

会うが早いかリトビネンコは本題に入り、あなたを殺害せよという命令を受けていると言った。リトビネンコが転属した新たな組織犯罪専門チーム、ＵＲＰＯは極秘の部署で、ルビヤンカ広場にあるFSB本部の外の目立たない倉庫を拠点とし、命令もすべて口頭で伝えられるほどだった。リトビネンコはこの異動で、最大限の注意を要する新しい刺激的な捜査案件を担当できると期待していたが、この新しいチームが作られた真の目的がすぐにわかって愕然とした。URPOはFSB内の秘密の暗殺部隊だったのだ。

大統領の権力が弱まるにつれてマフィアが力を強めたので、エリツィンは再編されたFSBに追加の資金をつぎこんだ。新たな組織はKGBの野蛮な古いやり方から離脱したはずだったが、所属している職員は同じで、新生ロシアに好ましい思いをまるで抱いていなかった。URPOは、国家への脅威と見なされる活動をする組織犯罪の中心人物を排除する任務を負っていたが、やがて幹部たちは職権を越え、政治色の強い特別任務にチームを利用するようになった。そうしてある朝、リトビネンコと四人の同僚が打ち合わせに呼ばれ、ロシアでもっとも影響力を持つオリガルヒを殺せと命じられたのだった。

URPOの上司たちは命令の理由を説明する気もないようだった。ベレゾフスキーが暗殺者リストに載るような何をしたのか、リトビネンコには見当もつかなかったが、ひとつだけ確かなことがあった。クレムリンの上級顧問の殺害は常軌を逸したことだ——反逆罪であることは言うまでもなく。なお悪いことに、その命令に続いて同じくらい想像を絶する命令が発せられた。ミハイル・トレパシュキンという人好きのするFSBの同僚が組織内の汚職のネットワークを暴いていたのだが、URPOの上司たちはトレパシュキンにも死んでもらいたいというのだ。モスクワの裏社会における美術品やアンティークの盗品売買の捜査に骨身を削っていたトレパシュキンは、配置換えになってからはモスクワにいるチェチェンのマフィアの捜査をしており、リトビネンコにとっては、心から同志と言える数少ない職員のひとりだった――不屈の精神の持ち主で、理想主義者で、一心に悪いやつらを追う男である。リトビネンコとチームの仲間たちにとって、同じ組織の人間を殺すことなど想像もつかなかった。政府の人間の命を狙って反逆罪を犯すことについても同じだ。そこで両方の計画を明るみに出すことにしたのだ。

最初はベレゾフスキーも耳にしたことが信じられなかった。クレムリンでこれだけ重要な地位にあるのだから、国の暗殺者から守られるはずだと思ったのだ。しかし、リトビネンコが用意したチームのほかのメンバーとの面談で、全員から暗殺計画が実際にあると聞くと、信じがたいことを信じざるをえなかった。トレパシュキンにも、標的になっていることを警告してやるべきときだった。続く数カ月、暗殺計画に乗り気でない暗殺チームはふたりの標的と極秘に会い、この企みを暴露するさまざまなシナリオを検討した。

ひんやりとした四月のある夜、モスクワ郊外の田園地帯にあるベレゾフスキーの広々とした別荘《ダーチャ》で彼らの計画は実行に移された。暗闇にまぎれてリトビネンコと同僚たちが集まり、与えられた命令をすべて説明するビデオ記録を作成した。この暴露のせいで仲間の誰かが逮捕されたり殺されたりした場合に公表されるよう、その証拠を無事カバンに入れたあと、告発者たちはロシアの軍部検察局に不服を申し立てた。極秘の捜査が開始され、その結果を待つあいだ、ベレゾフスキーはクレムリン内部で根まわしをした。

ＦＳＢが制御不能になっているのは明らかで、そろそろ体制を変えるべき時期だった。一九九八年六月、エリツィンはベレゾフスキーやほかの補佐官たちの助言を受け、ＦＳＢ長官を解任して、依頼どおりに確実に任務を果たす人物に置き換えた。こうしてウラジーミル・プーチンの子供のころの夢が叶った——ついにルビヤンカにある本部の頂点に立ったのだ。

プーチンがＦＳＢ長官になったことをベレゾフスキーは大いに喜んだ。後押しする人間が指揮官になったことで、みずからの暗殺計画を阻止するだけでなく、ＦＳＢから敵を排除することもできそうだったからだ。さっそくリトビネンコに、新長官のところへ行ってすべてを話すよう勧めた。リトビネンコはその指示にためらった。数年前に集めはじめたサンクトペテルブルクでのプーチンとタムボフ・ギャングとのつながりを示す証拠が、まだ手元にあったからだ。しかし、ベレゾフスキーは耳を貸さなかった。プーチンが高潔であることは彼自身が確認している。そんな貴重な人物を味方に引き入れない手はない。リトビネンコはしぶしぶ言われたとおりにした。

ルビヤンカの建物内にある長官のオフィスは、そのなかにいる人物と同じくらい灰色で機能的だった。プーチンはできるだけ友好的な顔を作り、机のうしろから一度出てきて訪問者に挨拶したが、リトビネンコは即座にその小柄な人物を値踏みした。精いっぱい心を開いた人好きのする人物に見えるが、すべて演技にすぎない、と胸の内でつぶやいた。それでもベレゾフスキーの指示にしたがって、ＵＲＰＯの内部で起きていることをくわしく説明した。プーチンはじっと耳を傾け、情報提供に感謝したが、リトビネンコは、机についた相手から冷たい憎悪の目で見られているという印象を振り払えなかった。

その話し合いのすぐあとで、プーチンはＵＲＰＯを解散し、所属職員をひそかに異動させた。それはプーチンが信頼できる証だとベレゾフスキーは主張したが、じつのところ、新しい長官にほとんど選択肢はなかった。チームを解散させよという命令を直接クレムリンから受けたのだから。秋になって軍部検察局が申し立てを退けたという知らせが密告者たちに届いても、ベレゾフスキーはたじろがなかった。ＦＳＢの頂点の人間がうしろ盾になってくれると確信し、真実を公にするときが来たと宣言した。

ベレゾフスキーは所有するコメルサント紙を使い、ＦＳＢの汚職を根絶やしにしてほしいとプーチンに訴える公開状を発表した。モスクワのすべての新聞社やテレビのジャーナリストが記者会見に呼ばれ、劇的な告発を目の当たりにした。スキーマスクとサングラス姿の男四人と、顔を出したリトビネンコがテレビの生放送に出演したのだ。彼らの告発に国じゅうの目が釘づけになり、映像は世界に発信された。ベレゾフスキーの目には大成功に映った。その日から、芝居がかったこの記者会見の興奮が病みつきになるほどに。しかし、ルビヤンカのオフィスで一部始終を見たＦＳＢ新長官は、はらわたが煮えくり返った。密告者は内部の秘密を明かすことで組織を裏切ったのだ。プーチンが重んじるスパイの名誉の掟に照らせば、それ以上に重い罪はなかった。リトビネンコも、顔を隠して同席した臆病者たちも報いを受けなければならないが、それには時間をかける必要があった。プーチン自身が仮面をはずしても安全になるには、まだのぼらなければならない階段があったのだ。

プーチンがＦＳＢ長官に選ばれたのは、ベレゾフスキーの暗殺計画よりはるかに重大な理由からだった。病んで問題を抱えたエリツィンに苛立ちを募らせていた補佐官たちは、何があろうとボスを守る人間という非常に特殊な候補者を探していた。プーチンの経歴には、彼こそが不愉快な任務を引き受けてもらうのにふさわしい人物だと確信させる出来事があったのだ。

前年の一九九七年一一月、サンクトペテルブルクで、老いたアナトリー・ソプチャクが精力的なロシアの新しい検事総長ユーリー・スクラトフから汚職の捜査を受けているとわかったときのことだ。プーチンは救助に乗り出した。ソプチャクが尋問中に心臓発作を起こして入院すると、プーチンは警察の警備をすり抜けて、かつてのボスを担架で運び出し、プライベートジェットでパリへ送り届けた。かくしてソプチャクは美しき《ラ・ベル》フランスで幸せな亡命生活を楽しんでいた。権力から退いたあとのエリツィンの人生を心配していた顧問団には、願ってもない逸話だった。大統領のみならず側近たちもスクラトフに探られては困る部分があったので、なおさらだ。

太鼓腹のこの検事総長は共産主義者で、一九九六年の大統領選挙後のエリツィンに公然と戦いを挑み、検事総長としてクレムリン内の汚職を一掃すると誓っていた。そのことばどおり、大儲けになる政府との契約と引き換えに実業家から賄賂を受け取っていたクレムリンの官僚の捜査を開始した。エリツィンの補佐官たちは、追いつめられた大統領を救うためになんでもするFSB長官を求めていたのだ。したがって、ルビヤンカに入ったプーチンの最大の目標はスクラトフの排除になった。

追いつめられていたのはエリツィンだけではなかった。スクラトフはベレゾフスキーも同じくらい熱心に追っていた。一九九九年二月のある朝、何十人という覆面の男たちが自動小銃を手にベレゾフスキーのモスクワのオフィスに押し入った。スクラトフの命令によるものだった。問題が生じたのは三年前、ベレゾフスキーが〈アエロフロート〉の新しい最高財務責任者（CFO）にニコライ・グルシコフをすえたときだった。グルシコフは厳めしい外見を派手な蝶ネクタイで和らげる、数字にうるさい男だったが、すぐに危険な発見をした――国営の航空会社が長年、国際的な諜報活動の隠れ蓑になっていたのだ。彼はベレゾフスキーに、一万四〇〇〇人のスタッフのうち約三〇〇〇人がスパイで、航空券の売上は諜報活動の原資として外国の巨大な不正資金ネットワークに流出していたと報告した。そして、ただ乗りをしていたスパイたちを解雇し、不正資金口座を閉鎖させて、その金を自分とベレゾフスキーが主要株主であるスイスの会社に移し、ロシアの諜報機関の長官たちにこれからは自前の資金で活動しろと書面で通告した。スクラトフは何百万ドルもの金を着服した容疑でベレゾフスキーとグルシコフを追っており、ベレゾフスキーの事務所の強制捜査はモスクワを震撼させた。泥棒男爵の王がついに当然の報いを受けるのか？

ウラジーミル・プーチンの目が黒いうちはそうならない。

手入れの数日後、FSB長官はベレゾフスキーの妻のために開かれた内輪のパーティにバラの花束を抱えて現れた。自分がどちらの味方かはっきり示したのだ。そして翌月、スクラトフに攻撃を加えた。検事総長に驚くほどよく似た小太りの男がふたりの娼婦とベッドでたわむれる画質の粗い映像を、国が管理するロシアのテレビ局がプライムタイムに流したのだ。KGBの教本どおりの古典的なハニートラップで、メッセージが伝わらなかった場合に備えて、プーチン自身が世界向けに記者会見を開き、ビデオに映った男はスクラトフにまちがいないと告げた。

胸の悪くなるような映像のせいで検事総長は辞職に追いこまれた。共産主義者が大半を占める議会がスクラトフの復職を求める決議を出すと、エリツィンはスクラトフの売春利用に関する犯罪捜査を命じ、それを理由にスクラトフを永遠に葬り去った。

エリツィンはまた、ステパーシン首相を解任して、スクラトフの失脚をさらに確実なものとした。ステパーシンは将来の大統領候補と目され、検事総長の忠実な味方でもあったのだ。こうして訴追の危険を回避したクレムリン・ファミリーは、後継者選びに集中する。エリツィンの続投はありえなかったので、解任された首相の代わりに大統領候補の資質を持った人物を見つけなければならず、それは早ければ早いほどよかった。さほど探さなくてもその人物は見つかった。忠実で、融通が利き、支援者を守るためなら汚い手も使うところを、プーチンが見せていたからだ。

ＦＳＢ長官が家族と休日をすごしていたビアリッツに、ベレゾフスキーが派遣された。一九九九年八月九日の朝、目覚めたロシアの人々は、ウラジーミル・プーチンが新たな首相になっただけでなく、エリツィンの後継者に選ばれたことも知った。

プーチンが首相になって一カ月もたたないうちに、爆破事件が始まった。一九九九年九月初め、モスクワとロシアのほかふたつの主要都市で大きな爆発が次々と起き、アパートメント四棟が真夜中に瓦礫の山と化し、眠っていた住人たちが吹き飛ばされた。消防は瓦礫の山から一〇〇〇人もの重傷者を救い出したが、ほぼ三〇〇人が命を落とした。爆発現場に埋まっていた黒焦げの死体の多くは子供だった。

それから二年後の九月一一日にニューヨークで同時多発テロが起きるまで、世界最多レベルの死者を出したこのテロ攻撃は、すぐさまチェチェン分離独立派の武装勢力によるものとされ、国じゅうに恐怖と不安が広がった。まさにそれこそ、新首相がみずからを次の段階へうまく押し上げるのに必要な状況だった。

プーチンの白黒はっきりしないイメージは、さまざまな後援者に、要求どおりに動く陰気で忠実な人形にすぎないと思いこませる役に立ってきたが、ここまでプーチンを引き上げたのと同じイメージが、彼の足を引っ張ることにもなりそうだったのだ。クレムリンにいる嫌われ者の盗賊官僚によってエリツィンの後継者に選ばれるだけでは、まだ足りない。幻滅を深めている有権者の心をつかむ必要があった。そのためには、新たにいっそう強い姿勢を見せなければならなかった。

押し売りされた資本主義の夢が、長年にわたる貧困と階級差別に取って代わり、ロシアは国民全体がアイデンティティの危機に瀕していた。ソビエト時代の不毛な権威主義を恋しく思うことはないにせよ、エリツィン政権下での略奪やえこひいきの横行で、ソビエト体制に代わるものにも根深い不信感が生じていた。残っているのは、失われた偉大さへの郷愁――ロシアが胸を張って超大国と名乗っていた時代への郷愁だった。国民が指導者に求めるのは、揺るぎなく強いロシアへの憧れを満足させる行動力のある人間だとプーチンは直感した。つまり、新たな態度を示さなければならず、アパートメント爆破事件は願ってもない好機となった。

爆破事件後、プーチンはただちに行動を起こした。チェチェンの首都に大打撃を与える空爆を命じ、何万人もの民間人を巻き添えにする戦争に突入したのだ。国民の琴線に触れたのは、プーチンがテレビをつうじてチェチェンの武装勢力に発した警告だった。「やつらがどこにいようと破滅させる」と彼は誓った。「トイレで見つけたとしても殺してやる」これは人心をつかみ、プーチンの株は急上昇した。

しかし、アパートメント爆破事件とその後の影響を批判的に見る者たちは、政府が示したシナリオにいくつかおかしな点があるのに気づいた。最初の兆候は、ロシア議会の議長による奇妙な発言だった。三件目の爆破事件の直後、モスクワから一〇〇〇キロ南にあるボルゴドンスクのアパートメントの一区画が爆弾で破壊されたと発言したのだ。問題は、ボルゴドンスクでは爆破事件が起きていなかったということだ――そのときにはまだ。その四件目の爆破事件は議長発言の三日後に起き、一七人が命を落とした。翌週には、別の都市のアパートメントの住人たちが、地下に爆弾を仕掛けている一味を目撃して警報を鳴らし、地元警察が全国に指名手配をかけた。このときの問題は、警察が容疑者たちを捕まえたところ、ＦＳＢの職員だったことである。ＦＳＢの新しい長官は急ぎ声明を発表せざるをえなかった。爆弾は偽物であり、ＦＳＢの職員たちは地域の警戒態勢を試すための演習をおこなっていたにすぎない、と。しかし、懐疑的な人々の疑念は晴れなかった。

リトビネンコはすでに内部告発のせいでＦＳＢを解雇されていたが、ベレゾフスキーの個人的な警備コンサルタントとして働きはじめ、かつての情報提供者のネットワークにもまだつながっていた。そうして集めた情報から、アパートメント爆破事件はプーチンがＦＳＢを去るまえに主導した陰謀だと確信していた。プーチンは、チェチェンを爆撃する口実と、選挙での得票数を大幅に上げる方法を探していたのだ。もしそれが事実だとしたら、ロシアの新たな首相はギャングの親玉というだけでなく、選挙で勝つために三〇〇人近い国民を犠牲にした怪物ということになる。だが、ベレゾフスキーは耳を貸そうとしなかった。後押ししている人間を権力の座につけるための活動が忙しすぎたのだ。

エリツィンのときと同じく、ベレゾフスキーはプーチンを褒めそやす本を出版する資金を出して彼を後援した。まずコメルサント紙に載ったその伝記は、プーチンの強い男のイメージを巧妙に打ち出す内容だった。〈チャンネル1〉では、プーチンと選挙で争う候補者を激しく非難する放送をくり返した。ベレゾフスキーはプーチンを支援する新政党〈統一〉を設立し、これにも資金を提供した。〈統一〉は一二月の議会選挙で大勝した。また、モスクワ一の宣伝マン――放埒《ほうらつ》な生活を送る赤ら顔のミハイル・レーシンというメディア専門家――の力を借りて、プーチンこそロシアを新世紀に導くのに必要な強い大統領だと印象づける如才ない宣伝活動をおこなった。

世論調査でプーチンの支持が急上昇すると、ベレゾフスキーは、そろそろ引き際だと現大統領を説得した。一九九九年の大晦日、エリツィンは引退を宣言し、首相を即日大統領代行に任命した。それにはお返しがあった。一九九九年一二月三一日に署名されたプーチンの最初の大統領令で、エリツィンは家族ともども訴追を免除されたのである。こうして取引における自分の側の約束を果たしたプーチンは、来る選挙をクレムリン内部というもっとも有利な立場で戦うことができた。

彼は指一本動かす必要がなかった。破壊されたチェチェンの首都グロズヌイの様子をテレビで映し、勝利を宣伝することで、選挙運動には足を踏み出す必要もないくらいだった。ロシア国民はプーチンを支持し、西側の指導者たちも応援した。世の風潮に敏感なイギリスの労働党の首相トニー・ブレアは、応援の意向を派手に示すために、選挙二週間前にジェット機でサンクトペテルブルクに飛んで大統領候補に会うことまでした。チェチェンでのロシア軍による略奪、レイプ、大量処刑、拷問について胸をえぐられるような報道がなされるなか、プーチンにへつらい、選挙結果が出るまえにほかの候補者を退けたことで、人権擁護団体の厳しい批判にさらされたが、ふたりの精力的な若い政治家は、サンクトペテルブルクでオペラ鑑賞の夕べを楽しみ、輝かしい勝利のみに目を向けていた。

「非常に知的で、ロシアで何をなしとげたいか明確な見解を持っている」ブレアはのちに定番のチェシャ猫のような笑みを浮かべてＢＢＣに語った。ロシア経済を近代化し、外国の投資を広く受け入れるというプーチンの考えを称賛したのだ。プーチンのほうも同様に称賛の思いを口にし、ロシアの石油とガスの資源開発へのイギリスの投資を歓迎すると約束した。チェチェンでの人権侵害について気まずい質問を受けると、ブレアはすぐさま新たな仲間を弁護した。「ロシアはじつに深刻なテロ攻撃を受けてきました」プーチンがチェチェンの分離独立派の仕業だとしたモスクワのアパートメント爆破事件が引き合いに出された。

一般大衆は知らなかったが、ロシアの未来の大統領とイギリス首相のオペラの夜は、双方の国の諜報機関が慎重にお膳立てしたものだった。ＦＳＢの幹部職員がロンドンでＭＩ６長官のサー・リチャード・ディアラブに接触し、ブレアとプーチンの人目を引く面談の企画に力を貸してほしいと頼んで、そうした調整がおこなわれたのだ。選挙を控えたプーチンを大統領候補として光らせるのが目的だった。リバー・ハウス［テムズ川のほとりにあるＭＩ６本部］での長時間の話し合いのあと、ＭＩ６長官はイギリスにとって「異例でユニークなチャンス」だと判断し、招待を受けるようダウニング街［イギリス首相官邸などがある街区で、首相官邸の代名詞］に進言した。こうしてプーチンの権力への道をならすのにイギリスが手を貸すことになったのだ。

ロシアの大統領候補を理想的だと思った世界の指導者は、ブレアだけではなかった。ビル・クリントンも、投票日の何カ月もまえにイギリス首相に電話をかけて興奮を表明していた。「プーチンには大きな可能性があると思う」とアメリカ大統領は言った。*「とても賢明で思慮深い。われわれも彼といろいろすばらしいことができるはずだ」ただ、その口調にはいくらか警戒も感じられた。「民主主義の受け入れについては消極的かもしれない」とはいえ、アメリカ大統領は、概してプーチンはうまくなだめれば交渉のテーブルにつくはずだと期待していた。「だいたいにおいてまじめでまっとうな意図の持ち主だ。まだ心を決めていないだけで」

ところがそれは逆で、プーチンの心はしっかりと決まっていた。

＊　この電話の内容は二〇一六年にクリントン・プレジデンシャル・ライブラリーで公表された。

二〇〇〇年五月、ロシアの新大統領は正式に就任してから七日後に、次々と新しい法律を成立させた。どれも大統領が婉曲的に「縦の力を強める」と呼ぶ施策を目的とする法律で、選挙で選ばれる上院議員をクレムリンが指名する人間に置き換え、ロシアの半自治地域に行政を監督する大統領特使を送りこみ、不正行為の疑いのみで地方行政官を排除する権限を中央政府に与えた。こうして地方政府への締めつけを厳しくしたあと、プーチンはほかの対抗勢力への規制も強化した。次に狙われたのは独立メディアだった。

プーチンのメディア担当大臣ミハイル・レーシンは、選挙でのプーチンの勝利に貢献した宣伝マンだったが、ソ連崩壊後に増殖していた民間独立系のテレビ局、新聞社、雑誌社に攻撃を仕掛けた。国家権力を最大限使って経営者に圧力をかけ、クレムリンが統制できるようにしたのだ。ジャーナリストや経営者が逮捕され、広告主が脅され、事務所が強制捜査され、容疑がでっちあげられた。レーシンはその後巨大な国際プロパガンダ・ネットワーク〈ロシア・トゥデイ〉を設立するが、独立メディアをクレムリンの支配下に戻すために容赦ない攻撃を加えたので、「ブルドーザー」というあだ名をつけられた。

メディアの粛清を着々と進めながら、プーチンはオリガルヒに注意を向けた。ベレゾフスキーらの大物事業家をクレムリンに呼び集め、特権を剝奪すると告げたのだ。不正な民営化まで見直すことはなかったが、オリガルヒは権力への特別な働きかけができなくなった。要するに、略奪品は取っておいていいが、政治には口を出すなということだった。

　ベレゾフスキーは逆上した。プーチンの大統領就任パーティでは、誰彼かまわず捕まえて、無名だったロシアの新しい支配者を自分が引き上げたと大喜びで話していたのだ。クレムリンの「チェス名人」としての立場は安泰だと確信して、当選したばかりの大統領に大胆不敵な取引を持ちかけたりもした。プーチンがロシアを支配する一方、ベレゾフスキーは名目だけの野党党首となり、両者のあいだで権力を分け合い、オリガルヒの立場を保証しながら大統領には実質対抗勢力が現れないようにするという提案だった。しかし、プーチンはその提案を冷たい侮蔑とともに却下した。ベレゾフスキーが初めて自分の失敗に気づいた瞬間だった。

　プーチンが徐々に独裁色を強めていくのは、大統領就任のはるかまえから誰の目にも明らかだった。チェチェン紛争が激しくなっていた時期、プーチンは大統領代行を務めた三カ月のあいだに、ソ連崩壊後の平和的な改革のいくつかをもとに戻していた。外国からの大規模な攻撃に対して核兵器の使用を認める法令に署名し、軍備拡張の予算を格段に増やした。知りすぎた人間はそれと同じだけ怖れるべきかもしれないと警告する出来事もあった。

　アナトリー・ソプチャクはパリでの逃亡生活から戻ってきて、プーチンの選挙運動の声高な――だが支離滅裂な――支援者になっていた。老いた元市長は期待されたメッセージをなかなか伝えられず、リベラル派と見なされていたにもかかわらず、それを忘れてプーチンを「新たなスターリン」と称えたりした。大統領候補が忘れてしまいたいサンクトペテルブルク時代のエピソードを嬉々として語りすぎてもいた。二〇〇〇年二月一七日、プーチンはソプチャクに選挙運動をひと休みして、ポーランドとリトアニアのあいだにあるロシアの飛び地のカリーニングラードに来てくれと頼んだ。三日後、老人はホテルの部屋で死亡しているのが発見された。公的な検死で死因は心臓発作とされたが、ソプチャクのふたりの用心棒が軽い中毒症状で治療を受けなければならなかったことの説明がつかなかった。調査ジャーナリストのアルカージー・バクスベルクは、のちの記事に、ソプチャクがホテルの部屋の電球になすりつけられた毒素で死亡したと書いた。ＫＧＢの古典的な手法である。ほどなくバクスベルクの車がモスクワの自宅ガレージで爆破された。たまたま彼は車内にいなかったが、メッセージは伝わった。

独裁政治へと突き進むプーチンに対して、ベレゾフスキーは誰がボスか思い知らせてやろうと決心した。コメルサントの紙面で、大統領の中央集権化の計画を痛烈に批判したのだ。「民主社会では、法律は個人の自由を守るために存在する」と公開状のひとつで諭した。プーチンがその道徳的教訓を無視して弾圧を続けると、ベレゾフスキーは怒り狂い、側近や顧問たちから状況を静観するよう忠告された。

「よく考えなきゃだめだ、ボリス！　あわてず、落ち着いてよく考えるんだ」ある顧問は、グランドピアノが静かに音楽を奏でる〈ロゴバス・クラブ〉のラウンジで、ワインを飲み葉巻をくゆらせながら懇願した。「きみには近づく手段があるんだから！　あの男といっしょにやればいい。きみは人を説得するのが得意だし、彼より頭もいい。もとはと言えば、きみが彼をあの立場に立たせたんだ。協力することだよ」バドリ・パタルカチシュビリも同意した。しばらくおとなしくして、物事が落ち着くのを待てないのか？　つまるところ、統制を受け入れれば、オリガルヒが国から奪った資産には触れないでおくとプーチンは言ったではないか。しかし、ベレゾフスキーは金を愛する以上に権力を求めるようになっていて、和解など論外だった。

「くそ野郎め」プーチンの名前が出るとそうつぶやくようになった。「断固戦うぞ」

老いた〈ロゴバス〉の経営責任者ユーリー・デュボフは、頭をかきながら、サンクトペテルブルクでプーチンと初めて会ったときのことを思い出していた。ランチをいっしょにする予定だったのに、しなかったことを。いま思えば、禁欲的で高潔なところを見せたのは、ほかの連中とのちがいを目立たせるプーチンの手法にすぎなかったのだ。

「ずいぶんまえから計画していたんだな」デュボフは考えこんだ。「自分を潤すには時期尚早だったから、時が来るのを待っていたわけだ」デュボフから見ると、ベレゾフスキーの命取りになる欠点は、実際よりも自分を重要人物と感じている点だった。自分なしでプーチンは国を治められないと信じていたが、蓋を開けてみれば、新しい大統領にもはやベレゾフスキーは必要なかった――ほかの誰にしても、もうベレゾフスキーをさほど必要としていない。突如、彼にはモスクワの権力の回廊に親しい人間がいなくなってしまったのだ。しかし、ベレゾフスキーは忠告に耳を貸すことなく攻撃を続けた。

二〇〇〇年八月、新たな大統領は就任後初のスキャンダルにみまわれた。原子力潜水艦の事故対応を誤ったせいで、一一八人の海軍将校が救助もなく、北極海の冷たい波間に沈んで絶命したのだ。ベレゾフスキーはこれぞ好機と〈チャンネル1〉を使って悲劇の責任を問い、プーチンを無力化しようとした。

ベレゾフスキーがコートダジュールのサファイヤ色の海を見晴らす、輝くような白いヴィラで日光浴をしているときに、クレムリンからの直接のメッセージを載せたフィガロ紙が玄関に届けられた。プーチンがフランスの新聞のインタビューに答え、新しいロシアでは一線を踏み越えたオリガルヒは「頭に一撃をくらう」と宣言していた。その警告を目にしたすぐあとで、ベレゾフスキーはモスクワへの召喚状を受け取った。〈アエロフロート〉の横領事件の捜査を再開した新しい検事総長が尋問をするという。二年前にプーチンにもみ消しを手伝ってもらった案件だった。オリガルヒのゴッドファーザーはいまやお尋ね者となり、クレムリンの敵となったのだ。

ひとつだけ即座にはっきりしたことがあった——プーチンが権力を握っているかぎり、ロシアには戻ることができない。

4

イギリス、サリー、ウェントワース・エステート
――二〇〇一年

そよ風の吹く夏の夕方、スコット・ヤングが、サリー州で新たに手に入れた壮麗な邸宅の砂利敷きのドライブウェイにゆっくりとポルシェを乗り入れると、生垣を抜けてミシェルが走り寄ってきた。

「家のなかに知らない人がいて出ていこうとしないの！」彼女は言った。「警察に通報したほうがいい？」

ヤングが円柱のある堂々たる入口からなかに入ると、黒い目の小柄な男がゆったりと肘掛椅子に身をあずけていた。

「わが家へようこそ！」侵入者は両手を広げ、きついロシア訛りで言った。「これはいくらで売る？」

あとになってヤングは、これがボリス・ベレゾフスキーを初めて目にしたときだったと友人たちによく話す。大げさな話が大好きだったこともあるが、そのほうが真実よりも都合がよかったからだ。話の落ちは、その男がロシアでもっとも裕福なビジネス界の大物だと知らなかったせいで「失せろ」と言ってしまった、だった。しかし、もちろんヤングはベレゾフスキーが何者かよく知っていた。

後年、ヤングとベレゾフスキーの関係を調査するために雇われた私立探偵は、すでにその数年前にヤングがモスクワを訪ね、ベレゾフスキーの取り巻きと会っていた証拠を見つけた。ヤングがその後イギリスで彼の代理人となり、ベレゾフスキーがロシアから持ち出した金をイギリスの壮麗な不動産や投資につぎこむのに手を貸していたことも。ベレゾフスキーが前年に国外逃亡して以来、ヤングは代わりにモスクワを頻繁に訪れ、〈チャンネル1〉のコンサルタントとして名刺を配っていた。このイギリスのビジネスマンに対して、FSBがスパイの世界で言う「長期にわたる関心」を抱くまでに長くはかからなかった。FSBの監視班はヤングの人物像を、大きな報酬の見返りにベレゾフスキーを極秘に手助けするハイクラスのフィクサーと考えた。ヤングはベレゾフスキーのつけでモスクワの高級カフェ〈プーシキン〉や〈ボーグ〉や〈バニーユ〉で豪勢に飲み食いし、最後はプライベート・クラブ〈ボルド〉で夜をすごすのが気に入っていた——モスクワの政界やビジネス界のエリートが頻繁に訪れる娼館である。

この年、ヤング一家は〈ウッドペリー・ハウス〉を買値の二倍以上の一三五〇万ポンドで売り、代わりに、有名人が多く住むウェントワース・エステートにあるこの大邸宅を買っていた。ベレゾフスキーはアンティーブ岬にある広大なイタリアふうのヴィラで何カ月も贅沢にすごしたのち、日光浴に飽きてイギリスに移り、まじめに新たな人生を築こうとしていた。長い亡命生活でイギリスに根をおろそうと考えた彼は、フィクサーの自宅をわがものにしたいと思ったのだった。

ベレゾフスキーは肘掛椅子のうしろから高級赤ワインが入った箱を取り出し、埃をかぶったボトルを引っ張り出した。そのワインをふたりで空にしながら、ロシア人はヤングに、母国での勇ましいエピソードを話して聞かせ、にぎやかな夜をすごした。まもなくベレゾフスキーの二〇五〇万ポンドという言い値が受け入れられた。ヤングは友人に、本当の売値は五〇〇〇万ポンドだったと語った。受け取った金の大部分は海外に隠してある、と。いくらかかったにせよ、ベレゾフスキーがウェントワース・エステートの邸宅を手に入れたのは確かだった。

ロシアのゴッドファーザーは新たな邸宅に妻と幼い子供たちを連れて移り住み、ヤング一家は近くにある別の壮麗な邸宅へと移った。それによって新しい飛び領土が誕生した。古い建物や湖が点在し、シカがうろつく緑豊かなサリー州のこの一画は、ロシアでもっとも裕福な男たちがクレムリンに長距離の戦いを仕掛ける拠点となったのだ。

第二部　亡命オリガルヒ

5

ロンドン、メイフェア——二〇〇二年

ダウン・ストリートの執事は激怒していた。配達人の一団がうまそうな料理を山のように積んだトレイを掲げて、豪奢なクリーム色のカーペットの上を行進し、煮こんだニンニクとスパイスのきついにおいをメイフェアのオフィスに充満させたからだ。ロビオ——ワインとハーブで煮こんだ豆料理——があり、積み上がったハチャプリ——チーズと半熟卵がとろけているパン——があり、軍艦も沈められそうなほど大量のニンニクとクルミのソースに浸かったチキンがあった。ダウン・ストリートの執事は軍隊並みの厳格さでキッチンを取り仕切っている。このようなあか抜けない食べ物が怒濤のごとく運びこまれるなど、厚かましいにもほどがあった。衛生面で問題があるのは言うに及ばず。侵入者たちは階下へ姿を消すと、一、二頭どころではなく一〇頭もの豚の丸焼きを掲げてまた現れ、それらをキッチンに運びこむと、空いているあらゆる場所に足を曲げた恰好の丸焼きを置いた。

　これはあまりに無謀。執事は早足にオフィスを横切り、サウナや極秘の会議がおこなわれる脇部屋のまえを通りすぎると、角にある主人のオフィスのドアをノックした。ドアが勢いよく開き、なかから不審そうな視線を向けられたが、やがてその光る黒い目は執事の肩越しに奇妙な行列をとらえた。突然活気づいた小柄な主人は、興奮した様子で執事の脇をすり抜け、動くご馳走を視察しに行った。残された執事はなすすべもなく抗議の声をあげた。

「ミスター・ベレゾフスキー！　冷蔵庫にこれだけの食べ物を入れる場所はありません！　一〇頭もの死んだ豚をどうしたらいいんです？」

　ベレゾフスキーは耳を貸さず、気にもしなかった。納品伝票が、すでにわかっていたことを裏づけた。

「バドリからだ！」彼は嬉々として言った。いまはそばにいないパートナーがまた故郷の味を届けてくれたのだ。

　バドリ・パタルカチシュビリは当初モスクワにとどまり、ベレゾフスキーがイギリスに逃れたあとのビジネス帝国を救おうとしてくれた。思慮深く、実際的で、冷淡なこのジョージア人のオリガルヒは、プーチンが側近に欲しがるような人間だったため、まもなくクレムリンに呼ばれ、好条件の取引を提案された。いま所有しているものはすべて所有したままでいい、経歴にもまったく疵がつかないようにする——ただし、ベレゾフスキーと縁を切るならば、だ。パタルカチシュビリはその種の裏切りを受け入れることができなかったので、プーチンの申し出を断り、当然ながらロシアから追い出されることになった。英国びいきのビジネス・パートナーとちがって、このジョージア人のオリガルヒはほとんど英語を話さない。そこで、逮捕状の発行が決まって逃げ出さなければならないとなったときに、故郷のトビリシへと亡命したのだ。ボリスとバドリは固く結託してロシアに残してきた資産を没収から救い出す計画を立てていたが、ふたりを知る誰にとっても、そうして離れ離れになっているのが痛手なのは明らかだった。

眼鏡をかけ、短いごましおのひげを生やした痩身の男が、奥の隅にある狭いオフィスから出てきて足を止め、大混乱を見て笑みを浮かべた。ユーリー・デュボフはこうした子供じみたお遊びを何度も目にしてきた。ベレゾフスキーがロシアから逃げ出してから二年のあいだに、ジョージアからの食べ物の配達が頻繁にあったのだ。パタルカチシュビリは、雇っている料理人にできるだけ大量に準備させた故郷の味でいっぱいのプライベートジェットを定期的にロンドンに飛ばし、その荷物をリムジンの輸送部隊に滑走路で受け取らせ、ベレゾフスキーが新たに構えた贅沢なメイフェアの本部まで送り届けさせていた。ベレゾフスキー自身がすべて食べきれるはずはなく、またも使用人たちがジョージアの豚の丸焼きをメイフェアじゅうのキッチンに売り歩く浮世離れした仕事を押しつけられることになるのだ。しかし、デュボフにはそんなことは問題ではないとわかっていた。重要なのはバドリがボリスに気持ちを送っているということだ。

ロンドンでもきわめて排他的なダウン・ストリートにあるオフィスは、ベレゾフスキーの新たな司令センターで、数多く訪ねてくる客と彼が極秘に計画を立てるその場の空気は張りつめていた。かつて〈ロゴバス〉の経営責任者だったデュボフは、検察庁が数々の容疑をベレゾフスキーに突きつけたのに加え、〈ロゴバス〉での横領に関する捜査を開始したのを機に、ロシアをあとにしていた。上司の新たな本部に小さなオフィスを与えられ、そこでボリスとバドリが故国に残してきた何十億という資産を救う計画に手を貸しながら、多彩な客が出入りするのをしかめ面で眺めていた。

プーチンの不興を買ってイギリスに逃れた亡命ビジネスマンや反体制派が増えるにつれ、ベレゾフスキーはその指導者を自認するようになっていた。ダウン・ストリートの訪問記録簿《ゲストブック》はロシアのお尋ね者の紳士録の様相を呈している。もっとも頻繁に訪ねてくる客のなかに、アレクサンドル・リトビネンコがいた。ＵＲＰＯの暗殺計画を暴露して以来、この元ＦＳＢ職員はくり返し逮捕、投獄されていたが、その容疑はどんどんでっちあげになっていた。ついにはベレゾフスキーが資金を提供して、彼と家族をイギリスに移住させる巧妙な逃亡作戦が実施され、リトビネンコは政治亡命者に認定された。目下ベレゾフスキーはウラジーミル・プーチンへの宣戦布告を計画しており、リトビネンコは少なくとも二発の銀の弾をこめた強力な武器になるはずだった。最初の弾は、ドラッグの密輸をおこなっているサンクトペテルブルクの凶悪なタムボフ・ギャングとプーチンとのつながりを示す証拠、二発目はほぼ三〇〇人もの国民の命を奪ったアパートメント爆破事件への大統領の関与を示す証拠だった。

ベレゾフスキーは、大統領選挙前にまだプーチンを支援していたときには、リトビネンコのどちらの話にも耳を貸そうとしなかったが、いまはかつて後押ししていた人間の仮面をはぎ、仕立てのいいスーツを着た犯罪者で行儀のいい怪物にすぎないという素顔を世間にさらしてやるつもりだった。ギャングと手を結び、権力を得るために何百人ものロシア人を殺した人間だ、と。プーチンを大統領の座から引きずりおろす国際的な運動を始めるのにぴったりの方法ではあるが、莫大な運動資金が必要なので、ロシアから自分の金を引き出すことがなおさら不可欠になっていた。ダウン・ストリートのゲストブックには、ベレゾフスキーが資産を救い出す方法を相談していたイギリスのエリート弁護士や金融家の名前も記されていた。メイフェアのオフィスは、異なる世界のめくるめく合流地点だったのだ。

デュボフはロビーを歩き、出口のそばに置かれた無表情の警備員のまえを通りすぎてエレベーターへ向かった。一階に着いて扉が開き、大理石のレセプション・エリアに出ると、内心あまり親しくなりたくない顔とぶつかった。

「やあ、ユーリー」背の高い相手が癇に障る反射的な笑みを浮かべて叫んだ。

「スコット」ロシア人は用心深く応じた。この年じゅう日焼けしている押し売りにボスがどんな利用価値を見出しているのか理解できなかった。欲しくもない派手な時計やペントハウスやスポーツカーをいつも売りつけようとするのだ。しかし、ベレゾフスキーがイギリスに移り、ウェントワース・エステートに邸宅を購入してからというもの、ヤングはベレゾフスキーの影になったかのようだった。ベレゾフスキーが行くどこへでも現れる――ダウン・ストリートにも、プライベートジェットにも、防弾仕様の車の後部座席にも。とりわけ夜遅く、ベレゾフスキーが夕食を終えるころに現れて、最新の胡散臭い取引について耳打ちする腹立たしい習慣があった。

そう感じているのはデュボフひとりではなかった。「三流の詐欺師だな」ベレゾフスキーの別の側近のひとりも、ヤングに会ったあとでそうささやいた。「ちょっと話せば、目のまえにいるのが詐欺師だとわかる」ところが、ベレゾフスキーはこのフィクサーに喜んで会っているようだった。ヤングの「為せば成る」精神に元気づけられていたのだ。ボスが何を思いついても冷や水をかけてばかりいる、長年の側近たちの懐疑的な態度とは大ちがいだった。デュボフは、誰をそばに置くべきかボスにあれこれ進言するつもりはなかったが、どう見てもヤングはペテン師なので、距離を置いてつき合うことにしていた。相手にぶっきらぼうに会釈して脇を通りすぎると、うしろを振り返ることもなくロンドンの雑踏のなかへと消えた。

ヤングはロシア人の側近の横柄な態度にひるまなかった。ベレゾフスキーに頼りにされているのは確かだったからだ。モスクワから流れこんでくる金に、西側の銀行はあらゆる面で警戒を強めている。金の受取人がロシアの産業界を揺るがす横領罪で指名手配されているとなればなおさらだ。ヤングの仕事は、ベレゾフスキーがイギリスで官僚相手のやりとりにわずらわされることなく自由に金を遣えるようにすることだった。ありがたいことに、イギリスの金融システムは恰好の抜け穴だらけで、ヤングはそれをよく心得ていた。ベレゾフスキーがロシアから持ち出した資産を、イギリスの目のくらむほどすばらしい不動産や自動車などに分散投資し、急いで設立したいくつものペーパーカンパニーによってベレゾフスキーが所有していることを隠した。そうして得た報酬で、ヤングはとっかえひっかえしていた愛人たちに法外な贈り物をすることもできた。自由に遣える金はぞくぞくするほど多く、その仕事から生まれた現実はあまりに魅惑的で、どんな物も人もそのスリルを鈍らせることはできなかった。

ベレゾフスキーはわが物顔で世界を動きまわっていた。発散する金と権力のにおいが強すぎて、まわりでは重力すら変化しているように見える。だからこそ、彼のフィクサーでいるのはとても刺激的だった。ベレゾフスキーがどこへ行くにも、フランス外人部隊の元兵士たちが用心棒として群がり、その場の安全を確認して通信機に何か性急にささやく。人生において、訓練された殺し屋たちが守りについている部屋に入っていくことほど大物気分になれることはほとんどないとヤングは学んだ。ロンドンの街を堂々と長い車列で走ることも同じだった。ベレゾフスキーは運転手つきの防弾仕様のマイバッハで移動し、そのうしろに用心棒を何人も乗せたバックアップの車がつき、尾行されていないことを確かめる対監視用車数台がしんがりを務める。前方には光り輝くオートバイに乗った先導者がいて、危険が迫っていないか確認し、混み合った交差点では交通を止めようとする。オートバイに乗っているのは人のよさそうな南アフリカ人で、警察のバッジや手信号もなくハイドパーク・コーナーで大混雑の交通を止めようとして、オートバイから振り落とされたことが何度もあると冗談めかして言っていた。ベレゾフスキーは街一番の有力者でいることに慣れすぎ、信号で停止して待つことが我慢ならなくなっていた。

スピードを求めるのは飛行機移動の際にも同じだった。ベレゾフスキーはボンバルディア・グローバル・エクスプレスを購入した。胃が揺さぶられるほどの勢いで空気の薄い高度まで上昇するので、ほかのどんな航空機より遠くまで速く飛べる最上級のプライベートジェットだ。その飛行機をビジネスで使わないときには、別の欲求を満たすために使っていた。パイロットを旧ソ連国へ定期的に送り、コールガールの一団を乗せてファーンバラ空港へ連れてこさせると、ベレゾフスキーが飛行機に乗りこみ、豪奢なダブルベッドを置いた客室で即席のオーディションをおこなうのだ。オーディションに合格したコールガールはマイバッハに案内され、ロンドンの最高級ホテルのひとつに連れていかれて、ベレゾフスキーの関心を引いているあいだは摂政時代ふうの豪華なロイヤルスイートに留め置かれる。オーディションに落ちた女たちは滑走路に足をおろすこともなく、ファーンバラからもと来たところへ戻された。

ヤングは雲間を上昇するボンバルディアのクリーム色の革張りのシートにもたれ、ベレゾフスキーとビジネスの話をしながら冷えたシャンパンを飲むのが大好きだった。とはいえ、日々のスリルは無視できない暗い脅威になりつつあった。

ロシア人とのつながりが危険をともなうことはヤングも認識していた——妻までがそれを忘れさせてくれない。ベレゾフスキーがウェントワース・エステートの邸宅を手に入れたことを祝うためにヤング一家を食事に招待したときから、夫婦の問題は始まっていた。ベレゾフスキーとともに現れた防弾仕様の車列と用心棒を見て、ミシェルは憤慨した。

「つまり、彼はとても危険な人物ってことよ」ベレゾフスキーが声の聞こえない場所に離れるやいなや、彼女は夫に耳打ちした。「私はかかわりたくないわ。娘たちもかかわらせたくない」

ヤングは家族に危険が及ぶことはないと妻を説得しようとした。しかしミシェルは、ベレゾフスキーがビジネスの話をしに来るときには、安全のためサーシャとスカーレットを家から遠ざけたほうがいいと用心棒に助言されたこともあって、納得しなかった。ベレゾフスキーの履歴を読み、モスクワにいるころ車の爆破事件で危うく命を落としかけたと知って、状況はさらに悪化した。ある日帰宅したミシェルは、ＭＩ６の職員だという男から声をかけられ、あなたの夫はロシア人と深くかかわりすぎていると警告されたと告げた。

「あなたは自分だけじゃなく、家族の命も危険にさらしてる！」ミシェルは夫に怒りの矛先を向けた。「自分は不滅だと思ってるのね！　力もお金もあり余るほど持ってるって。でも、不死身の人間なんていないの」

　そう抗議しながらも、彼女はプライベートジェットでの旅や、ヨットでの休暇、終わりのない買い物三昧に慣れきっていた。ヤングの財産はベレゾフスキーがイギリスにやってきてから急激に増えていた。クーツ銀行の資産明細表によれば、二億七九〇〇万ポンドの資産だ。ミシェルにも毎日のように豪勢な贈り物があり、一〇〇万ポンドのダイヤモンドのネックレスや、オートクチュールのドレスを山と積んだレンジローバーや、国内外に増えつづける宮殿のような別荘の鍵を贈られて、驚かずにはいられなかった。ヤングは突如イギリスの不動産市場を動かす大きな存在となり、大手不動産ブローカーの〈ナイト・フランク〉がヤングについて、「イギリスにおける弊社の個人顧客のなかでもっとも重要な人物」と推薦状を書くほどだった。ヤングは世界一裕福で有名な人々と肩を並べるようになっていた。

　ヤングとベレゾフスキーは、フィンランド人の億万長者で保守党寄付者のポジュ・ザブルドウィッチに声をかけられ、ロンドンでビル・クリントンのために開かれた「男性限定の」夕食会に招待された。ヤングは小売業界の億万長者サー・フィリップ・グリーンや、〈アイビー〉レストラン・チェーンのオーナーであるリチャード・ケアリング、テレビのリアリティ番組プロデューサーのサイモン・コーウェルとも親しくなった。ロンドンで夕食をともにするためにパリス・ヒルトンを飛行機で呼びつけたと自慢することもあった。ミシェルも加えて、マイアミでポップス界のスーパースター、ファレル・ウィリアムスと楽しくすごしたこともあった。

低くかすかに垂れこめる危険な空気も、これほど明るく美しい人生の輝きを曇らせることはできなかった。

ヤングはダウン・ストリートのエレベーターで二階にのぼり、左右に分かれてドアを開けてくれた無愛想な警備員たちに明るく挨拶してオフィスに入ったが、豚の丸焼きの強烈なにおいに一瞬圧倒された。バドリだ。隙のないシャネルの装いの受付係ににやりとしてみせると、ロビーを横切ってベレゾフスキーのオフィスの反対側のドアをノックした。

ドアを開けた丸頭の優美な男は、いつものようにきちんとした身なりで目を輝かせていたが、ヤングへの挨拶で浮かべた笑みは、氷のような青い目の隅にしわが寄る程度だった。その男、ルスラン・フォミチェフは、ボリスとバドリが誰よりも信頼するただひとりの金庫番だった。かつてモスクワでふたりが多種多様な投資を管理するために設立した銀行の会長兼最高経営責任者（ＣＥＯ）だったが、いまはロンドンでふたりの個人的な金庫番を務めている。ベレゾフスキーはいつも、自分のビジネスを何から何まで知っているのはフォミチェフだけだと言っていて、幸いヤングは、ベレゾフスキーのロシア人の取り巻きのなかで彼だけからは気に入られていた。

フォミチェフはベレゾフスキーの側近としては三〇代なかばと若手で、妻のカーチャとモスクワから移ってきたばかりだった。ヤングは夫妻がロンドンのパーティの輪にうまく加われるようにしてやった。ロンドンの派手なナイトスポットで有名人や若い王族たちとつき合い、〈ボージス〉でベルベデール・ウォッカやドン・ペリニヨンを入れたアイスバケットをテーブルに並べてひと晩に何万ポンドもの金を遣うこともあった。どんなレストランでも魔法のように直前の予約がとれ、どんなコンサートでも楽屋に入れ、どんな上流社会のパーティでも招待状をもらえたのだ。フォミチェフ夫妻は気が利いていて、華やかで、人好きがするので、数年のあいだにタトラー誌の年間「もっともパーティに招かれた一〇〇人」の一三位――のちに英国首相となる保守党党首デイビッド・キャメロンとサマンサ夫人のひとつ下――までのぼりつめた。

ヤングとフォミチェフはすっかり意気投合し、すぐにベレゾフスキーの仕事のほかに数多くの共同事業を立ち上げるまでになった。なかでももっとも実入りがよさそうなのは、モスクワ中心部の一等地の開発計画だった。フォミチェフの父は引退したＫＧＢの将軍で、フォミチェフはまだロシアに戻ってビジネスができたので、ヤングをその計画に加えたがった。ベレゾフスキーのイギリスでの一番のフィクサーにとっては危険な提案だったが、ヤングは乗り気だった。ベレゾフスキーのためにモスクワへ何度もかようううちに、ロシアのビジネスについてまわるスパイ小説のようなスリルがすっかり気に入っていたのだ。フォミチェフの都市中心部の開発計画は数年で実を結び、大きな成功を収めるはずだった。もっとも、いまはふたりとも差し迫ったビジネスで手いっぱいだったが。

フォミチェフは、ボリスとバドリがロシアに持つ何十億ルーブルという金を、複雑なオフショア口座のネットワークに分散させるあわただしい操作を取り仕切っていた。そこからベレゾフスキーはヤングの力を借りて、イギリスでの生活資金を引き出すことができたのだ。ボリスとバドリはエリツィン政権のもとで〈ロゴバス〉と〈アエロフロート〉から莫大な富を吸い上げ、その多くはすでにスイスの銀行口座に無事収まっていたが、いまロシアの検事総長はいっそう熱心に横領事件の捜査に取り組み、国際逮捕状の発行や、外国資産凍結命令の要求、私服捜査官によるモスクワのオフィスの手入れなどをおこなおうとしていた。

ロシアに残してきた資産を救うのにはふたつの大きなハードルがあった。ロシアの通貨管理制度によって一度に国外へ持ち出せるルーブルの額が制限されていることと、西側のマネーロンダリング規制が国内に持ちこまれる資金の合法性の証明を求めていることだ。ソ連崩壊後の略奪の時代に金持ちになった人間にとっては、後者がとくに高いハードルであり、逮捕状が発行されるかもしれないとなればなおさらだった。こうした障壁を回避するには、極秘に動いてくれるイギリスの弁護士の助けを借りて、モスクワでもっとも力を持つ人々と悪魔の取引をするしかなかった。

パリ、モスクワ、ロンドン——二〇〇〇〜二〇〇二年

二〇〇〇年一二月の冷え冷えとした晩、二機のプライベートジェットがパリのル・ブルジェ空港に着陸した。ボリスとバドリがそれぞれの飛行機からおり立ち、空港のＶＩＰラウンジでつかのまの再会を喜んだ。やがて滑走路を見晴らす広い窓から着陸態勢に入った三機目のジェット機の明滅する明かりが見えてきた。ふたりのオリガルヒは重大な話し合いに向けて心の準備をした。これから会うのは、プーチン体制のロシアでもっとも影響力を持つビジネスマンであり、ふたりの資産回収の鍵となる人物だった。どんな危険を冒してもモスクワから金を引き出す手助けをしてほしいと、その人物を説得するために、ふたりはそこに来ていた。

ロマン・アブラモビッチが滑走路を歩いて、ラウンジに入ってきた。薄茶色の髪で静かな物腰のこの大物実業家は、ふたりの年長のオリガルヒから受けた途方もない恩義を忘れていなかった。彼らの政治的な後押しがなければ、競売でかつての国営石油会社〈シブネフチ〉を笑えるほどの安値で買うことはできなかった。一九九〇年代にひと晩で彼を億万長者にした会社である。以来、ずいぶんと恩返しをしてきたのは確かだった。ボリスにもバドリにも〈シブネフチ〉の利益をきちんと分配していたし、ベレゾフスキーの暮らしの援助もしてきた――プライベートジェットの旅費を払い、アンティーブ岬のヴィラも買ってやった。彼のためにかなりの大金を準備しておかなければならないので、「プロジェクト・ボリス」はいまも石油会社の経費項目のひとつだった。

だが、いまやアブラモビッチには新たなボスがいた。彼はエリツィン時代のオリガルヒで、プーチンからもひいきにされている数少ない人間だったのだ。プーチンがまだ出世の階段をのぼっていた一九九九年に、未来の大統領にヨットを買ってやるという正しい決断をしたおかげだ。ボリスとバドリとビジネスの関係を維持するのは、いまや容認できないほど危険なことで、アブラモビッチはふたりと袂を分かちたいと思っていたが、そのためにはいま忠誠を誓っている相手をふたりにはっきりと伝えなければならなかった。そこで、彼らの共同の資産を現金化してロシアからひそかに持ち出す方法を見つける代わりに、交換条件を提示した。アブラモビッチは飛行機でパリに向かうまえにクレムリンを訪ね、プーチンからボリスとバドリのもっとも貴重な資産のひとつを買う許可を得ていたのだ——ロシア最大の全国ネット放送局の支配的持分を。

〈チャンネル1〉は、ボリスとバドリがロシアでたったひとつ維持している政治的資産だった。プーチンに対するベレゾフスキーのもっとも激しい攻撃を担ったかつての国営放送局は、ロシアのほぼすべての家庭で視聴でき、世界じゅうに何億人もの視聴者を抱えている。放送局をクレムリンの統制下に置こうとする圧力が強まり、情報通信相ミハイル・レーシンによる独立メディアへの締めつけは厳しくなっていた。局のジャーナリストはみな、マスクをつけたFSB職員による家宅捜索に慣れっこになっていた。

パタルカチシュビリのほうは、アブラモビッチに放送局を売ることにためらいはなかった。ロシアから残りの現金を回収するだけでなく、政治的な火種も処分することができるなら一挙両得だ。しかし、ベレゾフスキーは心の準備ができていなかった。もっとも貴重な政治取引の切り札の支配権を、そうやすやすと手放すわけにはいかない。ビジネスとして考えれば、企業価値はそれほど高くないが、〈チャンネル１〉の独立性がプーチンを憤らせていて、ベレゾフスキーにとってそれ以上に喜ばしいことはなかったのだ。〈チャンネル１〉をジャーナリストと知識人の信託組織にゆだね、続々とクレムリンに屈しつつあるモスクワのメディアの天空で、唯一支配されない星として輝かせようという計画を温めてもいた。結局彼らは契約を結ぶことなく別れ、ベレゾフスキーはアンティーブ岬のヴィラに戻ってよく考えることにした。

翌日、最悪の知らせがもたらされた。モスクワ時代のボリスとバドリのもっとも忠実な側近――〈アエロフロート〉の最高財務責任者（ＣＦＯ）ニコライ・グルシコフ――が横領罪で逮捕され、残酷な仕打ちで名高いＦＳＢのレフォルトボ刑務所に放りこまれたのだ。ベレゾフスキーは取り乱した。モスクワから逃げたあと、忠実なグルシコフをクレムリンの手中に残してきたことで罪悪感に苛まれていたからだ。この友人が血液の病気にかかっていて、適切な治療を受けなければ命の危険にさらされることもわかっていた。〈チャンネル１〉をあきらめれば、グルシコフを窮状から救えるかもしれない。そう期待して、モスクワのテレビ放送で、〈チャンネル１〉を独立信託組織に譲る計画を放棄すると宣言した。それからパタルカチシュビリに電話し、支配的持分をアブラモビッチに売却することに同意した。

その日以降、ベレゾフスキーはアブラモビッチとのやりとりを拒み、デュボフを代理人に立てて売買手続きを完了させた。一方、〈シブネフチ〉の支払い交渉には、フォミチェフをパタルカチシュビリに同行させた。何度かの交渉の後、アブラモビッチは〈チャンネル1〉の支配的持分に対してすでに提案していた一億五四〇〇万ドルに加え、すべての関係を絶つために、ボリスとバドリに一三億ドルを支払うことに同意した。これであとは、両国政府から待ったをかけられることなくモスクワからロンドンへ金を動かす方法を見つけるだけになった。そこで登場したのが、イギリスでもっとも狡猾なふたりの弁護士だった。

スティーブン・カーティスは、イングランド北部出身の社交好きな大男で、フォミチェフに協力するために仲間に引き入れられて以来、メイフェアのオフィスによく現れる取り巻きのひとりになっていた。経営する法律事務所〈カーティス・アンド・カンパニー〉は、パーク・レーンにある高層タウンハウスの最上階にしゃれたオフィスをいくつも設け、ロシアや中東で大きな政治的危険にさらされた最富裕層をおもな顧客としていた。カーティスは何事にも動じない人当たりのいい人間に見えて、じつは隠し事の多い顧客のために巧妙にごまかした資産明細を作り上げる天才で、しかもすべてを頭のなかで組み立て、不都合な書類を残さないので、彼自身もすばらしく裕福になっていた。ドーセットのジュラシック・コースト沖の島にゴシック様式の巨大な城を所有し、そこへ往き来するための六人乗りのヘリコプターも持っていた。

カーティスは可能なかぎり、旧友のスティーブン・モスと連携して仕事にあたった。モスは内気ながら頼りになる人間で、評判のいい弁護士事務所〈リード・ミンティ〉で業務執行役員を務めていることからも、表立った仕事には理想的だった。汚れ仕事がすべて終わるまでモスを待機させておき、終わったところでカーティスがモスを引き入れて、裏事情の重荷を負わさずに、合法に見せかける公的書類の作成をまかせるのだ。

アブラモビッチとの取引が完了して金を移す段になったとき、カーティスはエレガントな解決策を準備していた。長年、中東の裕福な顧客の表看板になってきたことから、ありとあらゆる貴重なコネを持っていたが、アラブ首長国連邦のある若い王族との関係がとくに役立った。シャイフ・スルタン・ビン・ハリファ・ビン・ザーイド・アール・ナヒヤーンは当時のアブダビの首長《アミール》の息子で、その地位を利用して遊興用の追加資金を稼ぐことにやぶさかではなかった。

赤い椅子、真っ白なテーブルクロス、巨大なシャンデリアなどで飾られた華やかなロンドンのレストラン〈モシマンズ〉で贅沢な会食をしながら、若いシャイフは、アブラモビッチのラトビアの口座からロンドンのベレゾフスキーに送金する際のカットアウト〔二者（とくにスパイ同士）の接触を隠すための仲介役〕として、ペルシア湾でみずから管理している会社を使うことに同意した。そうすれば、たんにアブラモビッチがシャイフに金を払い、シャイフがベレゾフスキーに金を払ったように見える。イギリスの銀行は首長国の王族の資金を喜んで受け入れるはずで、その金も注意を引きすぎないように複数回に分けて送られることになった。アブラモビッチにはその計画の一部始終を知らせる必要はなく、送金先であるシャイフの銀行口座を教えて、送金するよう指示すればよかった。残りは弁護士と会計士が処理する。

支払いの受け皿として〈ニュー・ワールド・バリュー・ファンド〉という信託組織が作られた。二〇〇一年二月には、ボリスとバドリのイギリスの口座に、シャイフの銀行を介して〈チャンネル1〉の売却金約一億四〇〇〇万ドルが届き、〈シブネフチ〉の金がそれに続いた。ところが、テレビ局をあきらめてもグルシコフは釈放されなかった。〈アエロフロート〉の元CFOは相変わらずレフォルトボでつらい生活を送っており、まだ〈シブネフチ〉の売買の最終調整がおこなわれていたその春に妙な出来事が起きて、さらに苦境に立たされることになった。

グルシコフが血液の検査のために病院にいたときだ。スリッパで中庭を歩いていると、見憶えのある〈アエロフロート〉の従業員に呼びかけられた。その男はグルシコフを脱獄させるために来たと言い、ふたりは病院の門のまえに駐めてあった車へと急いだが、そこで私服のFSB職員の一団が突然現れてふたりを止め、手錠をかけた。グルシコフは脱獄未遂の罪で起訴された。その後、〈チャンネル1〉でかつてボリスとバドリの警備主任を務めていた元KGB職員アンドレイ・ルゴボイが脱獄幇助の罪で逮捕され、次いで、計画を指示した容疑でパタルカチシュビリの逮捕状が出された。

グルシコフは嵌められたと訴え、脱獄計画は自分とパタルカチシュビリを罪に陥れるFSBの企てだと主張したが、この一件によって彼の運命は決まった。結局、もとの横領容疑は晴れたものの、脱獄未遂で有罪となり、四年の刑期を務めることになった。グルシコフは釈放後にイギリスに逃れ、ベレゾフスキーと同じく亡命生活を送ることになる。脱獄幇助で起訴されたもうひとりも、刑期を終えてからロンドンに現れた。こうしてアンドレイ・ルゴボイも、ベレゾフスキーの側近として信頼される立場を獲得する。

〈チャンネル1〉は、売買完了後まもなく、クレムリンが放送を統制するようになった。ベレゾフスキーはひどく裏切られた気分で、復讐を固く心に誓った。そのころには〈シブネフチ〉の金もシャイフ経由で入り、ベレゾフスキーのイギリスの口座は潤っていた。ロシア随一の「公衆の敵《パブリック・エネミー》」はかつてなく怒り、宣戦布告に必要な戦闘資金も手に入れた。

6

トニー・ブレアは、ロシア大統領選挙前にサンクトペテルブルクでオペラ鑑賞をともにした夜のあと、プーチンとの特別な関係を深めようと焦るあまり、五月の正式な就任式を待つことができず、投票が締め切られるやいなや次期大統領をダウニング街に招待した。

「ウラジーミル・プーチンはＥＵとアメリカとの新たな関係を受け入れる国家指導者です」二〇〇〇年四月、プーチンとの会談を終えたイギリス首相は、官邸の外で、チェチェン紛争に激しく抗議する一団が警察のワゴン車で連れ去られたことを精いっぱい無視しながら宣言した。

プーチンは世界のほかの指導者たちからも熱狂的に受け入れられた。ビル・クリントンは大統領任期中の最後の公務として、ロシアの新しい権力者に挨拶するためにモスクワへ飛び、チェチェンに関する懸念を脇に置いて、プーチンを「自由と文化的多元性と法の支配を守りながら、豊かで強いロシアを築く能力を持っている」と評した。翌年にクリントンのあとを継いだジョージ・Ｗ・ブッシュも前任者に倣い、諸手をあげてプーチンを歓迎した。

「目を見たら、非常に正直で信頼できる人間だとわかった」ブッシュは記者たちに語った。

「彼の魂を感じることができた」

ベレゾフスキーは、自分がかつて支援した人間を容易に信じた西側の指導者たちに、あやまちを思い知らせてやろうと決意していた。ロシア各地の抗議グループへの支援金の分配や、政府の人権侵害を告発する国際的な報道機関への大見出しの広告掲載など、反プーチン運動をおこなう〈市民的自由のための国際基金〉を設立し、マーガレット・サッチャーが気に入っていたスピン・ドクター［情報操作で人心を操る専門家］のティム・ベル卿を雇って、クレムリン批判を次々と打ち出すことにした。あとは攻撃の材料があればいい――そこでリトビネンコの登場である。

この元FSB捜査官は、ダウン・ストリートを頻繁に訪れていたほかのふたりの助けを借りて、プーチンのギャングとの関係やモスクワのアパートメント爆破事件への関与を掘り下げる調査に従事していた。緊密に連絡をとり合っていた協力者のひとりは、アフメド・ザカエフ――ほかでもない、爆破事件を計画したとプーチンに非難されたチェチェン分離独立派の指導者だった。ザカエフはロシアに無数の情報源を持ち、分離独立派武装組織の仲間たちが嵌められたことを証明する覚悟を固めていた。険しい顔と恐ろしげなひげのせいで、中身そのままに猛々しく見える。ザカエフはチェチェンから脱出したあと、イギリスでベレゾフスキーの資金を頼りに数を増やしている反体制派に加わって、マズウェル・ヒルのリトビネンコの家からほんの数軒先のささやかな自宅から、遠く離れたロシアに向けて政治闘争をおこなっていた。

もうひとりの協力者は、どこかのっそりしていて憎めないところがある聡明なロシアの歴史家、ユーリー・フェリシチンスキーで、証拠をまとめて詳述するのに協力していた。

二〇〇二年三月には、この調査チームのおかげで、最初の攻撃材料がそろった。ベレゾフスキーはロンドン中心部で記者会見を開き、ＦＳＢとモスクワのアパートメント爆破事件とを結びつける重大な証拠を新たに提示した。リトビネンコとフェリシチンスキーは『ロシア闇の戦争――プーチンと秘密警察の恐るべきテロ工作を暴く』という告発本で調査結果を発表した。ロシアの調査報道紙ノーバヤ・ガゼータに二二ページにわたって連載された内容をまとめたものだ。同時に、同じくらい露骨なタイトルのドキュメンタリー映画『ロシアの暗殺（*Assassination of Russia*）』も発表され、ベレゾフスキーは会見に集まったジャーナリストたちに特別に上映してみせた。

爆破事件へのプーチンの関与を裏づける証拠の核は、アパートメントの爆破に使われた爆薬だった。最初の爆発が起きたあと、ＦＳＢは高性能化学爆薬ヘキソーゲンの痕跡が見つかったと発表した――ＦＳＢ自体が管理する政府の施設からしか入手できない軍事級の化学爆弾であることを考えると、驚きの発表だった。まもなくその失態に気づいたＦＳＢは発表内容を変更したが、そのときには犯行現場の捜査官が別の致命的な発見をしていた。

ふたりの男が起爆装置つきの五〇キロの爆薬の袋を地下に仕掛けているところを住民たちが目撃したリャザーニ市のアパートメントに、爆発物の専門家が入り、その爆薬にもヘキソーゲンが含まれていたことを明らかにしたのだ。地元警察がふたりの容疑者を捕まえ、ＦＳＢ職員だったことがわかると、ＦＳＢは、すべて訓練であり、袋に入っていたのは「砂糖」であると発表した――が、『ロシア闇の戦争』の出版によってその説明に大きな穴があることが暴露された。

政府が管理するヘキソーゲンが、リャザーニに仕掛けられた袋からも、起爆が成功したほかの四カ所の爆弾からも発見されたという証拠が示されたのだ。一九九九年秋にリャザーニ市に配置された兵士の証言もあった。その兵士は爆破事件の数週間前に政府の兵器倉庫の警備についたのだが、妙なことに、そこには「砂糖」とラベルのついた五〇キロの袋しか置かれていなかった。その白い粉をお茶に入れて飲んだところ、舌を刺すような刺激に胸が悪くなり、専門家に毒ではないか確かめてもらった。すると、白い粉はヘキソーゲンだったという。

ベレゾフスキーは、集まったジャーナリストに、イギリスとフランスの四人の爆発物専門家にそれぞれリャザーニの証拠を検査してもらった結果、ＦＳＢの職員がアパートメントに持ちこんだ爆薬は本物だったという結論に達したと説明した。さらに、ロシア政府の爆発物管理施設の元館長を紹介し、その人物から、ＦＳＢが爆破事件の直前にヘキソーゲンを大量に購入したという証言を引き出した。「少なくとも、ウラジーミル・プーチンはＦＳＢが爆破事件に関与していることを知っていたのです」ベレゾフスキーは言った。

三〇〇人近くの国民が殺された事件にロシア大統領が関与していたという告発は、イギリスのメディアと国際的なメディアをつうじて全世界に伝わった。モスクワでは、この記者会見を受けて、検察庁がベレゾフスキーを「テロ行為に資金を提供している」と非難した。本は発禁処分となり、ロシアの過激派の資料の公認リストに加えられた。ＦＳＢは全力を傾けて、この扇動的な内容を一般大衆に知らせないようにした。ドキュメンタリー映画を上映しようとする映画館は閉鎖させられ、館主は叩きのめされた。告発本をロシアへ持ちこもうとするトラックはＦＳＢに止められ、荷物は没収された。しかし、これらのすべてについて西側の指導者たちは沈黙を守っていた。

大西洋の両側の諜報機関では、プーチンが爆破事件の黒幕であるのはほぼまちがいないと苦々しく認めるささやきが交わされたが、戦いを挑む動きはなかった。ベレゾフスキーが記者会見を開く六カ月前、世界はモスクワの爆弾テロをささいな事件に思わせる極悪非道なテロ事件──西側世界における人類史上最悪のテロ攻撃──に揺さぶられていたのだ。その予期せぬ出来事をウラジーミル・プーチン以上に効果的に利用した者はいなかった。

二〇〇一年九月一一日に飛行機がツイン・タワーに突っこんだあと、真っ先にジョージ・Ｗ・ブッシュに電話して哀悼の意を表した世界の指導者は、ロシア大統領だった。

「テロリズムとは何か、ロシアは身に染みてわかっている」電話のあとのテレビ演説でプーチンは述べた。チェチェンのイスラム主義者の犯行としたモスクワのアパートメント爆破事件を、アルカイダの攻撃に結びつけたのだ。「あの経験によって、われわれはほかの誰よりもアメリカの人々の感情を理解している」

二日後、冷戦時代には考えられなかったことだが、ＮＡＴＯとロシアが共同声明を発表し、テロリズムの災禍との戦いを誓った。ブッシュ大統領が「テロとの戦い」を宣言すると、プーチンはすぐに全面的支持を表明し、アメリカのアフガニスタン侵攻を支援すると宣言した。ロシアを経由する物資輸送や、同じくらい考えられないこととして、中央アジアにあるソビエト連邦時代の軍事基地の使用までアメリカに許したのだ。西側諸国がアルカイダという共通の怖ろしい敵に対して連帯するなか、ロシアの協力は温かく歓迎された。プーチンはイスラム主義者のテロに対する世界規模の戦いでみずからを最前線に置いた。完全にプーチンの思うつぼだった。

九・一一のあと、ロシア大統領はチェチェンのイスラム武装勢力がアルカイダによって訓練され、資金を提供されていると述べ、ザカエフやその他の有名な分離独立派の指導者をくり返しオサマ・ビン・ラディンになぞらえた。クレムリンは長いあいだ、チェチェンの分離独立派に対する血なまぐさい鎮圧をイスラム聖戦団のテロとの戦いと称してきたが、イスラム教徒が多く暮らすその地域を新たな世界戦争の最初の戦場と見なすことは、グロズヌイから次々と聞こえてくるレイプや大量殺戮、略奪、拷問の報告の残虐さを正当化する願ってもない方法だった。そして西側はそれを受け入れた。

プーチンが九・一一後にキャンプ・デイビッドを訪問したときには、ブッシュ大統領が、プーチンはロシアを「国内や近隣諸国との平和を保ち、民主主義と自由と法の支配が実現している国」にしたと褒めそやした。二〇〇一年一二月にチェッカーズ［イギリスのバッキンガム州にある首相の地方官邸］でロシア大統領を迎えたトニー・ブレアも、九・一一とモスクワのアパートメント爆破事件を比較し、ふたりの国家指導者はテロと戦うための情報共有協定を宣言した。

プーチンは、アメリカ主導の対テロ連合で重要な役割を果たし、多くの見返りを得た。NATO・ロシア理事会の設立はもちろん、G8への正式参加、ロシアが長く求めてきたWTO（世界貿易機関）加盟に向けた西側の支援などだ。とはいえ、テロとの戦いでロシアが中心的な役割を担った最大の見返りは、モスクワの爆破事件を起こしたのはチェチェンのイスラム教徒であってプーチンのFSBではないと世界全体に鵜呑みにさせたことだった。

ベレゾフスキーがリトビネンコの調査結果を明らかにする記者会見を開いてから六カ月後、ニューヨークのテロ攻撃から一年の記念日に、プーチンはブッシュ大統領に改めて弔意を伝え、テレビ放送を使ってロシアの国民にも直接訴えかけた。

「われわれはほんの三年前、モスクワのアパートメントの一連の爆破事件で殺された人々を追悼した。今日、ワシントンとニューヨークで亡くなった人々のことも忘れることはないだろう。ロシアでは、時が癒すというが、忘れることはできない」

アレクサンドル・リトビネンコに言わせれば、真実は逆だった。九・一一後の世界にとって、ロシア政府を自国民の大量虐殺に結びつける証拠の開示は、あまりにも都合が悪かった。つまり、世界はその事実を忘れ去ることにしたのだ。

ロンドン、トビリシ、モスクワ——二〇〇二年

西側が耳を貸そうが貸すまいが、ベレゾフスキーと調査チームは終わりにするつもりはまったくなかった。リトビネンコの調査結果を発表してから、チームはダウン・ストリートにひそかに集まり、次の計画を練った。そこには何人か貴重な味方も加わっていた。

ベレゾフスキー、リトビネンコ、フェリシチンスキーといっしょに部屋にいたのは、しわくちゃのスーツに身を包んだ青白い顔の男だった。いつも口を開けていて、大きな青い目は常時驚いているような印象を与えた。その男、セルゲイ・ユーシェンコフはロシアのペレストロイカ後の革命の指導的立場にあった人物で、未遂に終わった一九九一年の軍事クーデターでソビエト軍から議会を守るために、市民による「人間の鎖」を組織したこともあった。ロシアが民主主義に変わった初期には連邦議員として精力的に活動し、チェチェンでの人権侵害についてはとりわけ熱心に運動していた。この古参の政治家は、ベレゾフスキー同様、モスクワのアパートメント爆破事件にプーチンがかかわっていたのではないかと考え、ベレゾフスキーが資金を提供する新たな野党〈自由ロシア〉に加わっていた。アパートメント爆破事件の公式捜査

を求める議会の三つの動議が〈統一ロシア〉の党員によって妨害されていた。〈統一ロシア〉はベレゾフスキーが二〇〇〇年の選挙の際にプーチンを支援するために結成した党だった。ベレゾフスキーは〈自由ロシア〉を利用して爆破事件におけるＦＳＢの役割を明らかにし、過去の失敗を正そうと決心していた。

ユーシェンコフはすでに、議員特権を利用して『ロシア闇の戦争』とドキュメンタリー映画をモスクワで広めることに力を貸そうと申し出ていた。ダウン・ストリートに現れたときには、さらなる使命を帯びていた――爆破事件への公式捜査の要求がまったく通らないので、モスクワへ戻ったら爆破事件を独自に調査する政治家、法律家、ジャーナリストの委員会を結成するつもりだったのだ。そこでリトビネンコとフェリシチンスキーには、調査を続けて委員会に証拠を提出してもらいたいと要請した。そうして明らかになった事実はユーシェンコフが議会で公表することになった。

もうひとり、調査チームに歓迎された協力者がいた。議論を静観していたその女性は、リトビネンコとフェリシチンスキーからタニア・モロゾワと紹介された。アメリカへのロシア人移住者で、三一歳、モスクワの爆破事件のひとつで母親を殺されていた。フェリシチンスキーがウィスコンシン州で暮らすモロゾワを見つけ、ドキュメンタリー映画の撮影のためにロンドンに来てくれと説得したのだった。調査チームが集めた証拠を見て、彼女は母親がロシア政府に殺されたと確信し、この犯罪を暴くのに協力すると約束した。リトビネンコの説明によると、モロゾワは爆破事件で身内を亡くしたので公的にテロ攻撃の犠牲者と見なされ、ロシアの法律のもとでFSBの資料を閲覧する権利や、容疑者の裁判があった場合に証拠を提出する権利を有する。モロゾワの協力は、政府の関与を暴くにあたって有利に働くはずだった。

リトビネンコが信頼する仲間に加えたい新たなメンバーが、もうひとりいた。ミハイル・トレパシュキンである。頑固な元FSB捜査官で、FSB内の汚職集団を発見し、ベレゾフスキーとともにURPOの暗殺計画の標的にされた。トレパシュキンは驚くほど優秀な捜査官で、命の恩人であるリトビネンコのことを忘れておらず、モスクワで爆破事件の情報を集めるのに協力していた。最近弁護士の資格も取得し、ユーシェンコフが作ろうとしている独立委員会の代理人を務めることに同意していた。同時に、モロゾワにも雇われたので、FSBにファイル開示を求め、彼女の代理人として法廷に証拠を提出できることになっていた。

ユーシェンコフはロシアに戻る際に『ロシアの暗殺』のビデオを何十本も持ち出し、モスクワのシェレメーチエボ国際空港で彼の帰国を待っていた記者たちに配った。「これを見れば、秘密警察がロシア国民をいかにあざむいていたかがわかる」ユーシェンコフは記者たちに告げ、委員会の人員集めに取りかかった。

ロンドンでは、リトビネンコとフェリシチンスキーが大きな突破口を開こうとしていた。そのころにはFSBが爆破事件の第一容疑者の名をあげていた――爆破されたすべての建物に部屋を借りていたアチメス・ゴチヤエフという男だ。ベレゾフスキーの記者会見の直後、調査チームはチェチェンの仲介者をつうじて、このロシア最大のお尋ね者からのメッセージを受け取った。自分は無実であり、『ロシア闇の戦争』の著者と話がしたいというメッセージだった。

仲介者と連絡をとっていたフェリシチンスキーは、リトビネンコ、ベレゾフスキー、ザカエフとダウン・ストリートで会い、接触があったことを報告した。眼鏡をかけた歴史家のフェリシチンスキーは怯えていた。仲介者から、ジョージアとチェチェンのあいだにある無法地帯のパンキシ渓谷へ来いと言われたからだ。ゴチヤエフは、そこにいる分離主義者の集団に保護されて身を隠しているという。フェリシチンスキーを誘拐してベレゾフスキーに身代金を要求するつもりだったらどうする？　あるいはＦＳＢの罠だったら？　殺害計画だったら？

ベレゾフスキーはまったくあわてずにザカエフのほうを向き、チェチェン人がフェリシチンスキーを殺す可能性はあるかと訊いた。

「殺すことはないと思う」分離独立派の指導者ははっきりと答えたが、しばらく考えこんでつけ加えた。「耳は切り落とすかもしれないが」

フェリシチンスキーは思わず耳たぶをつかみ、「ボリス、私が人質になったら身代金を払ってくれるか？」と不安そうに訊いた。

「もちろん」ベレゾフスキーは答えた。「だが、こうしよう」リトビネンコが後方支援としてフェリシチンスキーに同行し、ジョージアではパタルカチシュビリがつねに彼らの身の安全を確保する。「あそこはバドリの縄張りだから。彼の命令にしたがうんだ」ベレゾフスキーは調査に赴くふたりにきっぱりと言った。「いいな？」

「了解」

リトビネンコとフェリシチンスキーはその晩遅く、トビリシに到着した。飛行機をおりるとすぐに、バドリが二四時間の警備のためによこしたチームに出迎えられた。相変わらずプロの捜査官のリトビネンコは、犯罪の証拠書類を受け取ることを期待して、ロンドンで空港へ向かう途中、デパートに寄って新品のしゃれたブリーフケースを買っていた。ふたりはバドリが専任の運転手として送ってくれた男に引き合わされた。その男はほかの何台かと並んで、ふたりを五つ星の〈シェラトン・メテヒ・パレス〉まで運んだ。ホテルの入口はカラシニコフを抱えた警備員に守られていた。

到着するなり、彼らは怒り狂ったバドリと顔を合わせることになった。フェリシチンスキーにリトビネンコが同行してきたことで青くなっていたのだ。学者の警備ならまだしも、FSBからの離反者をロシアの裏庭で警備するとなると、まったく話がちがう。バドリは、ベレゾフスキーの常識はずれのやり方はいつか全員の命取りになると思わずにはいられなかった。やってきたふたりには、トビリシで身の安全はできるかぎり守るが、街から出たらあとは自分たちでどうにかしてくれと言った。チェチェンに大勢いる雇われ兵士の少なくとも半数が潜伏しているパンキシ渓谷へ行くなどというのは、完全に論外だった。ゴチヤエフと会うには、別の方法をとるしかない。

翌日、バドリの運転手は、リトビネンコとフェリシチンスキーをジョージアの自由広場の待ち合わせ場所に連れていった——金メッキされたドラゴンを聖ゲオルグが退治している大きな記念碑の下へ。フェリシチンスキーはインターナショナル・ヘラルド・トリビューン紙を脇に抱え、リトビネンコと運転手は安全な距離をとって見守っていた。相手は緑の野球帽をかぶった男のはずだ。

仲介者が現れると、フェリシチンスキーはパンキシ渓谷までは行けないと告げた。ゴチヤエフにトビリシまで来てもらわなければならない。その要求はにべもなく拒絶された。ジョージアにはＦＳＢの捜査官がうようよしているが、渓谷だけは危険すぎて連中も近寄らない。だからこそ、ゴチヤエフにとっては唯一安全な場所なのだ。いまわれわれも監視されている、と野球帽の男は言い、待ち合わせ場所のまわりに停まっている何台かの車を指差した。膠着状況を打開するために、仲介者が質問書を渓谷に持ち帰り、翌日ゴチヤエフの回答をビデオに撮ってトビリシに持ってくることになった。

フェリシチンスキーとリトビネンコはトビリシでひと晩つぶさなければならなかった。仲介者からの知らせを待つあいだ、運転手と警備の人間を高価な夕食に連れ出した。連絡してきた仲介者は、渓谷へ戻るあいだ二台の車にほぼずっと尾行されていたと言った。しかし、どうにかまくことができたので、ゴチヤエフの回答を収めたテープは翌日届けられるはずだという。

リトビネンコとフェリシチンスキーは期待に胸を躍らせて、ホテルの糊のきいたシーツにもぐりこんだ。しかし翌日、警備の人間に起こされ、腹立たしい知らせを受け取った。ただちにジョージアを出国せよ——バドリの命令だった。

「ここを離れるわけにはいかない」フェリシチンスキーは憤慨して訴えた。「届け物を待っているんだ。バドリに連絡してくれ」

警備の人間はそれに応じて電話をフェリシチンスキーに手渡した。バドリの声は断固としていた。「私の家にいますぐ来てくれ。荷物を持って」

リトビネンコとフェリシチンスキーが壮麗なジョージアふうの邸宅に入っていくと、バドリは深刻な顔つきだった。「すぐにこの国を離れろ。きみたちの命が危険だという情報が入った」

ふたりを殺す契約が交わされたという情報で、無駄にする時間はないという。

フェリシチンスキーはがっくりと肩を落とした。ここで撤退というのはあまりにも癪だ。もう少しでゴチヤエフの話が聞けるというときに。しかし、そこでひらめいた。バドリが手配してくれた運転手に頼んで、仲介人からテープを受け取ってきてもらえばいい。前日の待ち合わせに同行したのだから、相手の人相はわかっている。

バドリは首を振った。「あの運転手は姿を消した。昨日、きみたちをホテルに連れ帰ったのが姿を見られた最後だった。いま行方を探している」

フェリシチンスキーは凍りついた。運転手がＦＳＢに捕まったのだとしたら、自分たちがトビリシに来た理由をもらしてしまったかもしれない。もはやすぐにジョージアを脱出しなければならないのは明白だった。ふたりは外で待っているジープに案内され、警備の車に挟まれて空港へと急ぎ、席の取れた最初の飛行機に乗った。

ジョージアを発った飛行機はフランクフルト行きだったので、ドイツに着陸したところでフェリシチンスキーはベレゾフスキーに電話をかけた。テープを受け取らずに逃げざるをえなかったが、いまは安全な場所にいて万事問題ないと報告した。

「きみたちはよかった」ベレゾフスキーは答えた。「ただ、運転手は死体で見つかった」

命拾いしたにもかかわらず、ふたりは何も得られずに戻ってきた失望感を振り払えなかった。それでも数日後、ゴチヤエフの仲介人がまた連絡してきて、今度はパリで落ち合うことが提案された。シャンゼリゼにあるホテルの広いロビーで、フェリシチンスキーはゴチヤエフの手書きの声明文が入った封筒を手渡された。モスクワの爆破事件の首謀者と糾弾された男の話は、ようやく読んでみると、期待どおりの破壊力だった。

ゴチヤエフは無実を主張し、逃げたのは命の危険を感じたからだと述べていた。アパートメントの建物に部屋を借りたのは、建築資材を置く場所が必要だと仕事仲間に頼まれたからで、いま思えばその男はＦＳＢに雇われていたのかもしれない。二度目の爆発のあと、警察に連絡して、仕事仲間の要望で部屋を借りたほかのふたつの建物でも爆発が起きるかもしれないと警告したが、その情報は無視され、仕事仲間が容疑者と見なされることもなかった。この内容が真実だとしたら、ゴチヤエフも嵌められたということだった。

リトビネンコとフェリシチンスキーは新たな証拠を公表する方法を見つけなければならなかったが、ユーシェンコフの独立委員会がそれにぴったりの公聴会を用意してくれた。委員会の調査に独立性と信頼性を与えるために、尊敬された議員で人権活動家のセルゲイ・コバリョフを説得して委員長になってもらい、ユーシェンコフ自身は副委員長を務めて、ほかに五人の議員と一〇人あまりのジャーナリストや法律家や学者に参加を要請していた。ノーバヤ・ガゼータ紙に『ロシア闇の戦争』を連載した調査ジャーナリストのユーリー・シェコチーヒンはとくによく働く委員であり、トレパシュキンも委員会の調査弁護士として尽力していた。

二〇〇二年七月、リトビネンコとフェリシチンスキーは二時間のビデオ通話によって委員会のまえで証言し、詰めかけたジャーナリストたちにゴチヤエフの声明を伝えた。この公聴会はモスクワでセンセーションを巻き起こした。国の諜報機関あげての捜索が失敗したというのに、私立調査員ふたりがどうやってFSB最大のお尋ね者を見つけ出した？

コバリョフは公明正大を心がけ、委員会はチェチェンのイスラム教徒とFSBのどちらが爆破事件に関与したのかを裁定するものでは決してないと強調した。とはいえ、ゴチヤエフの声明は「きわめて興味深く」、徹底的に検証しなければならないと述べた。逃亡者の声明の裏を取る任務は、被害者家族モロゾワの弁護士として事件関連のFSBの資料を閲覧できるトレパシュキンに託された。

委員会の公聴会の直後、リトビネンコは別の爆弾を落とした。二冊目の著作『ルビヤンカのギャング（The Gang from the Lubyanka）』を発表し、サンクトペテルブルクでのプーチンとタムボフ・ギャングのつながりや、プーチンがFSBを犯罪組織に変容させたことについてくわしく暴露したのだ。そこにはゴチヤエフの声明はもちろん、アパートメント爆破事件の調査でわかったことが時系列で並べてあった。八月のある雨の午後、トレパシュキンは、人気のない高速道路のリガのインターチェンジで、この本を一万冊積んだトラックと落ち合って、荷物を辺鄙な倉庫に隠し、ひそかにロシアへ持ちこむ手助けをした。数日のうちに本はモスクワじゅうで売られていた。クレムリンがそれを発禁処分にして、FSBが小売店から没収しはじめると、リトビネンコは本の無料配布を容認した。告発書は野火のごとく街じゅうに広がった。

物議をかもしたユーシェンコフの委員会による公聴会のおかげで、すでにモスクワでは、FSBがアパートメントの爆破を実行したという説が真剣に考慮されるようになっていた——たとえ外の世界の関心を引くことはなかったにせよ。ようやくプーチンも迫りくる火を感じていた。そんなとき、モスクワはまたしても大惨事にみまわれる。

モスクワ——二〇〇二年一〇月

二〇〇二年一〇月の夜、雪が舞うモスクワで、一〇〇〇人ほどの人が人気のミュージカルを鑑賞するために市内の暖かい劇場〈ドブロフカ・ミュージアム〉に集っていた。孤児の少年の北極探検にまつわる古いソビエト時代の話を改変したそのミュージカルは大ヒットし、チケットは完売していた。照明が暗くなり、幕が上がった瞬間、ステージ上に迷彩服姿のチェチェンのテロリストが四〇人以上押し寄せた。テロリストたちは観客全員を人質にとって劇場内に爆弾を仕掛け、ビデオで要求を表明した。ロシア軍はただちにチェチェンから撤退せよ――さもないと観客は全員死ぬ。

ＦＳＢの武装部隊が建物を取り囲み、人質のいる劇場占拠は三日に及んだ。ザカエフは〈世界チェチェン会議〉を主催していたコペンハーゲンから、テロリストたちに冷静になるよう訴え、人質を解放して「性急なやり方を慎む」べきだと説いた。しかし、占拠が五七時間をすぎたころ、人質たちは呼吸ができないことに気づいた。ひとりの女性がラジオ局〈エコー・モスクワ〉に電話をかけて、そのニュースを外の世界に知らせた。「毒ガスを使ってるの！」女性は叫んだ。「これだけの人間が劇場内にいるのに。どうか私たちに毒ガスを使わないで！」

強力な催眠剤が外から劇場内に注入され、テロリストも人質も全員昏倒した。建物内が静まり返ると、ＦＳＢが突入し、意識不明のテロリストの頭を至近距離から次々と撃った。消防隊と警察が、ぐったりした観客を夜会服姿のまま雪の降る表へと運び出した。人質の多くが呼吸困難に陥り、舌で喉をふさいだり、嘔吐物を呼吸器に詰まらせたりして死んでいた。特殊部隊の隊員たちはテレビカメラからそれを隠すために死体をバスに投げこみはじめた。　息のある人間の上に死者が積まれたことで、さらに窒息死する者が出た。

テロリストは三日の立てこもりのあいだにふたりの人質を撃っていた。劇場の外に積み上げられたその他の犠牲者——一三〇人以上の男女と子供——は、ＦＳＢが劇場内に注入したガスによって窒息死した。ガスを使えという命令はトップが下したものだった。

「全員の命を救うことはできなかった」プーチンは劇場占拠事件の終結を告げるテレビ演説で認め、それを国際的なテロのせいにした。その後、トニー・ブレアが電話会談で危機にうまく対処したことを称賛し、劇場にガスを注入した決断を支持する声明を発表した。「宗教的狂信と政治的狂信が危険に混じり合った計画が、なんの呵責も感じず人命を奪う者たちによって実行されています」イギリスの首相は言った。「プーチン大統領が直面したジレンマの大きさを理解してもらいたい。一方では失われる人命を最小限にして立てこもりを終わらせなければならず、他方ではこのチェチェンのテロ行為に多少なりとも譲歩することがいかに危険かよくわかったうえで、解決法を探っていたのだから」

ブッシュ大統領も同様に支持する声明を出した。国際的な報道機関の無数の記事が、この事件を九・一一になぞらえた。プーチンは救出作戦を指揮したＦＳＢ長官に「ロシア連邦英雄」の称号を授け、反イスラムの演説をおこなって、「テロ実行犯のみならず、こうした犯罪を企てる者や、思想や資金をつぎこむ者がいるすべての場所に」報復を加えると誓った。分離独立派の指導者ザカエフには、テロ攻撃計画の容疑で国際刑事警察機構《インターポール》の指名手配通知が出された。

ザカエフは短期間オランダ当局に勾留されたが、保釈されてイギリスへ戻ることを許された。ロシアはモスクワで裁判にかけるべく、すぐさまイギリス政府に彼の引き渡しを求めた。ベレゾフスキーがザカエフのモスクワ送還に反対する法廷闘争の資金提供を公言すると、ロシア検察庁はイギリス政府にベレゾフスキーの引き渡しも求めた。

ザカエフは、アパートメント爆破事件に対する容疑がようやく晴れそうなタイミングで、テロリストがチェチェンの名で野蛮な行動を起こしたことに激怒した。しかし、モスクワの新聞に載った事件の記事を読んで、いくつか重要な側面が欠けていることに気がついた。

まず、テロを実行した男たちはみな常時ＦＳＢの監視下に置かれていた過激派だった。つまり、アサルトライフルや爆薬で最大限武装した彼らは、どうやって取り押さえられることなく首都まで移動し、満席の劇場のまえに集結できたのか。どう考えてもおかしかった。そしてザカエフの目は、モスクワの新聞に発表された実行犯四〇人のうち、ひとつの名前に釘づけになった。

ハンパシ・テルキバエフは、グロズヌイで悪名をとどろかせていた。チェチェンでも他国のチェチェン人居住地域でも、数多くの武装組織に出入りする胡散臭い人物で、各地の指導者は、彼のことをＦＳＢの囮工作員ではないかと疑っていた。ザカエフがグロズヌイで探りを入れてみると、劇場占拠事件後まもなくテルキバエフが現れ、人質事件で果たした役割を吹聴して別の武装組織に入りこもうとしていたという噂があることがわかった。公式には、ＦＳＢが建物に突入したときにテロリストは全員殺されたことになっているが、テルキバエフだけは免れたらしい。彼が本当に囮工作員で、任務を続けるために現場から逃れるのを許されたのだとしたら、ＦＳＢはモスクワで起きた残虐なテロ事件にまた重要な証拠を残したことになる。

ベレゾフスキーの要請で、ユーシェンコフの委員会は調査範囲を拡大し、モスクワ劇場占拠事件への国の関与を示す証拠の検証もおこなうと宣言した。ザカエフはテルキバエフに関する情報をすべてリトビネンコに渡し、リトビネンコは独自の調査を開始した。ユーシェンコフは二〇〇三年四月にロンドンに行った際、リトビネンコからテルキバエフについて集めた証拠のファイルを手渡された。さらに調査を進めるために必要なのは、チェチェンの危険な武装組織拠点での行動のしかたを心得ていて、ＦＳＢと怪しいつながりを持つ過激なテロリストを追いつめる気概のある人物だった。その仕事にふさわしいのはたったひとりしかいないと、みな思っていた。

アンナ・ポリトコフスカヤは、そのころには数えるほどしか残っていなかった真の独立出版メディア、ノーバヤ・ガゼータ紙の記者だった。痩身でスチールブロンドの彼女は、長年チェチェンの前線から特報を送り、現地でほかに例を見ないほどの情報ネットワークを築いていた。劇場占拠事件のときには分離独立派から得た信頼を利用して、「ポリトコフスカヤです！　ポリトコフスカヤです！」と叫びながら劇場のなかに入り、テロリストのリーダーにインタビューした。そしてそのまま劇場内にとどまり、テロリストからのメッセージを外のＦＳＢ特殊部隊に伝えて交渉を助けた。彼女より勇敢な人物はいない。ユーシェンコフはモスクワに戻ると、リトビネンコが集めたテルキバエフの資料を彼女に渡した。ポリトコフスカヤは調査を開始し、ユーシェンコフは委員会の仕事に戻った。委員会はいまや、ロシアの首都で起きた一件ではなく二件のテロ事件への政府の関与を調べていた。

数日後、ユーシェンコフがモスクワの自宅アパートメントの建物のまえに車を駐め、四月の日差しのなかへおり立ったところで、音もなく三発の銃弾が発射された。現場に到着した警察は、クレムリンに対して最大級の批判の声をあげていた人物の遺体と、そばの歩道に転がっている拳銃とサイレンサーを発見した。

セルゲイ・ユーシェンコフの暗殺から一〇日後、ポリトコフスカヤは記事を発表した。テルキバエフの所在を突き止め、インタビューを承諾させたのだ。モスクワ劇場占拠事件のあとでたったひとり生き残ったテロリストは、すべての真実を明らかにした。

テルキバエフは劇場にいたことを認めた。テロリストたちを劇場へ案内し、テロ攻撃が始まる直前にその場から逃れたという。ポリトコフスカヤに対し、まえもって自分がＦＳＢの捜査官であることは認めていた。それから、誰も疑ってすらいなかったことにまで言及した――自分はクレムリンの顧問だというのだ。

ポリトコフスカヤに情報を明かすことで、テルキバエフは命を差し出したも同然だったが、どうしてそんなことをするのか誰にもわからなかった。インタビューから八カ月後、彼はチェチェンで自動車事故に遭って亡くなった。しかし、彼の証言は残った。ポリトコフスカヤに語ったことが真実なら、モスクワ劇場占拠事件は、チェチェンの分離独立派をおとしめ、テロへの報復を誓うプーチンの強い指導者というイメージを輝かせるために、ＦＳＢが仕組んだことになる。

西側の指導者たちは、その疑惑を直視したくてもできなかった。プーチンの占拠事件への対処を褒めそやしてしまった以上、どうしてそんな疑惑を認めることができる？　一三〇人のロシア人が犠牲になった毒ガス注入の決断を、イスラムのテロリストの残虐行為にふさわしい対応として正当化したというのに、いまさら事件を誘発したのはロシア政府だったかもしれないなどという話を、どうして受け入れられる？

ユーシェンコフが射殺されてから二カ月後の六月、プーチンは国賓としてイギリスを訪れた。ロシア大統領は二一発の王礼砲を受け、金色の馬車に女王と同乗してザ・マル通りをバッキンガム宮殿へ向かった。そこから四日にわたって国が主催する豪華な晩餐会、栄誉礼、王室の歓迎行事がとりおこなわれる。ロシアの国家元首がこれほど歓迎されたのは、一八四四年にロンドンを訪れた皇帝ニコライ一世以来のことだった。いまやすっかりクレムリンに手なずけられたモスクワのメディアの報道は熱狂的だった。「イギリスでプーチン大統領が受けている大歓

妻ミシェル、娘のサーシャ、スカーレットと休暇をすごす「スーパーフィクサー」、スコット・ヤング。

ボリス・ベレゾフスキー（中央）。ロシアでは「オリガルヒのゴッドファーザー」として知られたが、ウラジーミル・プーチンと衝突したのち、イギリスに亡命。所有する莫大な富を使って、クレムリンに遠隔攻撃を仕掛けた。(Getty Images)

ベレゾフスキーが2001年にロシアから脱出したあと、ヤングから購入したウェントワース・エステートの邸宅。

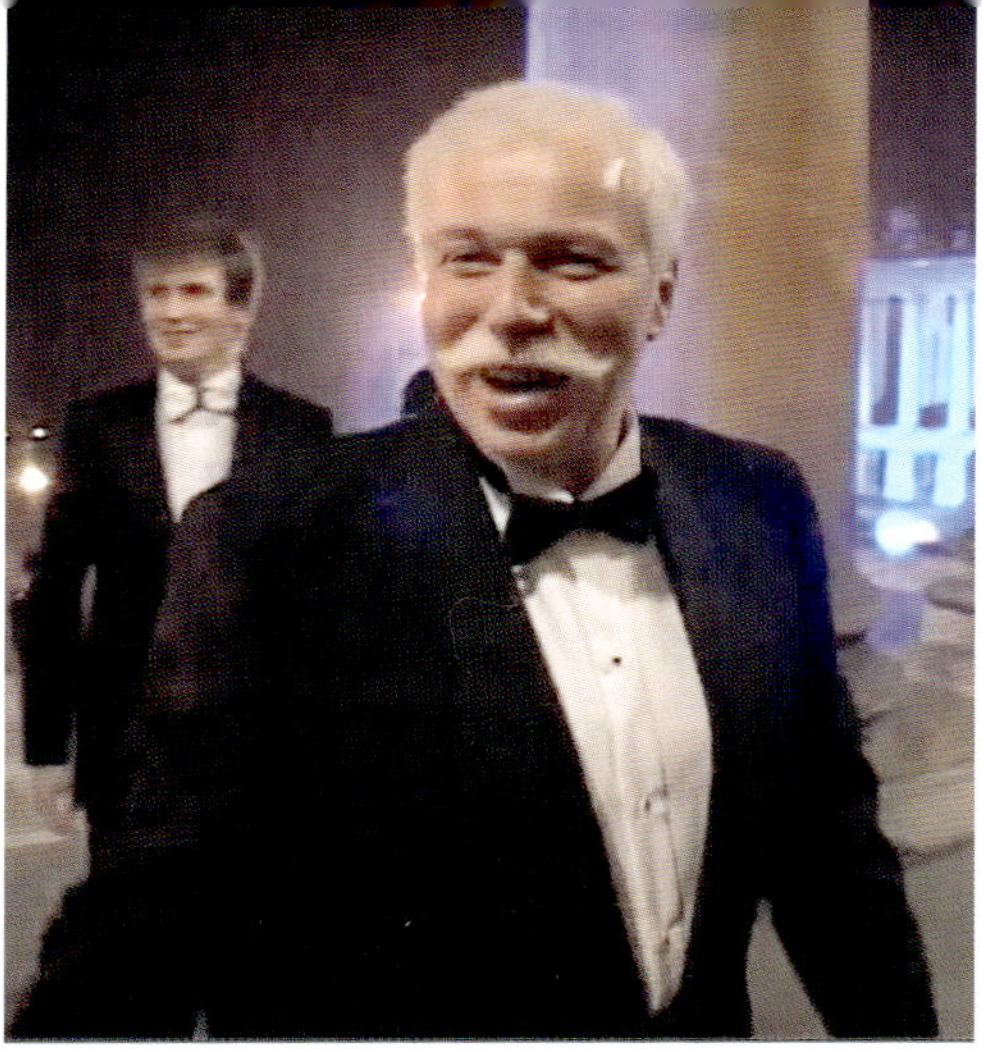

ブレナム宮殿で開かれたベレゾフスキーの60歳の誕生パーティに到着したジョージア人のオリガルヒ、バドリ・パタルカチシュビリ。両者は分かちがたい友であり、ビジネス・パートナーだった。

宮殿にバスで現れた元KGB職員、アンドレイ・ルゴボイ。夜会服の上にみすぼらしいコーデュロイのコートをはおっている。

ベレゾフスキーの金庫番のルスラン・フォミチェフ、その妻のカーチャと、ブレナム宮殿に到着したヤング（右）。彼らがかかわるロシアの首都の不動産開発計画〈プロジェクト・モスクワ〉は、すでに暗礁に乗り上げていた。

宮殿に入る元FSB職員の亡命者、アレクサンドル・リトビネンコと、妻のマリーナ。

宮殿に入るユーリー・フェリシチンスキー。このロシアの歴史家はリトビネンコと協力して、ロシアで起きた一連の残虐なテロ事件とFSBとのつながりをくわしく調査していた。

挨拶し合うベレゾフスキー（左）とパタルカチシュビリ。客たちは燃え盛る暖炉のまえでピンク・シャンパンを飲んでいる。

ベレゾフスキーを抱擁するヤング（右）。左の控えめな人物は〈ロゴバス〉の元経営責任者、ユーリー・デュボフ。

このパーティでヤングはいつもの彼らしくなかった。黒髪は襟元でわずかにてかり、蝶ネクタイは曲がっていて、眼に生気がない。

フォミチェフはパーティの客たちと気軽に会話していたが、〈プロジェクト・モスクワ〉が頓挫して、現地からたいへんな圧力がかかっていた。

ベレゾフスキーは本領を発揮した。パーティの主役としてみなを抱擁し、母なるロシアに乾杯し、忠実な取り巻きたちに気前のいいところを見せた。

誕生日の宴が終わりに近づくころ、チェチェン分離独立派の指導者、アフメド・ザカエフ（中央）が、支援者のベレゾフスキーに丁寧に包装した武士の刀を贈った。

迎は王にこそふさわしい」あるタブロイド紙は大げさに書き立てた。「ボリス・エリツィンもミハイル・ゴルバチョフも、女王自身からの招待の栄誉に浴することはなかった」そうした派手な見せ物が翌年のプーチン再選に大きく貢献するであろうことは、専門家の意見の一致するところだった。

歓迎ムードに水を差す動きもいくつかあった。〈アムネスティ・インターナショナル〉などの人権擁護団体が華やかな催しに反対の声をあげ、チェチェンでロシア軍によるレイプや拷問や大量殺戮の報告があることを思い出させようとした。だが、聞くべき人間は耳を傾けていなかった。

ブレアとプーチンはダウニング街で非公式会談をおこない、ロンドンで開かれていたエネルギー会議に出席した。会議ではおもに、シベリアから西欧への天然ガスのパイプライン施設計画など、ロシアにおけるイギリス企業の事業展開の可能性が話し合われた。四日間の訪問の最後には、イギリス首相は生き生きと目を輝かせていた。「プーチン大統領のリーダーシップはロシアのみならず、世界全体に希望をもたらした」とのちに熱く語った。

モスクワでは、ＦＳＢのふたつのテロ事件への関与について政府に回答を求める声は、ほぼ消えていた。ユーシェンコフの死が政治的な暗殺と広く認識され、そこまで高い代償を払って真実を追求しようという人間がいなくなったのだ。ユーシェンコフの委員会の調査はほとんど中止していたが、暗殺から三カ月後、また死にみまわれた人間がいた。

ノーバヤ・ガゼータ紙の記者で『ロシア闇の戦争』を連載し、その後ユーシェンコフの調査委員会の主要メンバーになっていたユーリー・シェコチーヒンが、謎めいた病に襲われたのだ。全身に赤い発疹が生じ、髪が抜け、内臓が機能不全に陥った。発症から一六日後に亡くなったときには、当局が遺体を回収し、FSBの病院でひそかに検死をおこなった。遺族にはアレルギー発作で亡くなったと説明されたが、機密扱いになった検死記録を見ることは許されなかった。

主要メンバーふたりが亡くなって、委員会の調査は完全にストップした。トレパシュキンだけが単独で調査を続けていた。

アパートメント爆破事件についてFSBが第一容疑者とした人物は姿を消したままだったが、トレパシュキンはその容疑者ゴチヤエフについて、FSBが作った資料の調査を続けていた。モロゾワの母親が亡くなったグリヤノワ通りの爆発後、地元警察はアパートメントの管理人による人物描写から、爆弾を仕掛けた容疑者の似顔絵を作っていた。しかし、それがすぐに引っこめられ、まったく別の似顔絵に差し替えられていたことにトレパシュキンは気づいた。差し替えられたあとの似顔絵は、いまやよく知られた顔だった。それはすぐにゴチヤエフと特定され、爆破事件の主犯としてありとあらゆる新聞に載り、テレビで放送された。ところが奇妙なことに、警察が作ったもとの似顔絵は、コピーも含めてFSBのファイルからすべて消えていた。

トレパシュキンは最初に作られた似顔絵を探し出そうと思い、最初の公表時にどこかで報道されていないかと古い記事を探しはじめた。かなり広く調べた結果、その似顔絵が見つかった。黒髪で眼鏡をかけた三〇代なかばの男の絵が、最初の爆発の翌日に発行された新聞の黄ばんだ紙面に載っていた。トレパシュキンはその顔に見憶えがあって、ぎょっとした。ＦＳＢのかつての同僚だったのだ。

その男、ウラジーミル・ロマノビッチは、モスクワの犯罪社会におけるチェチェン人のギャングを叩くことを専門とするＦＳＢ捜査官で、トレパシュキンがＵＲＰＯの暗殺リストに加えられるまえに見つけた不正なネットワークの一員だった。目のまえにある白黒の絵は、グリヤノワ通りの爆破事件で最初に容疑者とされた男がＦＳＢの職員だったことを示す証拠だった。

ロマノビッチにテロ事件で果たした役割を告白させるのは不可能だった。テルキバエフと同様、事件後に自動車事故で命を落としていたからだ。しかし、トレパシュキンは似顔絵を作るために容疑者の人相を説明した建物の管理人を探し出し、実際に目撃したのはどちらの人間か訊いた。目撃者は、ロマノビッチこそが爆破事件のまえに怪しい行動をとっていた男だと確認しただけでなく、もうひとつ驚くべき事実を明らかにした。地元警察に人相を説明した二日後、彼はＦＳＢの捜査官に拘引され、レフォルトボ刑務所の尋問室へ連れていかれたのだ。そこでゴチヤエフの写真を見せられ、それが目撃した男だと新たに供述するよう強いられたという。

ＦＳＢの第一容疑者が捏造だったことを示す何よりの証拠だった。トレパシュキンには、モロゾワの代理人として見つけた証拠を示す機会があった。ゴチヤエフとともに爆破事件を企てた疑いでロシア検察庁が起訴した容疑者ふたりの裁判が、一〇月に始まることになっていたのだ。ただ、何十年もFSBで働いた経験から、トレパシュキンにはFSBがどう反応するかよくわかっていた。自分に危険が及ぶのはまちがいない。そこで保険として、集めた資料をモスクワの知り合いのジャーナリストにすべて渡し、裁判のまえに自分の身に何かあったら公表してくれと指示した。

予想にたがわず、裁判が始まる一週間前にトレパシュキンは逮捕された。FSBの捜査官が突然車を取り囲み、火器の不法所持を宣言したのだ。トレパシュキンは、それは仕掛けられたものだと主張したが、それとは別に「国家機密漏洩」罪で収監され、四年の刑期を務めることになった。

知人のジャーナリストは、頼まれたとおり、ロマノビッチに関する証拠を公開したが、ロシアの報道機関で取り上げられることはほとんどなかった。ミハイル・レーシンの締めつけによって、ほぼすべての大手新聞社、テレビ局、ラジオ局がクレムリンに統制されていたからだ。裁判は陪審員もなく秘密裡に進められ、FSBが爆破事件の容疑者として起訴したふたりの男は終身刑を言い渡された。

モスクワのメディアがほとんど騒がず、裁判は閉ざされた扉の向こうで片づけられ、ロシア議会で抗議の声をあげる議員もいなくなって、世界の指導者たちが親プーチン外交を進めるのはますます容易になった。一方、リトビネンコの調査は別の場所で波風を立てはじめていた。テムズ河畔にバビロニアふうのジッグラト様式〔古代メソポタミアの神殿にある聖塔に似せたスタイル〕で建てられた緑と金色の本部のなかで、ＭＩ６のロシア担当部門が注意を払っていたのだ。

7

ロンドン――二〇〇三〜二〇〇四年

チャコールグレーのスーツに身を包んだその白髪混じりの上級職員は、イギリスの諜報機関に二〇代初めから勤務していた。それは同じく白髪混じりでチャコールグレーのスーツを着た同僚たちにも共通していた。ほぼみなオックスフォードかケンブリッジで勧誘され、成人してからの人生をすべて諜報活動に捧げてきた。スパイは人混みにまぎれなければならないので、廊下ですれちがう誰もが一様に個性のない顔をしていた。女王や国に仕える特別な任務に選ばれながら、まったく目立たないことが美徳とされるのだから、おかしな話だが、それがこの仕事の特徴だった。見た目がぱっとしないことは、リバー・ハウスに勤務する全員が承知していた。

アルバート・エンバンクメント八五にあるＭＩ６本部には、国内でもっとも優秀な頭脳の持ち主が集まっていた。そこで働く男女には、世界情勢についてありえない量の情報を収集、分析する任務が託されている。国益の増大を図る政府に協力するためであり、さらに大事なこととして、イギリスを脅威から守るためでもある。ほぼすべてを知り、その他のほぼすべてを探るのが彼らの任務だった。

この上級職員も、ロンドンに戻って内勤になるまえには、世界各地でイギリスのためにスパイ活動をしてきた。いまの仕事には、徐々に厄介になりつつあるロシアでの情報収集の監督も含まれる。モスクワの状況は気に入らなかった。問題は、中央政府の誰もそれに耳を貸さないことだった。

九・一一後、イギリスの安全保障資源は、彼がひそかに「非情な胃袋」と呼ぶ対テロ戦略に丸呑みされてしまい、ロシア担当はより少ない資源でより多くをなしとげなければならなかった。予算は削られ、各国の専門家は中東の監視に割り振られ、本部内にはアラビア語やウルドゥー語やパシュトー語を話す人間があふれる一方、ロシア語を解する新人はかつてなく少ない。中央政府のおもな関心は、イギリス本土でのイスラム主義者の大規模テロ攻撃から国民を守ることにあり、ロシアでの情報収集に多額の資金をまわさせるには、絶えずホワイトホールと闘わなければならなかった。アルカイダが投げかけた、いまそこにある明らかな危機に集中するなとは言えないが、モスクワの方角に目を向ければ、危険な嵐の暗雲が育っているのも確かだった。

彼は同僚とともにモスクワのアパートメント爆破事件について情報を集め、リトビネンコの調査を深い関心で見守っていた。そして関係者の全面的な自白はないものの、プーチンが爆破事件に関与していると確信していた。新大統領は、メディア統制に加えて、ロシアの若い民主主義制度を攻撃し、チェチェンの分離独立運動を過酷に鎮圧している。そこから浮かび上がるのは、ぞっとするほど無慈悲な新たな独裁者の姿だった。世界じゅうに広がるプーチン歓迎ムードが誤解にもとづいていることは明々白々だった。クレムリンに近い情報筋によると、あの男のなかには西側への憎悪しかないらしい。今日は笑みを浮かべて握手しているかもしれないが、明日には何を企んでいる?

プーチンが母国で批判者を黙らせる方法として暗殺を用いているのは疑いないが、何より不安をかき立てられるのは、彼がさらに広範な暗殺計画の土台作りをしている証拠があることだった。イギリスがロシアに有する傍受施設や情報源は減っているにしても、そこからの情報によると、プーチンはソビエト時代の大量破壊兵器を、国家の敵である個人に使用する計画をみずから監督しているということだった。

ロシアは一九九三年に化学兵器禁止条約に署名し、四万トンの生物・化学兵器を廃棄すると約束したが、ＭＩ６は、クレムリンがその約束を守っていないことをかなりまえから察知していた。備蓄兵器を戦場で使用することはない。空中散布の化学兵器は天候次第で簡単に吹き飛ばされてしまうし、生物兵器の虫や菌は輸送と投下にあまり耐えられず、どちらも戦争の武器として使うにはあまりにも不確実であることがわかったからだ。しかしＭＩ６のロシア担当は、モスクワ郊外にあるＦＳＢの極秘研究所の動きに注目していた。その研究所で、政府に雇われた軍事科学者が暗殺に使用する化学・生物・核兵器の開発体制を急速に整えているのは明らかだった。

国家の敵を始末するために高性能の毒を用いるのはＫＧＢの定番だが、プーチンの庇護のもとでＦＳＢが開発している新たなプログラムは、それよりはるかに洗練されていた。研究所で精製されている神経剤、殺人病原菌、放射性の毒は、痕跡を残さず暗殺を実行するためのものだ。そうした毒を噴霧や蒸気によって経口で吸収させ、急速に進行する癌や心臓発作、多臓器不全を引き起こす。被害者がたんに急病に倒れたり、自然死したりしたように見せかけながら、ＦＳＢの暗殺専門部隊は標的を排除するのだ。プーチンが裏庭で雑草を抜くためだけにそれほどの手間をかけるとは思えない。つまり、もっと大きなことを準備しているにちがいなかった。

ベレゾフスキーら反体制派のイギリスへの亡命が九・一一の発生と同時期だったのは、ひどく不運なタイミングだったと思わずにいられなかった。イギリスがボールから目を離しているすきに、国内でありとあらゆるロシアの問題が生じていたのだ。とはいえ、風が吹けば誰かが得をする。リバー・ハウスの玄関先に政治的に熱いロシア人の波が押し寄せたことで、予算にかぎりのあるいま、情報収集はずっと楽になった。

新たにやってきたロシア人のなかで誰よりも熱いのはリトビネンコだった。内部に潜入することが不可能なロシアの国家保安機関で最近まで働いて得た知識があるし、いまもベレゾフスキーの資金を遣ってモスクワで情報を集め、新たな手がかりを発見している。ＭＩ６のロシア担当もその調査に一枚加わりたかった。かくしてリトビネンコは、二〇〇三年なかばにチャコールグレーのスーツを着た白髪混じりの男から連絡を受け、いまの「自分の国」に協力する気はないかと訊かれたのだった。イギリスに政治亡命者として受け入れられたときの尋問で、知っていることは何もかも話していたが、今回はクレムリンと犯罪組織の結びつきにくわしいコンサルタントとしてＭＩ６が雇いたいという申し出だった。

リトビネンコはそのチャンスに飛びついた。彼の新たな指令担当官《ハンドラー》は「マーティン」と名乗り、暗号化機能つきの電話をくれた。ふたりはピカデリーの書店〈ウォーターストーンズ〉の地下にあるカフェのように人目につかない場所を念入りに選んで、定期的に会うようになった。リトビネンコは、役に立つとわかったら月に二〇〇〇ポンドの報酬を支払うと告げられた。ベレゾフスキーのもとでおこなっている調査の報酬を補う額としては悪くない。そうしてアレクサンドル・リトビネンコは、怒ったオリガルヒの個人的な復讐のために雇われた私立探偵ではなくなった。女王と国のために働くことになったのだ。

調査チームがプーチンの犯罪に関して集めた証拠を西側諸国が公に認めないことに、ベレゾフスキーは憤慨していたが、リトビネンコがＭＩ６に雇われたことには勇気づけられた。たとえクレムリンがアパートメント爆破の真相を隠しおおせたとしても、打つ手はほかにもたくさんある。

たとえば、ウクライナのクレムリン寄りの大統領、レオニード・クチマの会話の秘密録音テープを文字起こしする計画にも、大金を提供していた。テープのなかでクチマは、反体制派のジャーナリストの拉致や殺害を含むさまざまな犯罪計画を語っていた。そうした会話を何百とひそかに録音して公開したのは、彼の元ボディガードだった。「カセット・スキャンダル」と呼ばれるようになったこの件は、ウクライナじゅうに抗議の波を広げ、プーチンに手なずけられていたキエフの政府を転覆させるオレンジ革命の遠因となった。そのテープには、ロシア大統領がサンクトペテルブルクのタムボフ・ギャングを含む大きなマフィア組織とつながっているという、プーチンの痛手となる言及もあり、ベレゾフスキーはリトビネンコにテープの解析を依頼した。

その仕事は、リトビネンコがＭＩ６のためにしている仕事とうまく嚙み合った。ハンドラーから割り振られた任務のひとつは、西側に触手を広げつつあるロシアの組織犯罪集団とクレムリンとのつながりを同様に調べている、ヨーロッパ各地の諜報機関を支援することだった。リトビネンコは、プーチンとマフィアのつながりについてクチマのテープから得た情報と、みずからの調査結果を合わせて、スペインとイタリアの諜報員に流しはじめた。

一方、ザカエフはまだモスクワのアパートメント爆破事件と劇場占拠事件に関する情報を探っていた。ＦＳＢがふたつのテロ攻撃とチェチェンでの人権侵害に関与したかどうかを調べる戦争犯罪委員会を立ち上げ、リトビネンコに協力を要請した。分離独立派の指導者と元ＦＳＢ捜査官はともに、テルキバエフの証言を取ってきたアンナ・ポリトコフスカヤを高く評価していたので、モスクワとグロズヌイでの新たな証拠探しに力を貸してほしいと彼女を説得した。目的はテロ事件へのプーチンの関与を示す充分な証拠を集め、国際刑事法廷に告訴することだった。

こうした戦いを続けながら、ベレゾフスキーとザカエフはクレムリンとのあいだに別の大きな戦いを抱えていた。ロシア政府は亡命した両名のモスクワ送還をいっそう強く求めていたのだ——ザカエフは劇場占拠事件への関与疑惑、ベレゾフスキーは横領容疑で、それぞれ裁判にかけるために。最近の事情を考えると、この要求に抵抗できるかどうかにふたりの生死がかかっているのはまちがいなかった。

亡命者たちがイギリスに落ち着いてすぐに脅しは始まっていた。最初に不吉な電話を受けたのはリトビネンコだった。かつてのＵＲＰＯの同僚からで、メッセージを伝えるよう指示されたという——すぐにロシアに戻らなければ死ぬというメッセージだった。

「戻らなければ、死体袋に入って戻されるか、列車のまえに突き飛ばされるかだ」相手は言った。

リトビネンコは冷静さを保ち、「ずいぶん魅力的な提案だな」と返した。「だが断る」

次の警告はトレパシュキン経由でもたらされた。『ロシア闇の戦争』が発表されてまもなく、モスクワでＦＳＢの高官とつながりを持つ情報提供者と会ったトレパシュキンが、あわててリトビネンコにメールを送ってきた。「きみは裁判手続きを踏まない排除の宣告を受けたようだ」トレパシュキンは警告した。「つまり、このあいだの本を出版したせいで、死刑が決まったということだ」

警告は続いたが、リトビネンコはあまり心配していなかった。ロンドンに来て数カ月以内に、内務省から家族全員の政治亡命を認められている。それはつまり、いかにかつての同僚たちが怒ったとしても、ロシアへは送還されないということだ。彼はイギリスで享受しているほどの安全はこれまで感じたことがないと友人たちに語った。

次はベレゾフスキーの番だった。二〇〇二年三月の記者会見で、アパートメント爆破事件に関するリトビネンコの調査結果を発表してから一カ月後に、ロシアから脅しの手紙を受け取り、そこから立てつづけに脅迫状が届いた。差出人はピョートル・ペトロービッチという偽名で、その住所はロンドンのハイゲート墓地になっていた。手紙はフランスの哲学者ミシェル・ド・モンテーニュのあまり有名でない文章を引用し――「この世に死から身を隠せる場所などない」――こう警告していた。「最近おまえがしていることのすべてが、おまえにとっても、おまえの家族にとっても、死の脈動であり鼓動であると理解せよ」

ベレゾフスキーは軽薄なやり方で応じた。その手紙とプーチン宛ての返事を、かつてモスクワで所有していた新聞社コメルサントに送りつけたのだ。「凝りすぎの手紙からして、あなたがヘキソーゲン氏の深刻な中毒になっているのは明白だ」モスクワの爆破事件で使われた化学爆薬を引き合いに出して、ロシア大統領をあざけったのだ。「ヘキソーゲンはコカインや現金と変わらないほど、いや、それ以上に腐敗している。そろそろ治療されたほうがいい」新聞社の新しい編集部は、警告の手紙も、ベレゾフスキーのあざけりの返事も、紙面に載せるのは危険だと判断した——が、その後、ベレゾフスキーのもとにはロシアから絶えず脅迫状が届くようになった。

「ピョートル・ペトロービッチは、顧客にみずからの死の情景を鮮明に思い描くよう勧める——痛み、パニック、無力感、愛する者たちの嘆き」一通の手紙はそう脅した。「ウラジーミル・プーチンは言った。『オリガルヒたちは生涯かけて備えに備えてきたが……死はふいに訪れる』」

当初、ベレゾフスキーはクレムリンからの空虚な脅迫だと考え、手紙に心乱されることはなかった。自分は不死身だとなかば信じるほどにナルシシストで、イギリスの司法制度に妄想に近いほどの信頼を寄せていたからだ。イギリスの法制度が守ってくれるから、モスクワに召喚されて裁判にかけられることはない、イギリスにいるかぎり安全だ、と確信していた。いくらプーチンでも、他国の縄張りで敵を叩くほど大胆不敵ではないだろう、と。

しかし、やがてベレゾフスキーの警備チームが、ロシアでベレゾフスキー殺害計画が始動したという情報を得た。従来の方法とちがって、モスクワ郊外のＦＳＢの研究所で開発した放射性物質を使い、イギリスで彼を毒殺するという計画だった。その情報はＦＳＢとつながった確かな筋からで、裏取りはできないものの、無視するには危険すぎた。警備チームは放射線量測定器《ガイガーカウンター》を手に入れ、ベレゾフスキーが車や家やオフィスに入るたびにまえもって線量を計るようになった。

ちょうどベレゾフスキーが、モスクワ劇場占拠事件へのＦＳＢの関与を公に非難した直後、ホワイトホールではプーチンを国賓として迎える準備が急がれていたころに、イギリスでの警備態勢にほつれが見えはじめた。ロシアに戻れば命が危ないという理由で渡英後すぐに提出していた政治亡命の申請が、二〇〇三年三月に内務省から却下され、翌週に彼は逮捕された。〈ロゴバス〉の横領事件に関してベレゾフスキーとユーリー・デュボフの送還を求めているモスクワの検察庁のために、ロンドン警視庁の刑事が両名の尋問をおこなった。ふたりは政治的な理由で偽の嫌疑をかけられていると主張し、スティーブン・カーティスと、ベレゾフスキーのＰＲ担当ティム・ベルによる保釈金二〇万ポンドの支払いで、勾留を解かれたが、四月上旬に開かれる引き渡しの審理のためにボウ・ストリートの治安判事裁判所への出頭を命じられた。突如として脅迫状のことばがぐんと現実味を帯びたのだ。

翌月、判事に送還の判決を下されたら、ベレゾフスキーは完全にクレムリンの手中に落ちる。プーチンが彼の死を望んでいるのはまちがいないが、イギリスにとどまりたいなら、そのことを証明しなければならなかった。弁護団は、政治亡命が認められなかった場合に備えて急遽、控訴の準備をしていたが、脅迫状は差出人が特定できないかぎり証拠価値はないとベレゾフスキーに伝えた。脅しをロシアに直接結びつける証拠を手に入れなければならない。だがどうやって？

ある朝、ベレゾフスキーがその問題について考えていると、ユーリー・フェリシチンスキーがのっそりと巨体を現した。

「FSBから殺害予告を受け取った」ベレゾフスキーは歴史家に言った。「読みたいか？」

「もちろん！」フェリシチンスキーは大きな手で手紙を受け取ると、中身に目を走らせ、おやというように眉を上げて、「ボリス」と興奮した口調で言った。「この手紙はまえにも読んだことがある」

「まさか」ベレゾフスキーは鋭く言い返した。しかし歴史家は譲らなかった。傑出した元KGB将軍で、アメリカに移住してワシントンでCIAの保護下に暮らしているオレク・カルーギンから、同じ手紙を見せられたことがあるというのだ。前年の一二月にカルーギンが受け取った手紙が驚くほどそっくりだった——ピョートル・ペトロービッチと名乗っているところや、モンテーニュの引用まで。大きなちがいは差出人の住所だった。カルーギンが受け取った手紙では、ロンドンではなくワシントンの大きな公営墓地になっていた。

ベレゾフスキーはすぐさま弁護士に電話をかけた。別のロシアの敵がほぼ同じ脅しを受けていた事実は、ともにＦＳＢが発信元という証拠になるにちがいない。弁護団はベレゾフスキーとカルーギンが受け取ったすべての手紙を専門家に渡し、類似点を整理して、出所を類推できないか内容を検討させた。すると審理の前日、ベレゾフスキーにモスクワからまた新たな情報がもたらされた。

引き渡しの審理の場でベレゾフスキーを殺害するために、ＦＳＢが暗殺者を送りこんだという情報を警備チームがつかんだのだ。ボウ・ストリートの治安判事裁判所にベレゾフスキーが入ってきたところを襲うため、雇われた殺し屋が傍聴席の通路のそばで待機しているという。命を奪う武器はペン先に毒を塗った万年筆だった。

充分具体的な情報だったので、ロンドン警視庁に知らせ、審理の朝、私服刑事が裁判所に張りこむことになった。刑事たちは傍聴席がいっぱいになるまで待ち、ひそかに殺し屋を捕まえて建物から連れ出した。その人物はのちに国外追放となった。

土壇場で主張が正しいことが証明されたベレゾフスキーは、しわひとつない黒いスーツと紫のシルクのネクタイを身につけ、大勢のボディガードに囲まれて意気揚々と裁判所に入った。「被告は、ロシア政府に忠実なああいう者たちによる暗殺の恐怖のなかで暮らしています」ベレゾフスキーの弁護士はそう法廷に訴え、モスクワの検察が訴追した横領事件は政治的理由による「でっちあげ」だと主張した。ティモシー・ワークマン判事は政治亡命申請が処理されるあいだ、再度ベレゾフスキーの保釈を認めた。

ベレゾフスキーは得意満面で裁判所をあとにし、ウラジーミル・プーチンのマスクをつけて外で待ち構えていたジャーナリストのあいだをすばやくすり抜けた。何台もの車列を組んでピカデリーの〈メリディアン・ホテル〉へ向かうと、衛星生放送をモスクワにつないで記者会見を開いた。ボウ・ストリートで失敗に終わった暗殺計画については口外しないように警視庁から戒められていたが、ベレゾフスキーは抑えきれない歓喜とともに、部屋いっぱいの報道陣に向かって、「真に独立した」司法制度を持つ国、自分の引き渡し要求が認められる可能性が「ゼロ」の国で暮らせるのはありがたいと述べた。

一方、ベレゾフスキーの弁護団は政治亡命の訴えを裏づける暗殺計画を生で証明したことになった。内務省には脅迫状の検証に雇った専門家の供述書も送った。その専門家とは、かつてレニングラードのKGBアカデミーでプーチンとともに訓練を受け、現在アメリカで暮らす元KGB職員のユーリー・シュベッツだった。シュベッツは専門家として次のように証言した。手紙は「ベレゾフスキーがロシアの体制、とくにFSBへの攻撃をやめなければ、外国に居住していようと関係なく殺されるという明らかな警告である。ロシアの指導者や保安機関がボリス・ベレゾフスキーを病的なまでに重要視していることを考えると、彼はイギリスでやすやすと暗殺されうると言っても過言ではない」

二〇〇三年九月、デイビッド・ブランケット内相は、ベレゾフスキーの政治亡命を承認した。ロシア政府はそれに怒り、法の支配を踏みにじったとイギリスを非難してベレゾフスキーの送還要求の取り下げを拒んだ。

ロンドン警視庁は、ボウ・ストリートで審理を続ければベレゾフスキーの命が危ないと内密にワークマン判事に知らせていた。判事は、ベレゾフスキーの政治亡命を認める政府の決定によって審理は無効になったと裁定し、送還要求を棄却した。

数週間後、同じ判事のところにザカエフの送還要求の案件が持ちこまれた。ロシア政府はチェチェン分離独立派のこの指導者に対して、それまでに殺人や誘拐を含む一三もの罪状を積み上げていた。しかし、重要な証人が証言を翻し、拷問されてザカエフに罪をなすりつける供述書に署名させられたと法廷で告白したため、ロシア側の主張はここでも覆された。送還要求は政治的理由にもとづいており、ロシアに戻ればザカエフが非人道的な扱いをされる危険があるという判断で、判事は要求を棄却した。「ロシア当局が証人に拷問という手段をとったなら、ザカエフ氏自身が拷問の対象となる危険が大きいという結論を出さざるをえない」とワークマン判事は述べた。「ザカエフ氏を裁判のためにロシアに送還するのは不当であり、暴挙ですらある」ザカエフはこの裁定を「小さな勝利」と歓迎しつつ、世間の注目を集めた機に、チェチェンの人々に対する残虐行為についてプーチンが国際刑事法廷で裁かれるまで心が休まることはない、と報道陣に語った。

クレムリンは裁判所の判断を激しく非難した。政府のスポークスマンは、裁定は「冷戦時代からよく知られたダブルスタンダードの政治」を反映していると述べ、過激派をかくまうイギリス政府を非難し、共同のテロ対策に関するロンドンとの同意を白紙に戻すと脅した。イギリスの外交官は、政府に裁判所の決定を変える力はないとあわてて説明したが、プーチンにはなかなか理解しがたいことだった。

イギリスにいるロシアのもっとも有名な反体制派の三人は、いまやモスクワの検察の力の及ばないところにいた。クレムリンが彼らの容赦ない攻撃を止めたいなら、残された唯一の選択肢は超法規的な手段だった。

スティーブン・モスは、ベレゾフスキーのクレムリン攻撃が声高になるにつれ、次第に彼の代理人を務めることに心穏やかでいられなくなった。〈シブネフチ〉の最終支払いの期日が近づくと、いっそう家に引きこもるようになった。友人たちに何を悩んでいるのかと訊かれると、怖いのだと白状した。理由は言えないが、命が危ないかもしれない、と。

ベレゾフスキーが送還要求と戦っているあいだ、モスは妻と幼い子供たちといっしょにイタリアへ休暇旅行に出かけていた。ワークマン判事が送還要求を棄却してまもないころに帰宅し、ある日の午後にはいくらかリラックスした様子で友人たちとサリーで競馬を楽しんだ。しかしモスはその三日後に亡くなった。

四六歳のモスが心臓発作で突然命を落としたという知らせは、ベレゾフスキーの取り巻きに警鐘を鳴らした。友人たちは彼が暴行を受けたのではないかと疑っており、死亡直後にモスの自宅が家宅侵入されたと聞いていっそう不安になった。侵入者は家族の貴重品には手をつけなかったが、モスのコンピュータを持ち去ったという。パートナーのハードディスクにどんな秘密が隠されていたのだろうと考えていたスティーブン・カーティスのもとに、ロシアから脅迫電話がかかってくるようになった。

「カーティス、いまどこだ?」ボイスメールにきついロシア訛りの男の声が残っていた。「われわれはここにいる。おまえの背後だ。おまえを尾行している」カーティスが何度番号を変更してもメッセージはくり返し残された。カーティスはボディガードの一団を雇い、ドーセットの城のなかにパニックルーム［不法侵入者に備えた一時的な避難所］を作った。彼には、ベレゾフスキーの側近の誰よりも背後を気にしなければならない理由があった。プーチンと敵対することになったもうひとりのオリガルヒの危険なビジネスに深くかかわっていたからだ。

ミハイル・ホドルコフスキーは資産価値一五〇億ドルの大手石油会社〈ユコス〉のオーナーで、それによりロシアでもっとも裕福な人物だったが、二〇〇三年一〇月に逮捕され、どんな大物でもクレムリンによって引きずりおろされることを証明した。石油貴族がキャリアをふいにした失敗は、政府の汚職をめぐって公の会議でプーチンを攻撃したことだった。その結果、架空の詐欺容疑でシベリアの労働収容所送りとなり、一〇年の刑期を務めることになった。カーティスはホドルコフスキーの長年の代理人で、〈ユコス〉のオーナーが刑務所のなかにいるあいだ、同社を救う業務を託されていたのだ。

クレムリンは一撃で石油会社の価値をゼロにしてやるとばかりに、全株式を凍結し、多額の税金をさかのぼって請求してきた。カーティスは、会社の共同創設者のひとりでホドルコフスキーの逮捕後ロンドンに来たユーリー・ゴルベフとタッグを組み、ロシア政府の攻撃から〈ユコス〉を守る防衛戦をしていた。

同時期にカーティスは、ボリスたちがアブラモビッチから受け取った一三億ドルを複雑なオフショアファンドのネットワークに移しているフォミチェフを手伝ってもいた（証拠書類が残るのを避けるために、すべてを写真のように記憶しながら）。ロシアの依頼人からはこれまでにないほど金を稼ぐことができた。スコット・ヤングをまねて、ひと晩に数万ポンドを散財し、ビンテージ物のシャンパンを開けたり、ロンドンの高級ナイトクラブのＶＩＰルームでラップダンス［ストリッパーが客の膝の上でする踊り］を楽しんだりする習慣になっていたが、増えつづける富には息の詰まるようなストレスがついてまわった。

カーティスの神経と態度はおかしくなりつつあった。ベレゾフスキーの取り巻きに加わったときには陽気でおおらかな北部人だったのに、プレッシャーが増し、脅しのメッセージが頻繁になるにつれ、苛々して怒りやすくなった。そして二〇〇四年一月、奇妙な出来事が彼の不安をさらに高めた。

あるさわやかな一月の晩、ファーヌクス・ペラムというハートフォードシャー州の絵のように美しい村で、八三歳のロバート・ワークマン中佐という第二次世界大戦の復員兵が、謎めいた人物の訪問を受け、下見板張りのコテージの扉を開けた。玄関の石段に現れた男は先端を切りつめたショットガンを抱えており、至近距離から一発撃った。村人たちは木骨造りのコテージにこもって温かく夜をすごしていたので、中佐の遺体は翌朝まで発見されなかった。発見されたときには、殺人者が闇のなかに消えてだいぶたっていた。

ロンドン周辺の諸州でもっとも静かと言ってもいいほど辺鄙な場所での暗殺は、未解決のまま、一〇年近くファーヌクス・ペラムの村人たちを当惑させる。老いた復員兵を殺す動機を持つ人間がいることなど理解できなかったのだ。しかし、事件の解明に奮起したハートフォードシャーの警察があるつながりを見つける。ワークマン中佐は、殺人の標的となる可能性がずっと高い人間と同じ姓の持ち主だったのだ。ベレゾフスキーとザカエフをモスクワに引き渡すことを拒んでクレムリンを激怒させた送還審理の判事である。近くのバークシャー州に住むワークマン判事は、真の標的はあなただったかもしれないと刑事たちに警告された。

この殺人のことを聞いたベレゾフスキーは、自分とザカエフを安全なイギリスに受け入れてくれた判事にクレムリンが報復を図って、へまをしたのはまちがいないと思った。つまるところ、プーチンの意向にしたがわなければ、ロシアの司法関係者でも先を切りつめたショットガンで狙われる可能性が高い。それこそロシア大統領がでっちあげの罪で敵を楽々と処分するやり方だった。暗殺者を雇ったのが国だとすると、手際が悪かったのは明らかだが、おそらくイギリスにいるごろつきが雇われて、勘ちがいしたのだろう。「FSBとロシアの組織犯罪が密接に結びついているのは事実である」元KGB職員のシュベッツは、ベレゾフスキーの政治亡命申請に添付された専門家の意見書にそう書いた。「低い階級のFSB職員も、プロの殺し屋を雇ってイギリスで誰でも殺すことができる。それは書類の証拠をまったく残さず実行される」

長年ののち、復員兵を殺した人間がようやく捕まる。クリストファー・ドチャーティー＝パンチョンという地元のネズミ捕獲業者で、別の殺人事件で獄中にいるときに、ワークマン中佐を撃ったのは自分だと監房仲間に告白したのだ。殺し屋として雇われ、金のために中佐を殺した、と。ドチャーティー＝パンチョンは、二〇一二年一一月に殺人容疑で起訴されたが、誰に雇われたかは明らかにしなかった。

ベレゾフスキーの取り巻きはこの殺人事件に動揺した。頻繁に脅迫電話を受け、車もまちがいなく尾行されていると思っていたカーティスは、すくみあがった。二〇〇四年二月には、恐怖のあまりイギリスの中央犯罪情報局に連絡し、政府の保護と引き換えに情報提供者になると申し出た。カーティスは自分につけられたハンドラーと二度会い、ロンドンにいるロシアの依頼人たちの活動について知っていることを話した。それでも恐怖は消えなかった。その月の末には、友人に、「これから数週間のあいだに私の身に何かあったら、それは事故じゃない」と言っていた。

翌週の二〇〇四年三月三日、晴れた春の夕べに、カーティスはバタシー・ヘリポートで買ったばかりの六人乗りのアグスタ・ヘリコプターに乗りこみ、ドーセットの城に向かおうとロンドンの空へと上昇した。三〇分後、ヘリコプターがボーンマス空港に近づくころ、小雨が降りだした。パイロットは航空管制官に無線で着陸許可を要請したが、そこでヘリコプターが突然左に傾き、一万二〇〇〇メートル降下した。パイロットはなんとか機体を立て直そうと奮闘したものの、エンジンが出力を失い、アグスタは真っ逆さまに墜落して地面に激突し、九〇メートルもの火柱を上げた。カーティスも三四歳のパイロットも即死した。

地元警察は捜査の必要はないとすみやかに決定した。死因を確定するために形式だけおこなわれた検死審問で、墜落は事故と判断されたが、検死官も「スパイ・スリラーの要素がすべてそろった」事故だと認めた。一方、カーティスの死に疑わしいところはないと公的機関が主張したにもかかわらず、リバー・ハウスのロシア担当は調査を開始した。

MI6の諜報員たちはカーティスとモスが暗殺された可能性を示唆する情報を集めており、アメリカの諜報機関にも協力を要請していた。その要請は、ロンドンのアメリカ大使館の機密取り扱い許可を得た職員を通してテレックスで送られ、返事も同じルートで返ってきた。CIAは、たしかに両人の死をロシアに結びつける情報が機密区分のデータベースにあると答え、喜んでそれを共有すると言ってきた。彼らによれば、ロシアがふたりの死にかかわっていることを示す情報は「有力」だった――とくにカーティスに関しては。

問題はその情報が、モスクワ郊外の研究所の生物・化学兵器開発にかかわるきわめて重要な情報源や傍受施設のネットワークからもたらされたことだった。情報を利用すれば、もとのネットワーク全体が暴露の危険にさらされ、プーチンの長期戦略に対して先手を打つことが完全にできなくなる。そうした理由から、その情報は秘匿された。

ベレゾフスキーと取り巻きたちは、ドーセットでおこなわれた弁護士の葬儀にそろって参列した。白い花束で「ＤＡＤＤＹ」と綴って飾られた棺の黒い馬車を、頭に羽根飾りをつけた馬が引き、そのまえを燕尾服とシルクハットの一団が進んだ。カーティスはこの瞬間の計画を完璧に立てていた――城の塔に国旗がはためき、湾の上空に花火を打ち上げる詳細に至るまで。

ベレゾフスキーは弁護士の死に打ちのめされた。「彼は殺されたんだ」黒い目に怒りをたぎらせてデュボフに言った。「暗殺だったのはまちがいない」デュボフはもう少し慎重だった。経験上、ベレゾフスキーはいつも最初に頭に浮かんだ考えが一〇〇パーセント正しいと思いがちだ。とはいえ、デュボフ自身、イギリス当局の説明を完全に信じたわけではなかった。ロシアの関与をほんのわずかでも示唆すれば、すでに揺らいでいる外交関係を完全に断ち切ることになってしまう。イギリス政府は、引き渡し要請に応じなかったことでモスクワとのあいだに生じた亀裂の修復に苦労していた。モスとカーティスの死因については永遠に謎に包まれたままということになりそうだった。

ボーンマスでのヘリコプター墜落事故から二週間たたないうちに、プーチンは七一・九パーセントの得票率で再選された。トニー・ブレアはすかさずロシアの大統領に電話をかけ、大勝利に心からの祝辞を述べた。票の水増しがあったという選挙監視委員の指摘や、国営メディアの偏向放送には触れもせず、クレムリンとさらに密接な関係を築くと改めて公に誓ったのだ。

スコット・ヤングにとっては背筋の凍るような状況だった。カーティスが墜落死したのと同じ機種のアグスタの注文は、急いでキャンセルした。妻ミシェルに対しては、ベレゾフスキーのイギリスでの仲介役を務めるのは決して危険ではないというふりをかろうじて続けてきたが、ふたりの弁護士の死によってそれもできなくなり、夫婦関係に影響が出ていた。しかし、金銭がからむとそこはヤングらしく、感傷とは無縁で動いた。

まずはベレゾフスキーの〈ニュー・ワールド・バリュー・ファンド〉――アブラモビッチからの支払いと利益をイギリス国内に持ちこむために、カーティスの力添えで設立された基金――の分配金から、カーティスの家族をはずす手伝いをした。そして、ベレゾフスキーとの新たな取引にためらうことなく次々と飛びこんだ。大きなリーグでプレイすることにはかならず危険がつきまとうが、賭け金や収益がここまで大きいと、背を向けるのは不可能だった。

第三部　職業上の危険

8

フロリダ州マイアミ——二〇〇四年

何艘ものクルーズ船が、フィッシャー島とマイアミ本土のあいだの狭いターコイズ色の水路から海へと航行していく。ジョナサン・ブラウンはいつもの海辺近くのテーブルに陣取っていた。夕暮れの蜂蜜色の光のなかでマティーニを飲み干す、日焼けした厚い胸板の金持ちは、どこから見てもマイアミ生まれだったが、細身の白いジーンズとクロコダイルのブーツを好むところに、あまり華々しくない生い立ちが隠されていた。ブラウンは、雨の多い北イングランドはカンブリア州の牧羊農家の息子で、スモークサーモンの事業を立ち上げ、魚を売ることでどれほど裕福になれるか、疑う人すべてに身をもって証明していた。マイアミに移ったのはサーモン帝国を拡大し、フロリダでの不動産投資で資産を増やすためだった。バーで何千ドルとばらまいて、見知らぬ人々に「おれは魚売りさ！」と叫ぶことは気に入っていたが、冴えないカンブリアの過去とのあいだにはできるだけ多くの澄んだ青い水を置いていた。

ブラウンは、サウスビーチにあるひいきのステーキハウス〈スミス&ウォレンスキー〉で、マイアミに来たばかりの人間と会うことになっていた。新しい海辺の邸宅を探しにヨットでやってきたロンドンの大物事業家だ。フロリダの不動産業界の共通の友人から、その訪問者をもてなしてくれと頼まれたのだった。ヨット焼けした新参者が、好奇の目を向けるレストランの客たちに微笑みながらテラスを横切ってテーブルに近づいてくるのを、ブラウンは興味深く見つめていた。

ヤングは髪が若干さみしくなり、逆にウエストは厚みを増していたものの、いまだに人を振り向かせる容姿と態度を保っていた。イギリスでの生活がややこしくなるにつれ、マイアミですごす時間が増えて、家族をここに移住させようとふと思い立ったのだ。そうすれば、危険なロシアのビジネスから娘たちを充分遠ざけておける。悪化の一途をたどっているミシェルとの関係にも、多少息をつく余裕ができるだろう。そのための不動産を探しに来ていて、話し相手ができるのはありがたかった。

ふたりは会うなり意気投合した。ブラウンが緊張をほぐそうとお互い映画で好きな場面を書こうと言いだし、書いたカードを交換してみると、ふたりとも『トゥルー・ロマンス』のまったく同じシーンを書いていた。デニス・ホッパーがギャングにやられそうになって、最後のことばでシチリアの暗殺者を派手に侮辱する場面だ。

「死ぬことになっても、口ではぶっ殺してやる！」ブラウンはうれしそうに叫んだ。ヤングも笑いながら同意した。そうしたやりとりがサーロインの乾燥熟成肉とまろやかな赤ワインの食事のあいだ続き、会食が終わるころには、ふたりでこれから冒険しようとにぎやかに計画を立てていた。

「来週ロンドンに来てくれ！」ヤングは言い張った。「本物の生き方を見せてやるよ！」

ブラウンは魚のビジネスのかなりの部分を売却したところで、妻との仲も冷めきっていた。やることがなく退屈しており、買ったばかりの真新しいプライベートジェットを自由に飛ばしたくてうずうずしていた。ありがたいことだ。喜んでヤングの申し出を受けながら、ブラウンは胸の内でつぶやいた。ようやく遊び相手が見つかったぞ。

ロンドン、マイアミ——二〇〇四～二〇〇五年

翌週、ブラウンがロンドンのビギン・ヒル空港に到着すると、滑走路の近くでヤングがロールスロイス・ファントム二台を待たせていた。ヤングは友人を気前よくベルグレービアの五つ星ホテル〈ザ・ハルキン〉にチェックインさせると、街にくり出し、ウィリアム王子やハリー王子の気に入りのナイトスポット〈ボージス〉で夜明けまで大騒ぎした。そこでヤングは夜ごとコカインとドン・ペリニヨンのマグナムボトルに五万ポンドをばらまき、ボトルを振って中

身を集まった人々の上に降らせていたのだ。

ともに最高の時間をすごしたので、ブラウンは頻繁にロンドンに飛んで〈ザ・ハルキン〉に泊まるようになり、ヤングがマイアミですごす時間も増えた。フロリダ半島で暮らすためにポルシェを四台買い、四五〇〇万ポンドの予算でウォーターフロントの物件を探したいとブラウンに協力を頼んだ。ほどなくココナッツ・グローブに目の覚めるような白いヴィラを買い、新しい家に家族を移すことになった。

このところミシェルはなかなか喜んでくれなかったが、マングローブの岸辺越しにビスケーン湾を見晴らす新しい邸宅には興奮した。ヤングは新たな友人に、結婚生活の崩壊を打ち明けていた。マイアミに移住したのは、離婚するまえに娘たちを新たなすばらしい生活になじませたかったからだ、と。ブラウンは力になりたいと思い、自分の娘たちがかよう地元の特権的な学校に根まわしして、スカーレットとサーシャが転校できるようにした。しかし、ヤングとつき合いはじめて数カ月のうちに、彼自身の夫婦関係も風前の灯になっていた。

ブラウンは〈ザ・ハルキン〉に滞在中は若いロシア人女性と会っていたが、浮気が本気になりつつあると思いはじめたところで、彼女から赤ん坊ができたと打ち明けられた。こうしてブラウンも二重生活を送ることになった。マイアミにいる妻と娘たちから充分離れた、しゃれたロンドンのアパートメントに、妊娠した愛人を隠しておく生活。しかし、生活の激変にもかかわらず、ブラウンがこれほど生を実感したことはかつてなかった。ヤングの放埒なカリスマ性は魅力的で、いっしょにいると人生が魔法のように感じられた。一二月に愛人と〈ドーチェスター〉に泊まっていたとき、ヤングがドアを蹴り開けて部屋に入ってきて、紙吹雪のように腕いっぱいの現金を放ったことは忘れられない。

「ジョニー！　メリー・クリスマス！」ヤングは叫び、ブラウンはベッドに入ったまま笑った。部屋には五〇年代の音楽が流れていた。

それでもブラウンは不安に思うこともあった。ヤングはもっぱら大量の現金で取引しているようで、〈ザ・ハルキン〉に大金を持って現れる謎の人物があとを絶たない。いったいその金はどこから来ている？

「本当のことを言ってくれ、スコット。ドラッグの売買はやってないな？」ブラウンは好奇心を抑えきれなくなって訊いた。ヤングはそれを聞いて笑い、名前は明かせない投資家たちのために多少金の面倒を見ているだけだと説明した。ただそのすぐあとで、ブラウンに、会ったほうがいい人間がいると言った。

「ボリス・ベレゾフスキー？　名前を聞いたことがある！」ブラウンは叫んだ。

「ああ」とヤング。「元ロシア人だ。彼を手伝っている」

ヤングは友人をバークリー・スクウェアの秘密クラブへ案内した。ベレゾフスキーがふたりのボディガードに挟まれて待っていた。ブラウンにはボディガードが危険な殺し屋のように見え、トイレに行くたびについてこられて怯えずにいられなかった。しかし、ベレゾフスキー自身には、会うなり警戒心を解かれた。指のあいだに葉巻を挟んで目をきらきらさせたこの男が、記事で読んだ怖ろしいクレムリンの天敵だとは信じられなかった。

やがてベレゾフスキーが、体つきに欠けているものを個性の力で補っているのがわかった。母なるロシアについて生き生きと弁舌をふるう機知に富んだ話し手で、ブラウンはロシアでの政治的対立やギャングの抗争、殺人計画などの話に熱心に耳を傾けた。スモークサーモン業界の大物は、できるだけ多くの時間をこのオリガルヒとフィクサーとともにすごすようになった。

ベレゾフスキーといる時間は、ヤングとの節操のない楽しみに比べると著しく洗練されていた。この年長の男は決してテーブルの上で踊ったりせず、部屋じゅうにシャンパンをまき散らしたりもしないが、ワインと音楽を好んだ。ブラウンは親しみをこめて彼を「変わり者のおじ」的な人と考えるようになった。人生の意味について長々と話ができるおじである。ベレゾフスキーは、大事にされていると相手に感じさせる方法を心得ていた。ブラウンを「親愛なるきみ」と呼び、微妙な問題に注意を引きたいときには、ブラウンの爪先をそっと踏み、信頼を示すような物腰で身を近づけた。

三人が非常に親密になったので、ヤングはロンドンの最高級住宅地ベルグレービアのイートン・スクウェアにある大きなタウンハウスを三人で借りることにした。真っ白な円柱と庭を見晴らすバルコニーのついた邸宅だが、ヤングは三つの部屋をさらに高級に改装し、ベレゾフスキーには二九号室の鍵を渡し、自分は二七号室を取り、ブラウンにはそのあいだの部屋を渡した。

ベレゾフスキーはウェントワース・エステートに家族を住まわせ、ロンドンにはすでに驚くほどの不動産を持っていて、首都に泊まるときには気分でそこから選んでいたが、イートン・スクウェアの家については別の計画があった。

「親愛なるきみ」全員が部屋に落ち着いたあと、ベレゾフスキーは磨きこまれた靴の先でブラウンの爪先を軽く踏んで言った。「私は二九号室には住めないが、私の女性たちの面倒を見てくれないか?」ブラウンが部屋のなかに招じ入れられると、部屋はベレゾフスキーがバルト三国から連れてきたティーンエイジの娼婦たちでいっぱいだった。

「ボリス!」ブラウンは言った。「この子たちは私の子供より若いぞ!」それでも、友人がいないときに彼女らに目を配ることは約束した。

ブラウンはますますベレゾフスキーに夢中になった。ダウン・ストリートのオフィスを訪ねるのも気に入り、ベレゾフスキーの聖域へとドアを開けてくれるボディガード、シャネルに身を包んだ秘書、日替わりで訪ねてくるロシアからの逃亡者、つねに怒っている執事などとともに、映画のなかにいる気分を味わった。ベレゾフスキーが子供のようにヤングに頼っているのも魅力のひとつだった。ある日、マイアミでヤングの代わりに電話に出たときに、ベレゾフスキーがこのフィクサーにどれほど依存しているか知ることになった。

「親愛なるきみ」ベレゾフスキーは電話に出た相手の声を聞くまえに言った。「飛行機に乗ってくれ――ロンドンに来てもらわなければならない。〈ファントム・オブ・ラブ〉を失った」

わけがわからず、ブラウンはヤングのほうを振り返った。「〈ファントム・オブ・ラブ〉って、いったい？」

失った宝物は、ジブラルタルの架空の会社経由でヤングがベレゾフスキーのために買った、五〇万ポンドのビンテージ・ロールスロイスだった。競売会社のカタログによると、その車は「壮麗さでは宮殿にも劣らない独創的なロココ調の内装」が特徴で、上等の装飾品と、「ベルサイユ宮殿の謁見室」を模して裸の天使が描かれた天井を備えていた。ベレゾフスキーは一八歳のガールフレンドに贈り物としてそのファントムを与えていたが、車が通りから「消えた」と彼女が連絡してきたのだ。

ヤングはきっと見つかると請け合った。「その置き場所を知っている人間を知っている知り合いがいるから」とウィンクしながら言った。そして誰もが驚いたことに、それは本当だった。

ブラウンは、信じられないほどの利益を生む大きな取引を軽々と扱いながら、いつでもなんでも解決してしまう友人の能力にいつも畏敬の念を感じずにいられなかったが、これだけ楽しみを分かち合いながらも、フィクサーの仕事に加わらないかと言われたことはなかった。ところが、ある朝空港へと向かう車内で、ついにヤングから〈プロジェクト・モスクワ〉の秘密を明かされることになった。

ヤングがベレゾフスキーの金庫番であるルスラン・フォミチェフと計画を練ってきたモスクワ中心部の開発が、ようやく実を結びそうだったのだ。ロシアの首都に広い土地を買い、店やオフィスの入る「壮大な」総合施設を建設する計画で、「一億ドルに達するほどの利益を生む」はずだとヤングは説明した。ブラウンはそのうまい話に一枚嚙まないかと誘われ、チャンスをつかんだ。

計画に乗るためにはふたつの大きな秘密を守らなければならなかった。まず、ベレゾフスキーが六〇〇万ドルを投じているという事実。ベレゾフスキーはロシアではお尋ね者なので、出資の事実は隠さなければならない。「プーチンが嫌がるはずだから」とヤングは説明した。そこでヤング自身が投資家として表に立っていた。そしてもうひとつ、買おうとしている土地にはロシアの民間防衛の管轄省が所有する建物がふたつ存在した。つまり、再開発には市当局の許可が必要で、高い地位の友人を持っていることが肝要になる。フォミチェフ*の父親はＫＧＢの将軍だったので、それなりに有利ではあるが、慎重に慎重を重ねなければならない。そこでヤングは認可の後押しをしてもらうために、権力者の市長を買収していた。それがブラウンの守るべきふたつめの秘密だった。

「モスクワでも最高のロケーションなんだ。市長にも金を払ったし、すばらしい取引になる」とヤングは約束した。

市長のユーリー・ルズコフは当時ロシア随一の政治家だった。クレムリンの重要な盟友で、個人資産が一〇億ドル以上というロシア一裕福な女性と結婚していた。アメリカの当局者が外交公電で明らかにしたところでは、「モスクワじゅうのもうかる建設契約について、賄賂や裏取引に手を出す」[†]腐敗した黒幕だった。モスクワの権力中枢について研究しているアメリカのアナリストは、ルズコフを頂点とし、FSBがその下、ふつうの犯罪者が底辺にいる「三層構造」を指摘した。モスクワでビジネスをしようとする者は、三つのうちのどれかに「クルィシャ」――保護、文字どおりの意味は「屋根」――の報酬を支払わなければならない。「みかじめ料を無視して払わなければ、ただちに扉が閉ざされる」と外交公電は述べている。

＊　フォミチェフは、ルズコフ市長と会ったこともなければ、取引したこともないと言い、ロシアの諜報機関とのつながりを維持していることについても否定した。「クルィシャを受けたり、誰かと裏取引したり、誰かに賄賂を渡したりしたこともない。〈プロジェクト・モスクワ〉はロシアで想像しうるかぎりクリーンな取引だった」と主張した。計画へのベレゾフスキーの関与も否定していたが、その後、ベレゾフスキーがひそかに投資していたことを証明する書類を見せられて、「ショックを受けた」と語った。「いま初めて聞いた話です。〈プロジェクト・モスクワ〉にベレゾフスキーをかかわらせようとは思わなかったので」

†　ルズコフはすべての汚職への関与を強く否定した。弁護士からの手紙では、ヤングとは会ったこともなく、〈プロジェクト・モスクワ〉に関与したことも、なんらかのみかじめ料を支払われたこともないということだった。手紙には、ベレゾフスキーがかかわるどんな計画にも市長が許可を出すことはなかっただろうと書かれていた。

ルズコフは、ベレゾフスキーの名前を出せないもうひとつの大きな理由だった。ふたりはソ連崩壊直後のロシアで仇敵同士だったのだ。互いに敵意を抱くようになったのは、ルズコフが市長になりたてのころ、ビリヤードでこてんぱんにやっつけてやってからだ、とベレゾフスキーは嬉々としてみなに語った。ビリヤードの試合はモスクワの新たな支配者と懇親を深めるために催されたものだった。市長の大好きな遊びで、ベレゾフスキーのほうは初心者だと申告していたのに、ベレゾフスキーが厚かましくも三ゲームすべてに勝利し、ルズコフは怒りのあまりキューを折ったのだ。ルズコフの憎悪が決定的になったのは、二〇〇〇年の大統領選挙にプーチンの対立候補として出馬した折、ベレゾフスキーの新聞社やテレビ局が激しく攻撃したときだった。その後、ベレゾフスキーがモスクワ市長を暗殺させようとしたことがある、とエリツィンの警護班の元トップが告発したことが、とどめの一撃となった。古くからの敵が〈プロジェクト・モスクワ〉を手がけていることは、決してルズコフに知られてはならなかった。

そういう事情で、ヤングはベレゾフスキーの六〇〇万ドルを出資者不明で投資する巧妙な策を思いついていた。まず、ベレゾフスキーの娘エカチェリーナが*、ロンドンの高級住宅街メイフェアにある彼女名義の贅沢な不動産を、実際の金の受け渡しなしで、ヤングに「売る」。ヤングは〈プロジェクト・モスクワ〉であがる利益から支払いをすると約束し、その不動産を担保に融資を受けたことにして、ベレゾフスキーの資金をつぎこみ、その出所がわからないようにするのだ。

ヤングはプロジェクトにフォミチェフと対等にかかわろうとしていた。彼の仕事は二〇〇六年一月までに二六五〇万ドルを集め、開発をスタートさせることだったので、計画に追加の資金をつぎこむためのオフショア・ネットワークを作り、まずはすでにブラウンが出資を約束していた五〇〇万ドルから投入しはじめた。フィンランド人の億万長者で保守党寄付者のポジュ・ザブルドウィッチは、ヤングとベレゾフスキーをロンドンでビル・クリントンとの会食に招待した人物だったが、彼も数百万ドルを出し、ヤングのほかの友人ふたり――モナコを拠点とする映画産業の大物とロンドンの金貸し――も投資した。

ヤングはクルィシャの効果を信じきっていたので、プロジェクトが失敗した場合には投資者に全額返金すると約束し、みずからすべての投資の補償を引き受けた。だが、ヤングが確実視している保護について、彼のロンドンの弁護士は慰めにもならないと指摘し、ロシア側のパートナーのコネに信頼を置きすぎていると警告した。「偶発的な出来事のほかにも、ロシアはまだ人が身代金のために誘拐されたり、殺されたり、単純に姿を消したりする危険な場所である」弁護士はデュー・ディリジェンスの書類のなかでそう述べた。「ロンドンにいないRF（ルスラン・フォミチェフ）と意思疎通ができていると考えるのは意味がなく、この点でリス

＊　エカチェリーナ・ベレゾフスキーはコメントを控えたが、彼女に近い情報筋によれば、プロジェクトへの投資に自分の名前が使われたことをまったく知らず、「父も投資した仲間も危険にさらされるのだから」、父がどんなかたちであれ、ロシアに投資するとは思ってもみなかったそうだ。

クを負っている」

ヤングは、ベレゾフスキーがひそかに投資していることさえ知られなければ、すべてうまくいくと確信していた。「彼らにも知らせてはいけない」ヤングは、ブラウンがほかの投資家と接触するたびに言い含めた。「ボリスがかかわっていることは誰も知らないんだ、ジョン、きみ以外は」

「どうでもいい」ブラウンは強がって不安を隠しながら言った。「こっちは魚売りだからな！」

しかし彼は、内心ベレゾフスキーがからんでいることが怖くてたまらなかった。プーチンは私を死なせたいんだ、と本人が言うわりには、プーチンをわざと怒らせるのをやめようとしなかったからだ。

「ボリス！」ブラウンは、ベレゾフスキーがまたクレムリンを糾弾する記事を発表したのを知って叫んだ。「あの政府を怒らせちゃだめだ！」しかし、ベレゾフスキーは聞く耳を持たなかった。ブラウンは、彼が空想の世界にいることに気づきはじめた。ロシアに執着するあまり、ダウン・ストリートからクレムリンを動かしていると思っている。プーチンへの攻撃が激しさを増すにつれ、ベレゾフスキーのまわりにいるのが安全とは思えなくなった。大勢のボディガードや防弾仕様の車も、絶えず危険が迫っていることを思い出させる。マイバッハに同乗すると、目のまえにいる友人が間一髪で助かったモスクワの自動車爆破事件が頭に浮かんだ。それがいままた起きたら、何かを感じる時間はあるのだろうかと思わずにいられなかった。

ヤングのほうは、ベレゾフスキーの金に目がくらんで危険が見えていないようだった。のちにブラウンは過去を振り返り、友人をもっと説得してベレゾフスキーから距離を置かせればよかったと考える。

「私とスコットだけなら、できるかぎりのことをしても稼げるのはせいぜい一〇〇〇万、二〇〇〇万、三〇〇〇万といったところだ」彼は言う。「何十億も作り出すことはできない。でしょう？　そんなふうにはいかないものだ。何十億という金はボリスについてくる。だが、そこには癌もついている。そして癌に命を奪われるというわけです」

ロンドン、キエフ——二〇〇四〜二〇〇五年

このころのベレゾフスキーの攻撃は、ロシアの裏庭をかきまわすことに向けられていた。ウクライナでは「カセット・スキャンダル」がクレムリン寄りのクチマ政権への大規模な抗議活動を引き起こし、二〇〇四年には抗議の声が本格的な暴動へと高まっていた。オレンジ色の服を着た何十万という市民が、キエフの街中で坐りこみやストライキやデモ行進をした。そうした反対運動の先頭に立っていたのは、テープが公開されるなり革命を宣言した、驚くほどハンサムな野党党首ビクトル・ユシチェンコだったが、例によって背後ではベレゾフスキーが糸を引いていた。

ベレゾフスキーは刺激的な録音の書き起こしに資金を提供するのに加え、外国からの政治資金調達を禁じるウクライナの法をかいくぐるために、オフショア企業を通してひそかに何千万ドルという資金をユシチェンコの「オレンジ革命」に投入していた。二〇〇四年にクチマが任期満了を迎えると、ベレゾフスキーの資金は、大統領選挙で新たなクレムリン寄りの候補者に対抗して出馬したユシチェンコの選挙運動に流れこんだ。

ユシチェンコの大統領選挙での公約は、AからZまでプーチンが忌み嫌うものだった。NATO加入、ヨーロッパとの統合、汚職の一掃。それらすべてが扇動的な「人々に力を」というスローガンのもとで約束された。テレビ局の選挙番組はほぼすべて政府が牛耳っていたので、ユシチェンコは有権者とじかに交流することを運動の基盤とし、革靴の底をすり減らして遊説しながら、オレンジ色の服を着た支持者の集団を増やしていった。

投票日まであと数週間に迫った二〇〇四年九月五日、ユシチェンコはウクライナの国家保安機関のトップとの会食を終えて家に帰り、妻にただいまのキスをした。

「あなたの唇、金属の味がする」妻が彼に言った。まもなくユシチェンコの頭と顔が腫れだし、肌には膿のたまった発疹ができた。焼けるような痛みが全身に広がり、オレンジ革命の指導者は緊急処置のために飛行機でウィーンへ運ばれた。検査の結果、体内から致死量に近い強力な毒素が見つかった。ユシチェンコはTCDD中毒だった。化学兵器〈エージェント・オレンジ〉に使われたなかでもっとも毒性の強い物質である。

命を落としてもおかしくない量だったが、ウィーンの毒物専門医による治療のおかげで、キエフに飛行機で戻れるほどには回復した。集会で支持者のまえにオレンジ色のスカーフをつけて現れたユシチェンコのかつてハンサムだった顔は、皮膚の損傷と痘瘡によって灰色になり、グロテスクに変形していた。それでも彼は選挙運動を続けた。

数週間後におこなわれた投票は不正に操作された。ユシチェンコがクレムリン寄りの候補者に負けたことで、国民の怒りが火を噴いた。一〇〇万人にも及ぶ抗議デモがキエフの街路を埋め、独立広場をオレンジの旗が翻る海に変え、都市機能を麻痺させた。ベレゾフスキーの資金も、援軍が必要なときに郊外からデモ参加者をバスで運ぶのに使われ、二カ月近く続いたデモを裏から支援した。

デモに対してモスクワは激しい反応を見せた。ルズコフ市長は、抗議デモを「オレンジを食いすぎて太った魔女の集会」と表現し、プーチンは、暴動によってウクライナが「もっとも声高に叫んだものが勝つバナナ共和国〔バナナなどの第一次産品の輸出に頼り、外国資本によってコントロールされる政情不安定な小国を指す〕」に成り下がると警告した。しかし、一二月末になっても抗議運動は衰える兆しを見せず、再投票が余儀なくされて、今度は永久に顔を損ねられたユシチェンコが勝利を収めた。

オレンジ革命はプーチン政権にとって最大の脅威となった。旧ソ連諸国に傀儡政権を樹立しようとするプーチンの思惑を叩きつぶし、ロシアや近隣の国民に、汚職と選挙の不正操作に我慢する必要はないと知らしめたからだ。平和的な抗議を通して独裁政府を倒すこともできる。ウクライナ国民はそれを示した。

プーチンは自分の縄張りで似たような「色つきの革命」が二度と起きないようにすることを心に誓った。そのために若者の運動を組織して、〈ナーシ〉――「われわれ」という意味――と名づけ、ウクライナの出来事に刺激された民主主義の活動家から「ロシアを守る」ための「反オレンジ」勢力として宣伝した。その活動は急速に広がり、熱狂的にプーチンを支持するティーンエイジャーが二〇万人以上も加わった。みなプーチンの顔を描いた赤い上っ張りを着て行進し、「偉大なるロシアを取り戻そう」というプーチンのスローガンを奉じた。

クレムリンは〈ナーシ〉に何億ルーブルもつぎこみ、プーチンはその指導者たちとくり返し面談した。会員たちが成長するにつれ、その活動は国にとって攻撃的な武器となり、批判的なメディアにサイバー攻撃を加えたり、新たな志願者に軍に準じる訓練をさせたり、敵対グループの「コンプロマート」を集めるために潜入要員を使ったり、敵に対して嫌がらせ、脅し、ときに暴力を含む敵対行動をとったりした。〈ナーシ〉が市民レベルで敵と戦っているあいだ、プーチンは変化を求める気運を上から押さえつけた。ついには集会の自由の権利を制限する法律や、NGOや抗議グループの資金源を断つために国外からの送金を禁止する法律など、一連の抗議活動規制法まで制定した。

かつてのベレゾフスキーがプーチンにとって不快な存在だったとしたら、いまは脅威そのものになっていた。突如として、亡命オリガルヒの新たな暗殺計画の噂が、イギリスの情報源やMI6のモスクワ支局から続々とリバー・ハウスに寄せられ、脅しはどんどん切迫してきた。テムズ川を挟んだ対岸にあるイギリスの国内保安機関MI5のネオクラシカルな建物のなかでは、イギリス内にいるロシア諜報員の数が大幅に増えていることを防諜部員が察知していた。二〇〇五年春、MI5は、ロンドンで外交官の名のもと活動しているロシアのスパイ三二人を特定した極秘報告を、中央政府に送った。スパイたちはイギリスの軍事力、防衛産業、そしてベレゾフスキーの取り巻きの活動について秘密情報を入手する任務を帯びていた。

その春のプーチンの教書演説は、雲行きが変わったことを示していた。自由で民主的なロシアの確立や西側とのオープンな関係について何年も陳腐なことばをくり返してきた大統領が、ついに隠してきたKGB色を鮮明にしたのだ。ソビエト連邦の崩壊を「二〇世紀最大の地政学的大惨事」と位置づけ、旧ソ連諸国の独立を、ロシアの外にいる「何千万人にも及ぶ仲間の国民」を置き去りにする「真の悲劇」と言い表した。

プーチンの好戦的なスピーチが、ベレゾフスキーに対する新たな脅しや、イギリスでのロシアの諜報活動の拡大と相俟って、不穏な空気をもたらし、MI6のロシア担当は危機感を深めた。しかし、その懸念に中央政府が対処する望みは、同年夏に露と消えた。ロンドンを大惨事が襲ったのだ。

二〇〇五年七月七日の朝、四人の自爆者が都市の混み合った公共交通網でバックパックに詰めた爆弾を起爆させ、五〇人以上が犠牲となり、数百人が怪我をした。それはイギリスが初めて受けたイスラム過激派のテロ攻撃で、国の安全にかかわる機関全体がどうにか防ごうと尽力していた悪夢だった。この七・七以降、イギリスは同盟国をイスラム過激派との戦いに深く引きこもうとするようになった。

その年の一〇月、プーチンがEU・ロシア・サミットに出席するためにロンドンを訪れると、ブレアはモスクワとの信頼関係を取り戻すために、考えうるなかでもっとも重大な意思表示をした。ロシア大統領をイギリスの安全保障の聖なる祭壇に招いたのだ。国の危機に際して内閣が最高機密情報を受け取る地下司令室、内閣府ブリーフィングルームA——ホワイトホールでは「COBRA」と呼ばれる部屋——で、プーチンはイギリス最高位の諜報員たちが対テロ情報を交換し合う場の傍聴を許された。世界のほかの指導者でそれほどの栄誉に浴した人間は、いたとしても数少ない。

それでも、ベレゾフスキーはようやくウクライナでプーチンの足元に火をつけることに成功した。ジョージアとベラルーシの政治もかきまわし、抗議グループに資金を提供して、対立候補と協力関係を結んだ。いつもながら、彼の政治活動はしっかりビジネスと結びついていた。ユシチェンコが権力を握るやいなや、ベレゾフスキーはヤングをキエフに派遣して新しい取引を探させ、新政権への秘密の資金提供者になって、鍵となる当局者に影響力を及ぼすよう指示した。ヤングはすぐに政府の巨大インフラ・プロジェクトに投資機会があることを見つけ出した。それからトビリシ行きのプライベートジェットを予約し、新たなビジネスを探しにジョージアにも飛んだ。〈プロジェクト・モスクワ〉の進展に合わせて、ロシアで新たな機会を探す時間も増やし、発電所がらみのモスクワ市との契約や、サンクトペテルブルクでの別の不動産開発の案件を吟味した。ベレゾフスキーの挑発行動は最高潮に達し、かつてない一触即発の領域へと踏みこみつつあった。そして彼のフィクサーは、それにぴたりと付き添っていた。

9
オックスフォードシャー、サンクトペテルブルク
——二〇〇六年

冬の霧が湖の上に低く垂れこめていた。リムジンの隊列が、月明かりに照らされた宮殿へとドライブウェイを進む。夜会服に身を包んだ客人がおり立ち、足を止めて堂々たる塔やアーチ型の飛梁を見上げ、円柱のあるポルチコへと石段をのぼって、大広間へ続く入口に向かった。

二〇〇六年一月二三日、ボリス・ベレゾフスキーは、バロック様式の壮麗なブレナム宮殿——ウィンストン・チャーチルとマールバラ公爵の先祖代々の家——で正装の舞踏会を開き、自身の六〇回目の誕生日を祝っていた。赤いお仕着せに黒毛皮製の高帽をかぶった従者が守る扉を抜けると、弦楽四重奏の流れるなか、二〇〇人の客が赤々と火の燃える暖炉のそばでピンク色のシャンパンを飲んでいた。そこにはベレゾフスキーの世界規模の戦略で重要な役割を担っている人間が全員そろっていた。

バドリ・パタルカチシュビリは絵に描いたような気さくさで両腕を広げ、そばを通るすべての人の頬にキスの雨を降らせていた。ルスランとカーチャのフォミチェフ夫妻は腕を組んで人混みのなかを気取って歩き、ユーリー・フェリシチンスキーは数人のまえで偉そうに何かを語っていた。スコット・ヤングは大広間を精力的に歩きまわりながら、ネットワーク作りに余念がない。脇ではユーリー・デュボフがベレゾフスキーの末っ子たちと笑ったり手を叩いたりし、アレクサンドル・リトビネンコとアフメド・ザカエフは隅で顔を寄せ合い、何かを企んでいるかのように話しこんでいた。まだ誰も知らなかったのは、そのなかに敵の刺客が混じっていたことだ。ウラジーミル・プーチンがついに先鋒を送りこんできたのだ。

アンドレイ・ルゴボイはリムジンでやってきた客ではなかった。ロンドンからバスで宮殿へと運ばれた、あまり華々しくない客のひとりで、夜会服の上にみすぼらしい茶色のコーデュロイのコートをはおっていた。〈チャンネル1〉時代のボリスとバドリの警備主任だったが、ニコライ・グルシコフの脱獄を助けた罪で収監され、モスクワで刑期を終えたばかりだった。人生をやり直したいから援助してほしいとイギリスへやってきた彼が信頼できるかどうか、誰もよく考えたことがなかった。ルゴボイが最初に連絡をとったのはパタルカチシュビリだった。ジョージア人のオリガルヒはベレゾフスキーのウェントワース・エステートの邸宅からほど近い〈ダウンサイド・マナー〉という豪邸を購入したばかりで、サリーとトビリシを往ったり来たりしていたが、かつての警備主任を自宅に呼び寄せた。

ルゴボイは色白で少年らしさの残る顔つきだが、内心何を考えているかわからないところがあった。バラ色の頬と短いブロンドの前髪とにこやかな表情が全体的に健全な印象を与えるものの、歩き方と横目で人混みを眺める仕種にわずかな緊張があった。ボリスとバドリのもとで働きはじめるまえはKGBでボディガードをしていたので、リトビネンコがとくに熱心に彼を亡命者の輪に引き入れようとした。リトビネンコはロンドンで情報を売って稼ぎたいと思っており、ロシア人のパートナーを探していたのだ。

薄茶色の髪、油断のない物腰、KGBアカデミー式の行動様式など、ふたりは兄弟と言ってもいいほど似ていて、会うなり親密になっていた。ルゴボイが大広間に入ってくると、リトビネンコは、自分たちの調査能力をロンドンで活かす話し合いを続けようとそばに寄った。ルゴボイは喜んでつき合い、リトビネンコと彼のエレガントな妻マリーナとともに笑顔で写真に収まった。このささやかな協力関係が実入りのいいものであることはよくわかっていたのだ。

ベレゾフスキーが大広間に入ってくると、どよめきが起こった。今宵の主役は、クレムリンをかたどった氷像と、赤いケープをつけて羽根つきの帽子をかぶった女王のそっくりさんのそばをすぎ、まっすぐパタルカチシュビリのところへ向かった。古くからの友人同士は背中を叩き合って温かい抱擁を交わした。そしてベレゾフスキーはフィクサーに挨拶しに行ったが、ヤングはいつもの彼らしくなかった。黒髪は襟足が汗でわずかにてかり、蝶ネクタイは曲がり、目はかすかに釉がかかったようだった。それでも、ベレゾフスキーの姿を目にするや明るい笑みを浮かべ、両腕を彼にまわして叫んだ。「ボリス！　本当にすばらしい会だ！」

まもなく客たちは、蠟燭の明かりに照らされ、オペラ歌手がセレナーデを歌う晩餐会の準備がされた書斎へと案内された。食事中に、ベレゾフスキーの一二歳の娘がケーキのなかから飛び出し、スパンコールのついたピンクのスカートとブラ姿でベリーダンスを踊った。食事が終わると、ヤングは大きなブランデー・グラスを持って椅子の背にもたれ、ザカエフが慎重に包まれた武士の刀を恩人に贈ったり、バドリがダンスフロアで『ブラウン・アイド・ガール』［ヴァン・モリソンの代表曲］に合わせてマリーナ・リトビネンコと踊ったり、ルゴボイがちらちらとあたりをうかがい、葉巻を吸いながら人混みのなかを歩きまわったりするのを眺めていた。

ベレゾフスキーは本領を発揮した。パーティの主役としてみなを抱擁し、母なるロシアに乾杯し、忠実な取り巻きたちに気前のいいところを見せていた。その晩は湖上に打ち上げられた壮大な花火で最高潮に達し、その後、運転手たちが車をまわし、客はあわただしく別れの挨拶をした。ベレゾフスキーは松明に照らされたドライブウェイを客たちが帰っていくあいだ、宮殿の石段に立ち、最後のリムジンが暗闇に消えるまで見送っていた。そして突然、すべてが終わった。

クレムリンはイギリスに屈辱的な一斉攻撃を加えるのにベレゾフスキーの誕生日を選んだ。ＭＩ６のモスクワへの「侵入口」――街路上の偽の岩のなかに隠された送信機――がロシア側に発見されていたのだ。ロシア人の情報提供者がそのそばを通ったときに、小さな携帯用コンピュータで岩に秘密情報を送り、ＭＩ６の人間が数時間後にそのそばを通って無線の受信機で情報を取りこむ、デジタル・デッド・ドロップ用に仕掛けられた装置だった。ＦＳＢはその岩を前年から察知していて、ロシア側の極秘の情報提供者やＭＩ６の人間が情報を落としたり拾ったりするところをひそかに録画し、何カ月ものあいだスパイをスパイしていた。

ロシアの国営テレビがニュース番組でその発見を意気揚々と暴露した。岩のてっぺんが切り取られて、なかの送信機があらわになっている映像や、スパイと情報提供者による情報のやりとりをひそかに撮影した映像を流したのだ。イギリスの四人のスパイが正体を暴かれ、ロシア内で運用していた「もぐら」が逮捕された。ＭＩ６にとってはまぎれもない大惨事で、しかも起きたのがとくに厄介な時期だった。

Ｇ８の議長国がイギリスからロシアに引き継がれたばかりで、その夏サンクトペテルブルクでおこなわれる初めてのサミットの準備が進められているところだったのだ。「スパイの岩」のスキャンダルが噴出する数日前には、クレムリン所有の大手ガス会社〈ガスプロム〉がウクライナを通る重要なパイプラインを遮断したせいで、真冬にヨーロッパの家々で暖房が使えない危機が生じ、ヨーロッパのエネルギー市場にショックが走っていた。価格交渉の行きづまりで四日間止まったガスは、また送られるようになったが、その危機によってヨーロッパのエネルギー供給がロシアに完全に支配されていることが改めてわかり、ＥＵの指導者たちは夏のＧ８でクレムリンにガスと石油の安定供給を保証させたがっていた。

イギリスは利益を生む別の大きなエネルギー会社にも目を向けていた。ロンドン株式市場が、サミット直前の七月なかばに予定されるロシアの国営石油会社〈ロスネフチ〉の株式公開の準備をしていたのだ。〈ロスネフチ〉の資産の多くは競合する大手石油会社〈ユコス〉から盗んだものだという異議申し立てにもかかわらず、イギリスの金融サービス機構はその新規株式公開を承認していた。〈ユコス〉の経営者ミハイル・ホドルコフスキーはプーチンを批判して刑務所に入れられ、財産を奪われていた。株式公開によってシティ・オブ・ロンドンが大儲けすることは確実で、イギリスの大手石油会社〈ＢＰ〉は競合する〈ロスネフチ〉の株式を大量取得しようと計画していた。そのため、政府はすべてを滞りなく進めようと躍起になっていて、スパイの岩をめぐるいさかいはありがたい展開とは言えなかった。

ベレゾフスキーはそういう微妙な時期を選んで、最新の攻撃を仕掛けた。彼が不正な手段でイギリスに政治亡命したと主張する記事を、クレムリン支配下の新聞社が掲載したことに激怒して、かつてなく牙をむいたのだ――ラジオ局〈エコー・モスクワ〉に電話をかけ、ロシア政府を転覆させる過激な計画を練っているところだと大胆にも宣言した。

「いまの政権は呪われている。私はロシアがつぶれるまえに政権がつぶれるのを見たい」ベレゾフスキーは言い放った。「それにはひとつしか方法がない。クーデターだ。力ずくで権力を奪うのだ」

プーチンがオレンジ革命で負った傷をなめているときに、一年半もかけて武装蜂起を計画しているというベレゾフスキーのことばは、この上なく扇動的だった。こうした動きはロンドンとモスクワの外交関係を固く凍結させてしまう危険があり、ベレゾフスキーの政治亡命をめぐる軋轢から生じた両国の亀裂を必死で修復しようとしていたブレアを怒らせた。

外相のジャック・ストローが下院でベレゾフスキーの発言を非難して、「ロシアを貴重なパートナーとして緊密な関係を維持していく」国の方針を述べた。ストローは、ベレゾフスキーが政府の招きでイギリスへ来たわけではないことを強調し、暴れまわるオリガルヒにはっきりと警告を発した。

「イギリスに政治亡命を認められた人間は、イギリスに対して義務を有する。その存在が公共の利益にならないと見なされた場合、難民としての立場はいつでも見直されると釘を刺しておく」

クレムリンはストローのことばが空約束でないことを即座に試そうとした。暴力的扇動罪でベレゾフスキーに新たな逮捕状を出したのだ。しかし、そこにまたワークマン判事が立ちはだかり、六月にボウ・ストリートの治安判事裁判所の開廷を要求した。ベレゾフスキーはまたもやクレムリンへの痛い一撃を成功させ、イギリスの司法制度という堅固な盾の陰に隠れた。ただそのころには、怒りに駆られたプーチンが別の計画を始動させていた。

翌月、新たな「反テロ」法がロシア議会を通過し、ＦＳＢが国家の敵を外国で殺害することが認められた。同時に、すでに標的のリストが作られていることも公表された。亡命者たちは、連絡を保っているFSBの人間から怖れていたとおりのことを聞かされた。そのリストの一番上には、リトビネンコ、ベレゾフスキー、ザカエフの名前があり、ノーバヤ・ガゼータ紙のジャーナリストで友人のアンナ・ポリトコフスカヤの名前もある、と。

リトビネンコはとくに恐怖に駆られた。プーチンによる暗殺計画はいまさら驚くにはあたらない。しかし今回のこれは公式の宣戦布告と変わらなかった。少なくとも、ひそかな殺人はうまくいくときといかないときがあるが、おおっぴらに誰かを殺すことは、訓練を積んだ暗殺者にはたやすい。イギリスのパスポートを獲得してから初めて、リトビネンコは自国と決めた地で安全と感じられなくなった。そこで新たな英雄に助けを求めた。

その人物、オレク・ゴルジエフスキーは、冷戦時代にイギリスに亡命したロシア人のなかで傑出した存在だった。かつてのKGBの大佐で、西側に雇われたロシア人スパイのなかではもっとも位が高く、七〇〜八〇年代に一〇年以上も二重スパイとしてMI6のために働いていた。その間、幸せな偶然によってロンドンのソビエト大使館で情報収集の任にあたり、イギリスにおけるソビエトのスパイ機能を一撃で麻痺させ、イギリスのハンドラーにはソビエトの核計画や政治的陰謀について価値ある情報をもたらしつづけた。ゴルジエフスキーは「イギリスの安全保障への奉仕」で女王から勲章を授けられた国家的英雄で、リトビネンコにとっては手本とも言える人物だった。ゴルジエフスキーは、リトビネンコとロシアの新たな法律について話し合ってから、ロンドンのタイムズ紙に、自分の考えをはっきりと示した手紙を書き送った。

編集長殿
世界でもっとも産業の発展した民主主義国の七人の指導者が、サンクトペテルブルクで開かれるG８に出席するために荷造りしているところではありますが、ホスト役の元KGB職員――ウラジーミル・プーチン大佐――は議会で急遽ふたつの法律を通過させました。

ひとつは、お抱えの秘密警察を「暗殺部隊」として利用し、イギリスも含めた国外にいる「過激派」を排除できるようにする法律。もうひとつは、「過激派」との戦いに関する既存の法律の修正で、その「犯罪」の定義を大幅に拡大し、とりわけ彼の政権を「中傷」する発言が含まれるようにしたものです。

このように、プーチン体制を批判する者――とくにチェチェンにおけるロシアの大量殺戮に反対する活動家――に毒を塗った傘が使われる舞台設定は整いました。ロシア国防相セルゲイ・イワノフによると、標的となる人間のブラックリストはすでに作成されているらしい。つねに世界を望まぬ犯罪共犯者にしてきたソビエト時代の外交政策のすばらしい伝統にのっとって、この法律もG８の会議に合わせて制定されました。G８では「テロリズムとの共通の戦い」におけるこの新たな展開に、世界的な賛同か、少なくとも容認が表明されるでしょう。

言うまでもなく、これはきわめて危険な展開です。西側の指導者たちが殺人の共同責任を負うつもりがないなら……G８の会議をキャンセルするか、せめてG８議長によるこの権力濫用に抗議の声をあげるべきです。

サンクトペテルブルクのサミットは七月中旬につつがなく開催された。エネルギー問題が議題のトップだった。サンクトペテルブルクに到着したブレアは、〈ロスネフチ〉の株式公開がクレムリンに一〇七億ドルの純利益をもたらしたこと――当時史上五番目の規模の新規株式公開――と、〈BP〉が一〇億ドル分の株を購入したことを知らされた。それでもプーチンは、コンスタンチン宮殿でおこなわれた会議で、イギリスがベレゾフスキーとザカエフの引き渡しを拒んだことに対する恨みを口にした。ヒズボラの戦士たちをかくまっているロシア同盟国のイランとシリアに制裁を科すべきという意見に対して、ブレアに当てつけるように、それよりどうして「明らかなテロリストをかくまっているほかの国」に注意を向けないのかと言ったのだ。しかし、サミットはロシアがヨーロッパ大陸に石油とガスの安定供給を保証するという大筋合意に動いた――プーチンはその約束に縛られるどんなものにも署名しなかったけれど。

政治亡命の認可を取り消すという外相の脅しに怯んだとしても、ベレゾフスキーはそれを外には見せなかった。それどころか、サミット前日の新聞に、プーチンを喜劇役者グルーチョ・マルクスに見立てた漫画の全面広告を出した。絵の下にはグルーチョの有名なスローガンが書かれていた――「ぼくをメンバーにするようなクラブには入りたくないね」

ベレゾフスキーのおふざけは軽く無視された。ゴルジエフスキーの手紙も同様だった。サミットに集まった世界の指導者たちは、ロシア国外での暗殺を合法化する新法について、公にはひと言も抗議のことばを発さなかった。プーチンの機嫌をとりつづけたのである。

ロンドン、モスクワ、マイアミ――二〇〇六年

〈プロジェクト・モスクワ〉は暗礁に乗り上げていた。問題が生じたのはクリスマスの直前、ベレゾフスキーの誕生パーティの数週間前だった。ヤングが、約束していた投資金の最後の支払い期日を守らなかったのだ。いつもは冷静で落ち着いているフォミチェフが怒りのメールを送った。「今日は一二月二二日木曜だ！　まだ金を受け取っていない。きみが責任を負わない気なら、こちらもきみに対して責任を負う義務はないと思う」

ヤングはすぐに金を送ると何度も約束したが、二月一日にまた支払い期日を守らなかったときには、ロシア人のパートナーはことばを失った。「いったい……！」

「いま送金手続きをしている」ヤングは応じた。「明日一二時前には届く」

ヤングの最後の五〇〇万ドルは市当局を味方につけておくのに欠かせなかった。開発許可にかかわる役人にばらまく大金が必要で、部下に支払われるべきものが支払われないと、市長のルズコフはすぐに癇癪を起こす。「私は明日モスクワへ発つ。市長への対策をきみと話し合わなければならない」フォミチェフ*はヤングにメールしたが、返事はなかった。

金が送られてくることはなく、三月にフォミチェフはついに〈プロジェクト・モスクワ〉から手を引いた。

ジョナサン・ブラウンがその問題について初めて耳にしたのは、ヤングがすべてを失い、自殺未遂を起こしてプライオリー精神科病院に入院したという知らせが届いたときだった。ブラウンはそんなことがあるわけがないと思い、ヤングに電話をかけた。

「スコット、私だ」ブラウンは叫んだ。「くそプライオリーにいるわけないよな。〈ボージス〉に行って騒ぐぞ！」

ブラウンの直感は当たった。ヤングは入院などしていなかった。ただ、鎮静剤をのみすぎて手首を浅く切ったあと、みずからプライオリーに行ったのは確かだった――医師の見立てでは、「自殺の怖れあり」と思ってもらうために。そして何百万ドルと借りのある〈プロジェクト・モスクワ〉の投資家たちに、「鎮静剤を大量に服用している」と自殺をほのめかし、回復したらこの危機をかならず克服するという支離滅裂なメールを送りまくっていた。

ブラウンは次の飛行機でマイアミに来いと友人を説得した。ヤングが到着すると、自殺未遂は怒れる債権者たちに対するただの時間稼ぎだったことがわかった。ブラウンはすぐに友人を

＊　フォミチェフは、市長とプロジェクトについて話し合ったことはなく、このメールについても憶えがないと言ったが、「スコットにプレッシャーをかけて」金を払わせるために送ったのかもしれないとのこと。

ココナッツ・グローブの〈グリーンストリート・カフェ〉へ連れていき、ヤングは笑いながらカクテルをあおった。とはいえ、ロンドンとモスクワで問題が起きているのは明らかだった。ヤングは、すべてを失って何千万ポンドという借金を抱えているが、その経緯は明かせないと言った。ブラウンには、突然友人の上に空が落ちてきたように思えた。

イギリスの投資家たちが〈プロジェクト・モスクワ〉のヤングの分担分につぎこんだ資金については、一ペニー残らずヤング自身が最終保証人になっていた。計画がつぶれたため、ヤングは二〇〇〇万ドル以上の負債を抱えた。加えて、あちこちの銀行から巨額の融資や住宅ローンを受けており、イギリスの税務署からはとうてい払える額ではない法外な請求を受けていた。何より不穏だったのは、モスクワでルズコフ市長側が怒り心頭に発していることだった。

市当局は〈プロジェクト・モスクワ〉の開発許可のために要求していた金を支払えなくなった投資家たちに攻撃の矛先を向けていたが、建設予定地とそこにあるすべての資産を市の管理下に置くために、入札では全方位から攻め立てた。役人はその土地にある政府所有の建物の滞納家賃が「数百万ルーブル」あると主張し、政治家は州議会で、開発予定地における無許可の建設や解体工事や木の伐採について非難した。検察庁はすべての投資家を「経済的犯罪」の捜査対象にすると宣言し、*FSBは開発計画の資金調達について捜査しはじめた。突如として、ベレゾフスキーの秘密の投資が明るみに出そうになったのだ。

そこでフォミチェフが救いの手を差し伸べた。〈グータ・グループ〉というロシアの会社がすべての投資家の投資分を買い取って瀬戸際で開発の主導権を握り、ルズコフ側の攻撃をかわしたのである。グループの経営陣はフォミチェフの古い友人たちで、ほかにもモスクワの投資案件をいくつも抱えていたため、この物件を「その他の案件における政府との交渉」材料にしようという腹づもりだった。これでモスクワでの危機は回避されたが、ヤング自身はさらに深い危機へと落ちこんでいた。毎週のごとく令状や債権者による資産凍結命令を受け取り、ロンドンやオックスフォードやフロリダの邸宅をひとつずつ譲渡したり売ったりして負債にあてていた。珍しい車や豪奢な時計やアンティークの家具はすべて、怒れる債権者に差し押さえられた。

これほどにわかにヤングの資産状況が悪化した理由は誰にもわからずじまいだった。友人のなかには、彼のビジネス帝国は結局、自分のものでもない資産を元手に借りたもので築いた砂上の楼閣にすぎなかったと推測する者もいた。ロシアのマフィアとの取引がうまくいかなくなったという噂を耳にした者もいた。しかし、妻ミシェルには彼女なりの推測があった。結婚が破綻して何年にもなる、これは妻に一ペニーも払わずに別れるための資産隠しにちがいないと考えたのだ。ヤングはプライオリーに入院しているふりをしているときに、すべてを失って自殺を試みたことを妻に伝えてくれと弁護士に指示していた――さらに「数百人の女性」と浮

＊　起訴された案件はない。

気していたこともつけ加えるように、と。その連絡は期待どおりの効果をもたらした。夫婦関係を完膚なきまでに叩きつぶし、ヤングが好きなように新たな人生を始める道を切り開いたのだ。しかし、妻は夫に対する強烈な憎しみに駆られた。

ミシェルは離婚を申し立て、夫が「最低でも数十億ポンドの資産」を隠していると主張した。弁護士、私立探偵、法廷会計士のチームを雇い、消えた金を探させた。やがてヤングの世界じゅうの資産に対する凍結命令を手に入れたが、そのなかにはベレゾフスキーの資金を〈プロジェクト・モスクワ〉に投入するために利用されたメイフェアの不動産物件も含まれていた。こうしてイギリス司法史上もっとも長く続いた高等法院離婚訴訟が始まり、メディアの注意を絶えず引きながら、審理がおこなわれた。その中心には〈プロジェクト・モスクワ〉の秘密があった。

ヤングはできるかぎりの手を打ってロシアのビジネスの詳細を隠そうとした。資産が消えた理由を説明する証拠を示せという法廷の再三にわたる命令を無視し、ベレゾフスキーと交わした無数のメールを破棄した。真実を明かすくらいなら、法廷侮辱罪で刑務所に何カ月か入れられるほうがましだったのだ。それでも、一般市民の想像をはるかに超えるライフスタイルを保ってはいた。高級レストランで食事をし、ペントハウスのアパートメントに住み、デザイナーズブランドの服を着て、五〇ポンド札の分厚い束から支払いをする生活だった。

ブラウンもほかのみなと同じくらい当惑していた。何億というヤングの資産がひと晩で煙のように消えてしまうなど信じられなかったが、友人になんらかの災難が降りかかったのは明らかだった。ヤングの突然の資産崩壊はベレゾフスキーがらみの状況と関連があるのだろうかと思わずにいられなかった。

二〇〇六年二月、〈プロジェクト・モスクワ〉が内部崩壊していたちょうどそのころ、パタルカチシュビリが長年のパートナーとの資金的な「関係解消」の意向を宣言した。ベレゾフスキーのクレムリンへの攻撃が激しくなったせいで、ビジネスに差し障りが出てきたからだ。横領とマネーロンダリングの容疑でパタルカチシュビリを追及しているロシアの検察が、いくつかの外国の検察にも協力を求めており、その結果、彼がフランスに所有している不動産は武装警官の捜索を受け、スイスの銀行に貯めてあった資金はすべて凍結された。攻撃対象はベレゾフスキーだけではなかった。彼とビジネスをしている者たちも口座凍結の危機にさらされ、ロシア政府の圧力を受けていた。いくつかの西側の銀行はパタルカチシュビリの金を受けつけなかった。ロシアで武装革命を起こそうというベレゾフスキーの呼びかけがとどめの一撃になった。ジョージア人のオリガルヒはパートナーに、ビジネスと政治を切り離したいと告げた。ベレゾフスキーも同意し、バドリと袂を分かつのは共用の資金に対する圧力を避けるための方便だとまわりに説明した。自分が反プーチンの運動を続けるあいだ、バドリが金の管理をすべて引き受けてくれ、裏ですべてを分かち合うのは変わらない、と。

ベレゾフスキーが財布の紐を手放したことが、ヤングの突然の資金難に関係しているのだろうか。ブラウンにくわしい事情はわからなかったが、あとから考えれば、ふたつだけぜったいに確実なことがあった。

「金がなくなり、人が死にはじめた」

第四部　代償

10

ロンドン、メイフェア、マズウェル・ヒル
――二〇〇六年夏

眠ったようなマズウェル・ヒルの路地オジャー・クレセントにある、黄色いレンガの慎ましいタウンハウスでの暮らしは、リトビネンコの家族にとって心地よいなじみのリズムを刻むようになっていた。通りを挟んだ向かいには、ザカエフ一家が暮らしていた。リトビネンコ一家は、近所ではエドウィン、マリア、アンソニーのカーター家として知られていた――リトビネンコのきつい訛りと、近所の家の猫にロシアのコルバサ・ソーセージを与える習慣から、古風なイギリスの名前が偽名であることはすぐにわかったが。最初は地元の人たちの注目の的となり、みなKGBのスパイかもしれないとひそかに冗談を言い合ったが、クリスマスにサイン入りの『ロシア闇の戦争』が近隣に配られてからは、誰も笑えなくなった。

リトビネンコ一家がそこで暮らしはじめて六年になろうとしていた。リトビネンコはまだひ

ど《ど》く訛った英語しか話さなかったが、妻マリーナは懸命に学んで流暢に英語を操るようになり、家族の収入を補うために社交ダンスの講師もしていた。アナトリーも環境にうまくなじんでロンドンっ子のような話し方になり、テムズ河畔にある由緒正しい男子校〈シティ・オブ・ロンドン・スクール〉にかよい、初年度にはすばらしい成績を収めた。学費はベレゾフスキーが払っていた。一二歳だったアナトリーは父親をチェスで負かすこともあり、父とはまだロシア語で会話していた。それでも、幼いころ厳しい冬にそりで遊んだり、モスクワ川が凍るのを眺めたりした記憶は、ロシア訛りとともに徐々に薄れていた。リトビネンコの息子は、日々アナトリー・リトビネンコよりもアンソニー・カーターの要素を増やしているようだった。

　リトビネンコはイギリスで暮らすことに誇りを覚え、新しい母国で家族が権利と自由を享受していることにたびたび感激していた。イギリスに来てすぐにアナトリーをスピーカーズ・コーナー［誰でも自由に演説することができる場所。ハイドパークにあるものが有名］へ連れていき、ロンドンの警官ふたりと写真を撮った。ここはおまえが信じることをなんでも話していい場所だ、と息子に説明した。法律がおまえを守ってくれる。リトビネンコは自宅前のドライブウェイを異常なまでにきれいに保ち、バルコニーからイギリス国旗を吊り下げ、ガレージのなかに備えつけた仮設のジムで日々精力的に体を鍛えた。週末には一五キロ走り、地元のプールでアナトリーといっしょに泳いだ。ホームシックにかかったときには、ＶＨＳビデオで古いロシアの映画を見た。そんなときにはマリーナが心温まる懐かしい料理を作ってくれた——スパイシーなスープと、肉のクレープ包みを。だが、たいていの夜は仕事で忙しくしていた。

オジャー・クレセントの家には、リトビネンコが個人的な使命感から長年かけて集めた、ウラジーミル・プーチンに関する調査資料のファイルがずらりと並んでいた。きちんと分類されたフォルダーには、ロシア大統領とサンクトペテルブルクのタムボフ・ギャングのつながりや、FSBのベレゾフスキーとトレパシュキン暗殺計画、チェチェンの分離独立派のせいにしている残虐なテロ行為と政府とのつながりを示す証拠が収まっていた。リトビネンコは記録を読み返したり、つけ加えたりして多くの夕べをすごし、新たな発見があったときには飛び上がって急いで通りを渡り、アフメド・ザカエフに教えに行くこともよくあった。

元FSB捜査官と分離独立派の指導者は親友同士になっていた。ふた組の家族はオジャー・クレセントで固く結ばれた小さな共同体だった――ともに食事し、祝日を祝い、互いの子供の面倒を見る。リトビネンコはザカエフの家に行って何時間も帰らないことが多く、チェチェンのご馳走で満腹になるせいで夕食が入らず、よくマリーナを怒らせた。

ふたりの男は、ザカエフのチェチェン戦争犯罪委員会の活動の一環として、モスクワのアパートメント爆破事件と劇場占拠事件におけるFSBの役割について、まだ活発に調査を続けていた。ノーバヤ・ガゼータ紙の怖れ知らずのジャーナリスト、アンナ・ポリトコフスカヤがロンドン在住の妹を訪ねてくるときには、かならずオジャー・クレセントにも寄って、それを手助けしていた。いま三人は、第三のテロ事件について証拠を集めていた。

二年前、ロシアの辺境である北コーカサスのベスランという町で、武装したイスラム兵士たちが学校を占拠し、一〇〇〇人以上を人質にとった事件があった。そのほとんどが子供だった人質は体育館に閉じこめられ、頭上のバスケットボールのゴールから爆弾が吊り下げられた。テロリストはチェチェンからのロシア軍撤退を求めた。膠着状態が三日続いたのち、ロシア軍が突入した。戦車やロケット砲や手榴弾で建物を激しく破壊した結果、体育館の屋根が崩落し、多くの人質が押しつぶされた。救出作戦中に三〇〇人以上が亡くなり、そのうち一八六人が子供だった。

そうした危険な救出作戦の実行はモスクワ劇場占拠事件を思い起こさせた。マズウェル・ヒルの調査者たちは、ニュースが届くやいなや疑いを抱いた。さらに、テロ攻撃について報道するためにベスランへ向かったポリトコフスカヤが、飛行機で毒入りの茶を飲み、病院で治療を受けているという情報が伝わってきた。政府が何かを隠していると確信したリトビネンコは調査を開始した。

まずわかったのは、人質をとったテロリストのうちの何人かが、別のテロ容疑でＦＳＢに拘束されていたのに、今回の攻撃のまえになぜか釈放されていたことだった。獄中で寝返ったのか？　いずれにせよ、釈放後は厳しく監視されるはずである。だとしたら、どうやって注意も引かずに爆弾や自爆用のベルトをつけてベスランへ飛ぶことができた？　その後、イスラム主義者がその地域の学校で人質事件を計画しているという情報を、プーチンが事件の数日前に聞いていたことがわかった。だが、地域住民にも知らせず、攻撃を防ごうともしなかったのだ。リトビネンコは、ザカエフがチェチェンでのロシア軍の残虐行為を記録するために作ったウェブサイトに、この陰謀を告発する記事を書いた。ＦＳＢはまたしても分離独立派の活動を汚すために、ベスランの学校占拠事件を容認したか、悪くすれば主導的に引き起こしたと主張し、ザカエフやポリトコフスカヤとともに、ＦＳＢとテロとのつながりをどこまでも調べつづけた。

そうしたリトビネンコの主張に、彼がマーティンとして知っているＭＩ６のハンドラーは喜んで耳を貸した。ピカデリーの〈ウォーターストーンズ〉地下のカフェで落ち合うことも、リトビネンコのロンドン生活の一部となっていた。クレムリンと犯罪組織やテロ行為とを結ぶ新たな手がかりを見つけるたびに、暗号電話でハンドラーに連絡をとって会う手筈を整えた。調査で集めた情報を渡すだけでなく、ＭＩ６のロシア担当が独自の情報源から得た情報を解釈する手助けもした。そしてリトビネンコは、うれしいことに、別の大きな任務を与えられていた。プーチンとサンクトペテルブルクのギャングのつながりを調べるのに費やしたすべての時間がやっと報われたと思える任務だった。スペインに触手を伸ばしているロシアの強大なマフィアとクレムリンの結びつきを暴くために、マドリッドの諜報員に協力してほしいと依頼されたのだ。タムボフ・ギャングが行動を起こしていた。

サンクトペテルブルクのこのギャングは、ゲンナジー・ペトロフが率いる事業によってヨーロッパじゅうに活動の場を広げていた。ペトロフはコンクリート板のような顔の大男で、マヨルカ島の邸宅から犯罪帝国の指揮をとっていた。プーチンがサンクトペテルブルクの副市長だった一九九〇年代に、タムボフ・ギャング内で頭角を現し、リーダーになってからスペインに居を移した。スペインの検察は、彼がドラッグや武器の密輸、契約殺人などで得た利益をコスタ・デル・ソルの不動産でロンダリングしているのではないかと疑っていた。リトビネンコがプーチンとタムボフ・ギャングの関係を説明すると、マーティンはロシア・マフィアの「掃討」作戦を計画しているスペイン当局に協力してやってくれと言った。そこでリトビネンコはマドリッドに頻繁に飛び、「ホルヘ」というハンドラーに情報を流した。ホルヘはそれを、タムボフ・ギャングの摘発に向けた証拠集めをしている検察に渡した。

リトビネンコはホルヘに、ロシア政府、諜報機関、犯罪組織がプーチンのもとでひとつの「マフィア国家」を形成していること、クレムリンが公的な保護と引き換えにギャングを汚れ仕事に利用していることを説明した。プーチンがサンクトペテルブルク副市長だった時代から続いているタムボフ・ギャングとの関係について語り、いまもプーチン政府と深くつながっていると思われるギャングのメンバーの情報も伝えた。それを裏づけるように、スペイン当局がメンバーたちの電話を盗聴したところ、クレムリン高官のネットワークと定期的に接触しているのがわかった。

リトビネンコがもたらした証拠により、二年後には一斉検挙でギャングの二〇人のメンバーが逮捕され、その後スペイン検察庁は、タムボフ・ギャングと共謀していた一二人の主要な容疑者を起訴する。そのなかにはクレムリンの現職の役人や元役人も含まれるが、それはまだ先の話だ。二〇〇六年夏には、プーチンとギャングのつながりを公判に持ちこむ証拠固めの第一歩として、ホルへがリトビネンコと検事たちとの直接面談を手配していた。

こうしてイギリスやその同盟国の役に立つことは、リトビネンコにとって非常に誇らしかったが、資金が足りなくなってきた。ＭＩ６から受け取る月二〇〇〇ポンドの報酬は、家族を養うにはまったく不充分だし、ベレゾフスキーもスイスの資金凍結が響いて、その年の初めからリトビネンコへの月々の支払いを停止していた。リトビネンコはみずから資金調達を始めなければならなかったが、マーティンのおかげで、それをどこに求めればいいかはわかっていた。二年前、イギリスの諜報員として初めて雇われたときに、ロンドンの民間スパイ産業という怪しげな業界の重要人物を紹介された。いよいよそれを活用するときが来たわけだ。

ディーン・アテューは〈ティトン・インターナショナル〉で働いていた。メイフェアに拠点を置く一流の私立探偵社で、リバー・ハウスと直接つながりを持ち、たまに国家のために仕事を請け負うこともあった。アテューはＭＩ６のロシア担当と緊密につながっていて、マーティンが二〇〇四年にリトビネンコを紹介し、ロシアでの投資のデュー・ディリジェンスをおこなうイギリス企業にとって有益な情報源かもしれないと示唆したのだった。アテューは世界じゅうの最高級カジノの警備も請け負い、長年カードテーブルを囲む無数の詐欺師を観察してきた経験から、顔に出るかすかな表情も見逃さない鋭い目を養っていた。リトビネンコのことは信頼できると感じたが、多少英語を話せるようにならないと、イギリスの顧客の役には立たないとはっきり指摘した。そこで、リトビネンコは資金が底をつきはじめたときに英会話のクラスに入り、それからアテューに連絡して仕事をまわしてほしいと頼んだ。

それ以降、民間スパイ会社のボスは、ロシアの実業界や政界のエリートについて調査する請負仕事をいくつかまわしてくれたが、まもなくリトビネンコは、アテューが望む「新鮮な」情報を手に入れるには、モスクワ在住のパートナーを得る必要があることに気づいた。この仕事にアンドレイ・ルゴボイがかかわってきたのはそのときだった。

ふたりの元ＫＧＢ捜査官はすぐに活発にビジネスに取りかかった。仕事の分担は単純だった。リトビネンコがロンドンで〈ティトン〉やほかのメイフェアの会社から仕事の依頼を受け、ルゴボイがモスクワで基礎的な調査をおこなう。その年の夏には協力して、ストリチナヤ・ウォッカのオーナーたちのためにプーチンの農業相に関する情報を集め、ロンドンを拠点とする警備会社のために〈ガスプロム〉との大型契約について精査し、その他イギリスの顧客が儲かると判断した取引に影響力を持つロシア人実力者数名について、調査をおこなっていた。

最初は互いに距離を置いて仕事をしていたが、やがてリトビネンコは、モスクワでじかに調査にあたっているパートナーを紹介すれば顧客たちが感心するのではないかと思った。ルゴボイは話がうまく、すぐに人を味方につける人間のようなので、彼を打ち合わせに連れていくのは、ビジネスを増やすためにも悪くないはずだった。そこでアテューに、ぜひ会ってほしいロシアの「友人かつ情報源」がいると告げ、ルゴボイが六月にロンドンに来たときに、ヒースロー空港で顔合わせをした。

面談の日、リトビネンコはアテューをエスカレーターで第一ターミナルの食堂エリアへ案内した。そこでルゴボイが待っていた。ロンドンに姿を現すようになったころに比べると、彼がかなり高級趣味になったことにリトビネンコは気づかずにいられなかった。買い物は〈ハロッズ〉がいいと言い張り、シルクのネクタイとオーダーメイドのスーツ、巨大な金の時計を身につけるようになっていた。

三人が握手を交わしてテーブルを囲んだとき、アテューの鋭い目は、初対面の相手の顔の細かい動きを見逃さなかった。ルゴボイはいつものように口達者で、ロシアの誰についても暴けない秘密はないと説明していた――たとえそのために電話を盗聴したり、建物に盗聴装置を仕掛けたり、標的を尾けたりしなければならないとしても。しかし、アテューの胸の内には強い嫌悪感が生じた。派手な時計をはめ、内心何を考えているかわからない目をした自信満々のこの男に、ぞっとするほど冷たいところがある気がしたのだ。アテューは面談を終えるころには、ルゴボイとはかかわるまいと決心していた。

ルゴボイに嫌な予感を覚えたのは、アテューひとりではなかった。脱獄に失敗してレフォルトボ刑務所で服役していた〈アエロフロート〉の元ＣＦＯニコライ・グルシコフが、ようやく刑期を終えて釈放され、イギリスに逃げてきていた。ボリスとバドリは、彼を四ヘクタールの池のあるバークシャー州の邸宅に使用人とともに住まわせた。グルシコフは、上等のワインをがぶ飲みしたり、地元の子供たちのために海賊ごっこを企画したりして、静かなバークシャー暮らしを楽しんでいたが、ルゴボイが頻繁にロンドンに来ていると知るや、顔を曇らせた。ルゴボイは失敗に終わったあの脱獄計画を企てて、ＦＳＢのために自分を罠にかけた男だと主張して、ボリスとバドリに、かつての警備主任を仲間から追い出してくれと懇願した。しかし、誰も耳を貸そうとはしなかった。

「落ち着けよ」バドリはグルシコフをなだめた。刑務所生活が長すぎて、気の毒なグルシコフが過剰に疑い深くなっているのは明らかだった。ルゴボイは仲間だ、とバドリは言い、それでその話は終わりだった。

リトビネンコも同じ意見で、数週間後、アテューが新たな仕事を依頼してきたときにも、ためらうことなくパートナーに協力を求めた。今回の仕事は飛び抜けて重要だった。

アテューが調査を依頼した対象者は、ほかならぬビクトル・イワノフ——元ＫＧＢ職員で、リトビネンコの情報によれば、一九九〇年代にタムボフ・ギャングがサンクトペテルブルクの港でドラッグを密輸入したときに、プーチンをビジネスに引きこんだ当人だった。イワノフはその後もプーチンの一番の側近で、アテューの顧客のひとりがこれから彼とビジネスをするところだった。リトビネンコはその取引のデュー・ディリジェンスにかかわることになり、イワノフのサンクトペテルブルク時代の情報につけ加える最近の動向についてルゴボイに調査を頼んだ。しかし、パートナーの報告を見てがっかりした。一枚の紙の三分の一ほどの量しかなく、すでに誰でも知っている情報ばかりだったからだ。

「これではどうにもならないな」アテューも報告書を見て蔑むように言った。「なんの情報もないじゃないか」リトビネンコは恥じ入って、もっとましな報告をすると約束した。そして別のロシア人のパートナーを見つけると、プーチンとFSB組織犯罪対策班時代のイワノフの情報をすべて集め、ほかの情報源から得た新たな内容も組み合わせて八ページの報告書を再提出した。今度はアテューも満足して「期待どおりの報告だ」と言った。報告書の中身はイワノフの信頼性を大いに損ねたので、〈ティトン〉の顧客は即座に取引から手を引いた。

リトビネンコはその結果を喜んだが、ルゴボイにはがっかりさせられ、苛立った。そこで次にロンドンで会ったときに、めざすべき仕事の例として、再提出した報告書のコピーを彼に手渡した。そんな経緯で、ルゴボイはプーチンとイワノフをタムボフ・ギャングと結びつけるリトビネンコの挑発的な証拠をスーツケースに収めて、モスクワに戻ることになったのだった。

ロンドン、モスクワ――二〇〇六年一〇月

アンナ・ポリトコフスカヤはどこかおかしかった。ロンドンに来た彼女に〈カフェ・ネロ〉で会ったリトビネンコは、トレードマークの金縁眼鏡をかけた顔に不安の色が濃いことに気づ

いた。

「アンナ、どうした？」リトビネンコは、怖れ知らずのジャーナリストが怯えきっていることにショックを受けて訊いた。

「アレクサンドル」彼女は言った。「怖いの」

ポリトコフスカヤは、プーチンの直接の指示と思われる脅しを受けていると話した。これまでにも脅しは頻繁に受けてきたが、今度ばかりはひどい虫の知らせがある。毎朝家を出るときに息子と娘に挨拶をすると、もう二度と会えないような気がする。理由はわからないが、とくにアパートメントのエレベーターに乗るたびに無防備になった感じがするという。

「アンナ」リトビネンコは懇願した。「ロシアに戻ってはだめだ」しかしロシアには、彼女の子供だけでなく、年老いた両親もいた。おまけに、クレムリン支持派の軍がチェチェンで捕虜を組織的に拷問していることを暴いた新刊の出版も迫っていた。ポリトコフスカヤはリトビネンコに別れを告げて母国に帰った。

一〇月七日の午後、ポリトコフスカヤは愛車のラーダをアパートメントの建物のまえに停め、食料品の入った袋をおろしはじめた。翌日、本が出版されることになっていたので急いでおり、建物に入るときに、野球帽をかぶった痩せた男に見つめられていることには気づかなかった。最初におろした袋を階上《うえ》に持っていくと、残りを運ぶためにエレベーターで階下《した》におりた。エレベーターの扉が開くと、痩せた男が待ち構えていた。男はポリトコフスカヤの胸に銃弾を二発撃ちこみ、三発目は肩に当たった。四発目が頭に撃ちこまれたときには、彼女はすでに息絶えていた。撃った男は拳銃と消音装置を倒れた彼女のそばに放って姿を消した。

アンナ・ポリトコフスカヤの暗殺は、国内外で悲しみと怒りを噴出させた。アメリカに拠点を置く〈ジャーナリスト保護委員会〉は、彼女はプーチンが権力を握ってから暗殺された一三人目の記者だと述べた。モスクワでは、暗殺を非難する何百人もの人が集まって抗議の声をあげ、世界じゅうの都市でキャンドルを灯す追悼集会が催された。トニー・ブレアやジョージ・W・ブッシュですら殺害を批判し、「非道きわまりない犯罪に対する徹底的な捜査」を求める共同声明を出した。しかし、プーチンはひと言、ロシア警察が真相を究明するだろうと答えただけだった。ポリトコフスカヤについては、「政治的にはなんの影響力も持たない」、「非常に小さな」存在だと切り捨てた。

リトビネンコは打ちのめされた。勇敢な友が倒されたことに憤慨し、次は自分だと恐怖に駆られた。だが翌週、家族ともどもイギリス国籍が認められたという待ちに待った知らせが届いて、その恐怖も薄らいだ。アテューーがメイフェアのしゃれたタウンハウスの最上階のオフィスで仕事をしていると、リトビネンコがパスポートを振りながら入ってきた。

「イギリス人になった！」リトビネンコは喜びのあまり文字どおり飛び跳ねて叫び、これでアナトリーもイギリス紳士になれると冗談を言った。もしかしたら、いつかＭＩ６の職員になるかもしれない、と。

リトビネンコ一家は、一〇月一三日にハーリンゲイ市民センターで催された市民権取得セレモニーに参加した。そのあとでリトビネンコは、ウェストミンスター寺院の外でおこなわれていたポリトコフスカヤの追悼集会に息子アナトリーを連れていき、人混みのなかにフェリシチンスキーを見つけた。

「たったいま国籍を取得してきた！」リトビネンコは歴史学者に告げた。「これでやつらも私に手出しできなくなる」フェリシチンスキーはやさしい笑みを返しただけで、何も意見を言わなかった。

リトビネンコはアナトリーに、これで自分たちは完全にこの国の人間になったと言った——誰でも立ち上がって、怖れることなく真実を話せる国の人間に。そしてその自由を利用して、ポリトコフスカヤを追悼しようと決めていた。翌週、ザカエフとともに、ロンドンのパディントン駅近くにある集会所〈フロントライン・クラブ〉での追悼集会に加わったリトビネンコは、参加者たちの追悼のスピーチが終わると立ち上がった。

「私はアレクサンドル・リトビネンコ、ＫＧＢとＦＳＢの元職員です」彼はおぼつかない英語で話しはじめたが、集会のために雇われた通訳が助けに来てくれた。「こうしてここに参加したのですから、実際に声をあげて、知っていることを話すべきだと思います」彼は直立不動で立ったままロシア語で続けた。「アンナを死に至らしめたのは誰なのか。率直に答えましょう。それはミスター・プーチン、ロシア連邦大統領です」

その発言は、木製の床とむき出しのレンガの壁の小ぢんまりとしたクラブのなかに、小さな動揺を引き起こした。リトビネンコはロンドンのメディア業界ではあまり知られた顔ではなく、集まった報道関係者の視線は、友人アンナ――死の危険にさらされながらも報道を続けた非常に勇敢で意志の強い女性――について明らかに深い感情をこめて語るこの真剣な青い目の男に釘づけになった。「アンナ・ポリトコフスカヤほどすばらしいジャーナリストを殺せるのは、たったひとりです」彼は集まった面々に言った。「それはプーチンです、ほかの誰でもなく」

11

ロンドン——二〇〇六年一〇～一一月

ポリトコフスカヤが殺されて一週間後の晴れた初秋の日、ルゴボイはロンドンに戻っていた。今度はひとりではなかった。連れの名はドミートリー・コフトゥン。ルゴボイの幼なじみで、エリートがかようモスクワの軍士官学校の同級生だったが、ドイツでポルノスターをめざして失敗し、一〇年ぶりに故国に帰ったばかりだった。ふたりは、コフトゥンが人生の転機を求めてハンブルクに移ってから連絡を絶っていた。皿洗いの仕事をし、酒を飲み、目的もなく都市の風俗街をうろついて何年もすごしたあげく、ようやくあきらめてモスクワに戻ったコフトゥンは、ルゴボイとばったり会ったときには落ちぶれ果てていたが、旧友によって人生を変えるチャンスを与えられた。ロンドンで仕事がある——それがうまくいけば、ふたりとも人生を上向かせることができる。

一〇月なかば、ルゴボイはコフトゥンを連れてリトビネンコに会いに行った。デザイナーズブランドで買ったものを持ち、派手なチェックの服を着たルゴボイは、連れを幼なじみだと紹介し、デジタル調査の達人で、ロシアの標的について情報を掘り起こす助けになると売りこんだ。リトビネンコは会うなりコフトゥンに嫌悪感を覚えた。不愛想でむっつりしたこの新人は、血色の悪い肌と暗い目で、光り輝く銀色のスーツを着て、胡散臭く見えた。しかしルゴボイは、この男は信頼できると言い張り、その日の午後に予定されていた重要な顧客との打ち合わせに連れていくと宣言した。

それはイギリスの〈エリニス・インターナショナル〉という会社との打ち合わせだった。クレムリン所有の大手ガス会社〈ガスプロム〉との大規模警備契約に向けて、調査を依頼してきたのだ。ロシア人たちは、徒歩でメイフェアにある同社のしゃれたオフィスへ向かい、入口で上品なエネルギー本部長ティム・ライリーに迎えられた。ライリーは握手を交わし、ロシア人の派手な装いを見てこわばった笑みを浮かべながら、みなを会議室に案内した。テーブルにつくが早いか、ルゴボイは紅茶を所望した。季節はずれに暖かい日で、誰も熱い飲み物などいらない気分だったが、なぜかルゴボイはお茶が欲しいと譲らなかったので、ライリーは言われたとおり三人に紅茶を出した。ビジネスの話になると、ルゴボイがほぼひとりで話し、ロシアの石油とガスの業界にどれほどコネを持っているか、まくしたてた。その間コフトゥンはむっつりと黙りこみ、リトビネンコはそんな彼をますます嫌悪の目で見つめていた。三人に出された紅茶は、誰も口をつけることなく、カップのなかで冷めていった。

打ち合わせが終わると、リトビネンコは急いで辞去し、バスでオジャー・クレセントに向かった。自宅ではマリーナがスパイスの効いたチキンスープを料理していた。リトビネンコは夕食の席で、打ち合わせの成り行きに妙な不安を感じたと妻に語った。理由ははっきりしないが、モスクワから来たルゴボイの友人が「非常に不愉快」だったのだ。夕食後、彼は少し具合が悪くなった。一度嘔吐し、心配そうな顔でバスルームから出てきた。

「体に力が入らない」彼はマリーナに言った。それでも、その晩早く寝ると、翌朝にはいつもの彼に戻っていた。

ルゴボイとコフトゥンはロシアに帰った。だが二週間もしないうちに、リトビネンコのパートナーはロンドンに戻ってきて、まずは〈ダウンサイド・マナー〉のパタルカチシュビリに会いに行き、外の四阿《あずまや》でとりとめもない話をして心地よい午後のひとときをすごした。それからダウン・ストリートにまわり、ベレゾフスキーに会った。ベレゾフスキーは、最近イギリスに逃げてきたエレーナ・トレグボワというロシア人ジャーナリストの警備について、ルゴボイに助言を求めた。トレグボワは、ロシアの独立報道機関へのプーチンの締めつけを詳述した本を出版したあと、住まいのアパートメントの建物を爆破され、ベレゾフスキーに保護を求めてきたのだ。ふたりの男がトレグボワの身辺警護について話し合っているときに、グルシコフが自分のプライベートジェット用にまとめて注文したいワインのボトルを二本持ってオフィスに飛びこんできたが、客人が誰かわかるとすぐに部屋から出ていった。

日が暮れるころ、ルゴボイはダウン・ストリートを出てパーク・レーンの〈シェラトン〉に向かった。ホテルのガラス天井の大きなパーラーで、リトビネンコと会う予定だったのだ。それが今回のロンドン訪問の真の目的だったが、リトビネンコがやってくると、計画が即座に狂った。

リトビネンコはルゴボイを重要な秘密任務に引きこむつもりだったので、パーラーに入り、先にいたパートナーのそばにコフトゥンがいないのを見てほっとした。テーブルについて紅茶を注文すると、互いにもっと安全に通信できるように買い求めた使い捨てのＳＩＭカードを二枚取り出し、身を乗り出して、スペインの諜報機関のためにおこなっている秘密任務の詳細についてルゴボイに話しはじめた。

リトビネンコは、スペインのスパイたちと何年も協力して、タムボフ・ギャングとクレムリンのつながりを明らかにしたと語った。いまは一一月八日にマドリッドへ行く準備をしている、まず第一歩として現地で検事たちに会い、タムボフ・ギャングとプーチンのつながりを公の場で初めて証言する、と。彼は興奮していて、マドリッドの諜報員がルゴボイにも同じ仕事を依頼するかもしれないので、いっしょに行かないかと誘った。ルゴボイはうなずき、リトビネンコが話すあいだ、無頓着な態度を保ちつつ赤ワインをグラスに三杯飲み、葉巻を吸っていた。とはいえ、熱心に耳を傾けてはいた。この仕事を終えるまえに、モスクワに戻って再度報告する必要があるのは明らかだった。

リトビネンコがイギリスに来て六周年となる二〇〇六年一一月一日まで、あと数日。彼はマリーナとの祝いの夕食に間に合うように帰ると約束していたが、ほかの用事はなかったので、ルゴボイがロンドンに戻ってきたと連絡してくると、喜んでその日の午後に会う約束をした。

その朝は再度電話が鳴った。今度はマリオ・スカラメッラからだった。イタリアでロシアがらみの汚職について公式捜査をおこなっている委員会に、安全保障の顧問としてかかわっている人物だった。ＦＳＢの諜報員がナポリで潜入工作をおこなっている疑いがあって、スカラメッラにはその証拠を渡すために何度か会ったことがあった。彼は、今度はリトビネンコが知っておくべきことがあると電話してきた。ふたりは「古巣」――ロンドン中心部にあるいつもの面会場所を指す暗号――で落ち合うことにして、リトビネンコはキルトのデニムジャケットをはおり、さわやかな秋の空気のなかへ出た。赤いロンドンのバスに乗り、地下鉄でピカデリー・サーカスまで行くと、広場の照明つきの広告板の下で翼を広げたエロス像のそばに、スカラメッラのずんぐりした姿があった。近づくにつれ、彼がひげも剃らないむさ苦しい様子なのに気がついた。

顔を合わせるなり、スカラメッラはお互い危険だと告げた。どこかもっと静かな場所に行って説明すると言い、リトビネンコを連れて人気の寿司レストラン〈イツ〉の支店に行き、刺身を注文してテーブルについた。

「見せたいものがある」スカラメッツラは席に落ち着くが早いか、ブリーフケースから封筒を取り出し、たたんだ四枚の薄汚れた紙を引っ張り出して、テーブルの下でリトビネンコに渡した。リトビネンコはスカラメッツラが神経過敏になっている理由をすぐに悟った。

その資料のなかに、ロシアの諜報機関と密接なつながりがあるというロシア人の情報源が、一〇月初めにスカラメッツラに秘密情報を伝えた二通のメールがあった。スカラメッツラの名前がFSBの暗殺リストに載ったと書かれていた。ロシアの敵を排除するために「暴力を用いる必要性がますます高まっている」と諜報機関の人間が述べたことも。暗殺リスト自体も添付されていた。リトビネンコは、自分の名前も載っていたことに驚かなかった。ベレゾフスキーとザカエフもあった。一番ぞっとしたのは、ポリトコフスカヤの名前があったことだった。そのメールは彼女が撃ち殺されるほんの数日前に送られていた。

リトビネンコが目を上げると、スカラメッツラの丸い目がじっと見つめていた。「落ち着くんだ」リトビネンコはイタリア人に言い、書類を自分のカバンに入れた。そして、信憑性について結論を出すまえに、この秘密情報をもっとくわしく調べる時間が必要だと告げた。

冷静さを保ちながらも、捜査官としての感覚はうずいていた。メールには、リストに名前の載った人々の暗殺計画にかかわっていると推定される、数多くの職員の情報が書かれ、そのなかには、サンクトペテルブルクから暗殺者のネットワークを指揮していると思しき右脚の不自由な柔道の達人もいた。もしかしたら、ポリトコフスカヤを殺した実行犯の特定に役立つかもしれない。できるだけ急いでその書類をザカエフとベレゾフスキーに見せたかったが、まずはルゴボイと会う約束があった。そこでリトビネンコはスカラメッツラとの昼食を手早くすませて、メイフェアの〈ミレニアム・ホテル〉へ急いだ。

リトビネンコは用心深いことで有名だった。注意を要する情報源とはプリペイド式の携帯電話で連絡をとり合い、尾行されていないかどうか確かめるために、対監視ドリルを頻繁におこなった。的を背負って歩いているようなものだということはよくわかっていて、亡命仲間には、長く連絡を絶っていたのに突然現れた昔の知り合いには気をつけろと一度ならず警告していた。しかし、ＦＳＢを離れて八年たつうちに、彼の規律はゆるんでいた。

〈ミレニアム・ホテル〉に行くのは初めてだった。昔だったら、知らない場所で打ち合わせるときには慎重に偵察をおこなった。早目に到着して周囲を視認し、出口を確かめ、出入りする人々を観察した。この日も三〇分早く現地に行っていたら、歴史はちがっていたかもしれない。動揺したルゴボイが上着の内側に何かを隠し持ちながら、ロビーを横切ってトイレに数分姿を消すのを目にしたことだろう。トイレから出てきたルゴボイが〈パイン・バー〉へ向かう姿も見たはずだ。柔らかい革張りの椅子が置かれ、暖色の間接照明で照らされた羽目板張りのバーで、ホテルのなかで唯一防犯カメラが設置されていない場所だった。同じようにここそとトイレに行ってからバーでルゴボイと落ち合うコフトゥンも見かけたことだろう。ふたりの男がジンとシャンパンを注文し、その後ウェイターを呼んでお茶を頼む様子も。そして、テーブルのふたりのまえに置かれた磁器のティーポットの注ぎ口に、何か細工するところも。

だが、リトビネンコは心配していなかった――ルゴボイは友人なのだから。午後三時五九分にホテルのロビーに足を踏み入れ、すぐさまパートナーに到着を告げた。ルゴボイは、数カ月前にリトビネンコといっしょに買い物をした際に〈ハロッズ〉の紳士服売り場で買った服を着て、友を出迎えた。体にぴったりした青とオレンジのカーディガンと、しゃれたグレーのジーンズだった。

「向こうだ」ルゴボイは〈パイン・バー〉を指して言い、リトビネンコをテーブルに連れていった。「お茶が残ってる」彼はポットを示して何気なく言った。「よかったら飲んでくれ」

リトビネンコは茶を注いだ。ポットはほぼ空で、注ぎ口から滴った茶は緑色だった。三、四口飲んだが、冷たくなっていて、甘くもなく、妙に苦い味だった。彼はカップを脇に押しやった。

そのあと、不愉快なことにコフトゥンが現れて、テーブルについた。ファスナーつきの黒いニットのカーディガンを来て、いつも以上に青白く見え、意気消沈しているか二日酔いかのどちらかに見えた。麻薬かアルコールの依存症なのだろうかと思わずにはいられなかった。そこでふいにリトビネンコは、知らない場所でこうして会っているこの男についてほとんど何も知らないことに気づいた。コフトゥンとは何者だ？　どうしてルゴボイはここを選んだ？　どこからともなく不安が忍び寄ってきた。

三人は混み合ったにぎやかなバーで多少ビジネスの話をしたが、やがてルゴボイが大きな金の腕時計に目をやり、そろそろ行かなければと言った。今回はロンドンに家族全員を連れてきていて、ベレゾフスキーの好意で、その晩エミレーツ・スタジアムでおこなわれるサッカーのＣＳＫＡモスクワ対アーセナル戦のチケットを手に入れていたのだ。リトビネンコにしつこく会うことを求めてきたルゴボイだったが、急に話すことは何もないという態度になった。彼の妻がロビーで出かけましょうと夫を手招きした。ルゴボイは妻のところへ行き、ロンドンの有名な玩具店〈ハムリーズ〉の袋を抱きしめた小さな男の子を連れて戻ってきた。八歳の息子イーゴリだった。

「これはサーシャおじさんだ」ルゴボイはイーゴリに言った。「握手しなさい」男の子は言われたとおりにした。そして一家はホテルをあとにした。

リトビネンコがホテルを出てメイフェアを南に向かうころには、街は黄昏時の光に包まれていた。ダウン・ストリートに着いたときには、街灯がついていた。ベレゾフスキーからの資金提供がなくなったので、このごろ訪問は減っていたが、オフィスはまえと変わらずなじみ深く、居心地がよかった。リトビネンコはエレベーターで二階に上がり、ドアのところにいる警備員たちのまえを通りすぎた。高価なクリーム色のカーペットの上を歩いて奥のコピー機のほうへ行きながら、帰ろうとしていたグルシコフに手を振った。それから、スカラメッラから手渡された断片的な書類のきれいなコピーを作りはじめた。メールの一番上を慎重に折りたたみ、情報源の身元がわからないようにしながら。

〈ミレニアム・ホテル〉からこのオフィスに向かう途中、ベレゾフスキーに電話をかけて、ある書類からポリトコフスカヤを殺した犯人を特定できるかもしれないと告げてあったが、ベレゾフスキーは気をもんでいた。彼もその晩、エミレーツ・スタジアムの試合を見に行く予定で、遅れそうになっていたのだ。

「急いでくれ！」彼はリトビネンコに向かって叫んだ。リトビネンコはコピーを渡し、ポケットのなかで鳴っていた携帯電話をつかんだ。ザカエフだった。外に停めたメルセデスからで、マズウェル・ヒルまで送ろうという申し出だった。

車のなかで、ふたりはメールから得た新たな手がかりをどう追うか考えはじめた。リトビネンコは、ルゴボイとコフトゥンと会ったことに関する不安を振り払えなかったが、口には出さず、マリーナに電話して、家に帰る途中だと告げた。

「何も食べないで帰ってきてね！」ザカエフがいっしょだと知って、妻は言った。渡英記念日にチキンのクレープ包みをいそいそと作っているところだった。イギリス国民として祝う初めての記念日である。リトビネンコは腹を空かせて帰ると約束した。

玄関から家に入ると、アナトリーも学校から帰ってきていた。マリーナが夕食の用意を終えるまで、リトビネンコはスカラメッツラから受け取った書類を再度調べ、きれいなコピーに穴を開けてきちんとファイルに収めた。家族で祝いの席につくと、彼はクレープ包みを五つも食べて妻を喜ばせた。妻は夫が幸せそうだと思った。イギリスでの生活は申し分なかった。

穏やかな夕べで、夫婦は午後一一時にベッドに入った。しかし、明かりを消して一〇分後、リトビネンコはトイレに走り、食べたものをすべて吐いた。胃が完全に空になっても、吐き気は治まらなかった。

「すぐに治まるわ」マリーナは言った。

「いや、治まらないと思う」リトビネンコは応じた。

マリーナは湯にマンガンを溶かした。食あたりに対する昔からのロシア式の治療法だが、夫はそれもすぐに吐いてしまった。妻と息子を煩わせたくなかったリトビネンコは書斎にこもり、二〇分ごとに激しい吐き気に襲われながらみじめな夜をすごした。

夜明けに様子を見に言ったマリーナは、夫の顔色に驚いた。リトビネンコは、血と泡を吐くようになったと言った。息ができない気がするというので、マリーナは窓をすべて開け、冷たい一一月の空気を部屋のなかに入れた。

「毒を盛られた」リトビネンコは妻に言った。

12

ロンドン――二〇〇六年一一月

入院当初、リトビネンコは持ち直したように思われた。点滴を施され、多少力を取り戻したのだ。しかし、医師たちは彼の病状に首を傾げた。最初はひどい食中毒だろうと推測したが、やがて白血球の数がどんどん減ってきた。つまり、体内の免疫システムが崩壊していたが、その理由は誰にも見当がつかなかった。

患者自身は毒を盛られたと主張しつづけた。しかし彼の体内からは、その信じがたい主張を確実に裏づける毒素は見つからなかった。マリーナは病院側に、夫の主張にはしっかりした根拠があると説明した。夫は元ＦＳＢ職員で、「危険な人たち」と知り合いだから。だが、医師たちはマリーナの懸念に耳を貸さず、病状に改善が見られないまま日がすぎた。

一一月一三日に病院を訪ねたマリーナは、夫の病状が急激に悪化しているのを知ってショックを受けた。黄疸が出て骨と皮だけになったリトビネンコは、疲れ果てて見えた。マリーナが慰めるように夫の頭をなでると、手袋にごっそりと髪の毛がついた。見ると、シーツや枕の上にも髪の毛が散らばっている。

「何これ？」彼女は叫んだ。「夫の身に何が起きたの？」

リトビネンコの具合が悪くなってほぼ二週間がすぎたが、医師たちは診断らしい診断を下せずにいた。ただ、意見聴取のために招かれた血液の専門医が驚くべき見解を述べた。リトビネンコの症状は、強い化学療法をおこなったあとの癌患者に似ているというのだ。ほどなく彼はもっと正確な診断に至った――リトビネンコの症状は放射線症のようだ。

病院はガイガーカウンターを持ちこみ、もっとも一般的な放射線であるガンマ線の線量を患者の体で計ったが、結果はゼロだった。医師たちはまた途方に暮れた。次の手がかりはその日の午後、医学研究所からもたらされた。新たな検査結果として、重金属のタリウムと思われる毒素がリトビネンコの体内から検出されたという。その量はごくわずかで、症状の重篤さが説明できず、さらなる検査が必要だったが、それにより、ようやく診断の手法が変わった。正式に毒物事件として扱われることになったのだ。

リトビネンコはブルームズベリーのユニバーシティ・カレッジ病院の専門病棟に移され、タリウムの解毒剤プルシアンブルーによる緊急処置を受けた。病院の一七階の病室の外に、武装警官の一団が配置された。そして真夜中近く、痩身の男が彼の枕元に現れた。

スーツ姿のその人物は、リトビネンコがイギリスで使っている「エドウィン」という名前で呼びかけた。げっそりとして青白く、深いしわの寄った額から白髪混じりの髪を両脇になでつけているその男は、ロンドン警視庁のブレント・ハイアット警部と名乗った。

「エドウィン、われわれは誰かがきみに毒を盛ったという申し立てについて捜査している」警部はなんの感情も交えずに言った。「自分の身に何が起きたと思うか、そしてそれはなぜか、話してもらえるかな？」

二週間以上悪化してきた病状に抗う力もなく横たわっていたリトビネンコだが、頭はフル稼働でこの件について考えていた。毒を盛ったのはアンドレイ・ルゴボイとドミートリー・コフトゥンだ、とハイアットに伝えた。

リトビネンコはそのことを誰にも言っていなかった——マリーナにすら。自分が告発したことをルゴボイとコフトゥンが知らなければ、ロンドンに戻ってくる可能性も高く、逮捕できるのではないかと思ったからだ。しかし、ハイアットにはすべてを話す準備ができていた。「この事件の解決には必須の情報だから」と彼は言った。

これまでの成り行きのすべてがブロークンな英語で語られた。ベレゾフスキーにＦＳＢによる殺害計画があると警告したこと、イギリスに逃げたこと、モスクワのアパートメント爆破事件や、ロシア政府の関与が明らかなほかの残虐行為でＦＳＢが果たした役割について調査を続けたことなど。

「私はここで生きている」リトビネンコは言った。「告発もした。戦う」友人のアンナ・ポリトコフスカヤが前月に殺されたことや、〈フロントライン・クラブ〉で記者たちのまえに立って、彼女を殺したのはプーチンだと宣告したことも説明した。

「多くの友人を失った」彼は言った。「妻は泣く。息子は理解していない」

リトビネンコはその晩、何時間も話しつづけた。警部に対し、オジャー・クレセントの家に保管してあるファイルを見れば、この主張を裏づけるすべての証拠があると言った。

翌日、ハイアットはロシア語の通訳をともなって再度病室を訪れた。おかげでリトビネンコは楽に会話ができるようになり、毒殺を命じた人間は明白だと言い張った。

「他国の国民をその国内で殺せと命令できるのは、イギリスのことであればとくに、たったひとりしかいない」リトビネンコは言った。

ハイアットは動じない目を彼に向けた。「その人物が誰か、教えてもらえるか?」

「その人物は、ロシア連邦大統領ウラジーミル・プーチンです」

リトビネンコは警部に、自分もものを知らないわけではないと言った。「彼を訴追することはできないでしょう。核兵器や化学兵器や生物兵器を山のように持つ大国の大統領なんだから」と認めたが、問題をこのままにしないでほしいと懇願した。「誰が見ても政治的な問題だというのはわかっている。でも、これは政治問題じゃない――犯罪だ」

ハイアットは三日にわたり、合計九時間もリトビネンコのベッド脇で話を聞いた。リトビネンコはひどい下痢に悩まされ、たびたびトイレに行くために話は中断を余儀なくされた。投薬や、点滴の袋の交換や、病状の確認に定期的にやってくる看護師によっても中断した。尋問が終わりに近づくと、リトビネンコはこれが最後とばかりに宣言した。

「あの犯罪者プーチンがG8のホストとして、イギリス首相トニー・ブレアと同じテーブルについているのには憤りを感じた」と憎悪をこめて語った。「あの殺人鬼を同じテーブルにつかせた西側の指導者たちは、やつがどこで誰を殺そうとかまわないと放任したようなものだ」

リトビネンコは悲惨な状態になった。心拍数は一定せず、体内組織は急速に衰えていた。消化管は炎症がひどく、ほとんど話すこともできなくなった。彼は集中治療室に移された。

マリーナはほぼつねに付き添い、一日じゅうそばに坐っていたり、放課後にアナトリーを連れてきて、急速に痩せ細っていく父親に会わせたりしていた。ベレゾフスキーが南アフリカ旅行から急遽戻ってきてベッド脇に坐り、ザカエフも毎日見舞いに訪れた。

リトビネンコの生存の可能性は五分五分だと医師たちは言っていたが、原因はまだよくわからなかった。症状はタリウム中毒に合致しているものの、体内から見つかったタリウムの量は急速な症状悪化の理由と考えるには少なすぎた。放射線症というのも理屈に合わない。ガイガーカウンターでガンマ線を検知できなかったからだ。

途方に暮れた治療チームは別の病院の毒物専門家に協力を依頼したが、わかりにくい助言を受けただけだった。通常のガンマ線ではなく、病院の標準検査では検知されない稀少な放射線だったとしたら？　ありえないことに思われたが、ほかに原因を探る方法がなかったため、病院のスタッフは再度リトビネンコの尿のサンプルを採り、オルダーマストンにあるイギリス政府の核兵器研究機関に送って検査を依頼した。

そうこうするあいだ、リトビネンコはみずからの死を予感し、世界はその理由を知るべきだと心を決めた。プーチンを名指しで殺人者と非難する声明を作って自分の死後に公表してもらいたいと考え、弁護士に作成を依頼して、草稿を見せてもらった。

「まさにこれが言いたかった」リトビネンコはかすれ声で承認し、声明文の一番下に乱れた文字で署名した。

次は世間の注意を引くことだった。リトビネンコのために、ベレゾフスキーが自分のＰＲ顧問のベル卿に協力を要請した。ＰＲの専門家の助言は明確だった——ことばよりも写真のほうがこの件を強力に伝えられる。リトビネンコも同意し、ベルは病院に写真家を呼んだ。写真家の女性が病室に入ってくると、リトビネンコは病院のガウンのまえを開いて、痩せた胸に数多くつけられた管やセンサーを見せた。フラッシュが焚かれ、写真が撮られた。黄疸の出たしなびた体と、反抗的にレンズを見すえる険しい青い目の画像だった。

その写真がすべてを物語っていた。翌日、リトビネンコの苦悶の表情がありとあらゆるイギリスの新聞の一面に掲載され、毒を盛られたロシアの元スパイに関するニュースを得ようと病院のまえに集まるジャーナリストやテレビ関係者が増えていった。

最後にもうひとつ、やるべきことがあった。リトビネンコは晩年をチェチェンの人々の大義に捧げると誓っていたので、最後に連帯感を示したかった。そこでザカエフに、イスラム教徒として死にたいと打ち明けた。マリーナの許しを得て、分離独立派の指導者はシャハーダ［イスラム教五行のひとつ。敬虔な信者ふたり以上のまえで信仰告白をすることが入信の第一条件とされる］を唱え、友の改宗の儀式のために導師《イマーム》を連れてきた。

翌日、リトビネンコは意識を失ったり取り戻したりをくり返した。父親のワルテルがロシアから駆けつけ、夜どおし付き添った。マリーナが家で待つアナトリーのもとへ帰ろうと立ち上がったときに、リトビネンコが突然目を覚ました。

「マリーナ」夫は妻をまっすぐ見つめて言った。「きみをとても愛している」

その晩遅く、リトビネンコはとうとう意識を失った。マリーナは翌日ずっと、意識不明の夫のそばにいた。夜になると、オジャー・クレセントに戻ってアナトリーを寝かしつけた。家にいるあいだに病院から電話を受け、すぐに来るよう言われた。病棟に駆けつけた母子は個室へ案内された。

ベッドに横たわった体は灰色の骸骨のようで、毛もなかった。リトビネンコは死んでいた。

その六時間前に、ロンドン警視庁は核兵器研究機関から検査結果を受け取っていた。リトビネンコの体はアルファ線に蝕まれていた。それは稀少な放射性同位体で、出所はたった一カ所、ロシアのウラル山脈の奥にある政府の核施設だった。その同位体は、ポロニウム210。

次の朝早く、マリーナとアナトリーが自宅に戻って肩を抱き合い、悲しみに動けなくなっていると、保護服を着てゴムのブーツをはき、ガスマスクをつけた警官隊が家に押し寄せた。あなたたちの命も危険ですと言われ、母子はただちに家を出なければならなかった。ふたりは通りの向かいのザカエフの家で心細い一夜をすごした。目を覚ますと、自宅はビニールで封印され、見張りの警官に囲まれていた。敷地内はポロニウムの放射線量が高かった。

より広い範囲の人々が危険にさらされていないか当局が見きわめるあいだ、一家は誰にも話さないよう要請された。しかし、病院から出たときに大量のフラッシュを浴びた父ワルテル・リトビネンコは、目をしばたたき、悲しみに打ちひしがれて、涙ながらにそれをもらしてしまった。

「息子は小さな核爆弾に殺された」彼はカメラのまえですすり泣いた。

イギリス政府もそれ以上隠しておけず、リトビネンコが放射性のポロニウムによって殺害されたことを認めた。COBRAに集まった危機管理委員会は、リトビネンコの死に関する緊急対応について話し合った。イギリスの諜報機関の最上層部が、そこでウラジーミル・プーチンに披露するために卓を囲んで会議をおこなってから、ほんの一年しかたっていなかった。今回彼らは、首都中心部で起きた個人への核攻撃とロシア大統領を結びつける情報について政府に説明するために、同じ部屋に集まっていた。

地下の会議室の外では大混乱が生じていた。保護装備を身につけた大勢の公衆衛生関係者が、アルファ放射線を探してロンドンの街じゅうを歩き、その一挙手一投足をカメラが追っていた。「イギリスでは前代未聞の事件です」政府の健康保護局が声明を出した。「国民が故意に放射性物質で攻撃される事態は、イギリスでは初めてです」ありとあらゆるニュース番組がリトビネンコの事件を伝え、政府の緊急ホットラインには、被曝したかもしれないと怯える何千という人々から電話が殺到した。

そのころには、ベレゾフスキーの顧問たちがリトビネンコの最後の声明を発表していた。リトビネンコが死の床で署名した書類は、国じゅうのあらゆる報道機関に送られ、世界じゅうで彼の最期のことばが鳴り響いたのだ。

多くの人々に感謝したい。私のためにできるかぎりの手を尽くしてくれた医師や看護師や病院のスタッフに。熱意とプロ意識を持ってこの事件を捜査し、私と家族に目を配ってくれたイギリス警察に。

私を保護してくれたイギリス政府にも感謝したい。イギリス国民になれたことは誇らしかった。支援のメッセージや、私の苦境への関心を寄せてくれたイギリスの皆さんにもお礼を言いたい。いつもそばにいてくれた妻のマリーナにも感謝する。妻と息子への愛にはかぎりがない。

しかし、こうして横たわっていると、死の天使の翼の音がはっきりと聞こえる。うまく逃げることもできるかもしれないが、この足は思うほど速く走れないだろうと言わざるをえない。だから、いまこそ私をこんな状態にした人間に、ひとつふたつ言っておくべきときなのかもしれない。

私を黙らせるのには成功したかもしれないが、その沈黙には代償がついている。あなたは、もっとも苛烈な批判者が主張してきたとおり、自分が野蛮で非情であることを示した。命や自由や文化的価値にまったく敬意を抱いていないことを露呈した。大統領の任にも、文化的な人間の信頼にも値しないことをみずから証明したのだ。

ひとりを沈黙させることには成功したかもしれないが、その生涯を閉じるまで、ミスター・プーチン、あなたの耳には世界じゅうからの抗議の叫びが鳴り響くだろう。私のみならず、愛するロシアとその民にあなたがしたことを、神がお赦しになりますように。

――二〇〇六年一一月二一日、アレクサンドル・リトビネンコ

プーチンはリトビネンコの声明をでたらめだと切り捨てた。「死という悲劇的な出来事が政治的挑発に利用されるのは、悲しいことだ」彼はヘルシンキで開いた会見で記者たちに言った。

一方、ロシアでは、国のプロパガンダ製造機が疑惑と混乱をまき散らしていた。プーチンに忠実なセルゲイ・アベルツェフという国会議員は、リトビネンコの死を「ありとあらゆる裏切り者への重大な警告」と称した。「彼らがどこにいるかは関係ない」また、クレムリンの息のかかった報道機関は、リトビネンコの最期についてそれまで以上に不可解な陰謀説を次から次へとひねり出した。リトビネンコ自身が自分に毒を盛った、ベレゾフスキーがプーチンを嵌めるために彼を殺した、マフィアの仕業だ、MI6が暗殺の糸を引いた、ザカエフが殺した。

しかし、放射線の証拠には議論の余地がなかった。ルゴボイとコフトゥンはロンドンじゅうにはっきりとポロニウムの痕跡を残していた。警察は、ぞっとするほどくわしくふたりの動きをたどることができた。ポロニウムは、彼らが泊まっていたホテルの部屋から、訪ねたオフィス、仕事のあとで愛用していたバー、レストラン、ストリップクラブに至るまで、道筋を残していた。ロシアへの帰路もわかるほどだった。警視庁の容疑者としてメディアで名前が広く報道されると、ふたりはモスクワのイギリス大使館を訪れて無実を主張したが、たんに大使館内の家具という家具にポロニウムの痕跡を残しただけだった。ルゴボイが坐った椅子は線量が高すぎて焼却処分にしなければならなかった。

ロンドンでは、ポロニウムの証拠によって、警察はリトビネンコに降りかかった運命を驚くほどありありとたどることができた。〈パイン・バー〉は放射能汚染が最悪の場所だった。リトビネンコが着くまえにルゴボイとコフトゥンが使ったトイレも汚染がひどく、彼らが坐った椅子やテーブルも同様だった。暗殺者たちが触ったティーポットからは、すさまじい線量が検出された。もっとも数値が高かったのは注ぎ口だった。ティーポットは毒を盛るのに使われたあと食器洗い機に入れられ、放射能汚染を皿やグラス、ナイフ、フォークに広げて、それらを何も知らないホテルがほかの客に使いつづけていた。コフトゥンが泊まった部屋を調べた科学者は、バスルームのシンクから純粋なポロニウムのついた髪のかたまりを採取した。暗殺者は残った毒をシンクに流したのだ。

〈パイン・バー〉までポロニウムの道をつけたのはルゴボイとコフトゥンだったが、ホテルを出るときに放射能の足跡を残したのはリトビネンコだった。汚染された茶を飲んだあとで、リトビネンコは目に見えない放射能を光らせながらダウン・ストリートに向かった。ベレゾフスキーのオフィスまでポロニウムの跡をつけ、スカラメッラの書類を複写したコピー機じゅうに痕跡を残し、家まで送ってもらったザカエフの車の後部座席にも跡を残した。

放射能の痕跡によって、暗殺者たちが最後に成功するまえに二度、リトビネンコの暗殺を試みたことがわかった。一度目はライリーとの会議室での打ち合わせで、ルゴボイがみんなでお茶を飲もうと言い張ったあと、リトビネンコのカップにポロニウムが入れられたようだった。リトビネンコはそれを飲まなかったが、検査の結果、テーブル全体が「大量の」放射能に汚染されているのがわかった。ルゴボイは打ち合わせ終了後に〈ベスト・ウェスタン・ホテル〉に戻ると、ポロニウムの残りをバスルームのシンクに流していた。

二度目は〈シェラトン〉のパーラーだった。ルゴボイはホテルにまたポロニウムの入った小壜を持ってきていたが、そこでリトビネンコからスペインの諜報機関との仕事を打ち明けられたのだった。リトビネンコが去ると、ルゴボイはまたホテルの部屋に戻ってポロニウムをゴミ箱に捨てた。このときには少々こぼしてしまい、タオル二枚でそれをふいた。そのタオルは、のちほどホテルの掃除人が回収してランドリー・シュートに放りこんだ。ロンドン警視庁が現場を調べると、放射線量があまりに高く、完璧な防護装備をした核科学者二名も、みずからの安全のためにその場を退避しなければならず、ホテルは閉鎖された。二枚のタオルはオルダーマストンに送られ、封印された。

そのころには三〇〇〇人を超える人が政府のヘルプラインに電話をかけ、汚染されたかもしれないと不安を口にしていた。さらに健康保護局は、汚染の可能性がある約五〇〇人の居場所を探していた。〈パイン・バー〉のスタッフは全員ポロニウムにさらされたことがわかり、汚染されたティーポットから茶を飲んだ人もみな見つけて検査を受けてもらう必要があった。検査の結果、ふたりの警官が放射能を浴びていた。ライリー、スカラメッラ、ベレゾフスキー、ザカエフもポロニウムに汚染され、リトビネンコの家族も同様だった。リトビネンコ自身が、唯一ポロニウムによって深刻な症状に陥った人間だった。原液の状態で摂取した唯一の人間だったからだ。しかし、ポロニウム汚染の長期的な影響は、いまだにはっきりしていない。

リトビネンコの検死に呼ばれた病理学者たちは完全防備でそれにあたった。「西洋世界で実施された検死のなかでも最高レベルに危険」ということで意見が一致した。リトビネンコの血流からは二六・五マイクログラムのポロニウムが検出された。一マイクログラム以下でも致死量である。遺体がようやく家族のもとに戻されたときには、鉛の内張りをした棺に封印され、火葬を希望する場合には、遺体を安全に取り出せるだけ線量が減るまで二〇年は待たなければならないと言われた。

一二月七日、マリーナとアナトリーは土砂降りの雨のなか、ノース・ロンドンを見晴らす丘の上に立ち、ハイゲート墓地の地中に棺が下ろされるのを見守った。リトビネンコの棺を安住の地へと運んできた人々のなかには、ベレゾフスキーとザカエフの姿もあった。棺が濡れた墓穴におろされるときに祈りを捧げてもらうために、ザカエフはイマームを連れてきた。父親のワルテル・リトビネンコが集まった参列者のなかから一歩進み出て、息子への弔辞を述べた。「サーシャは真実を語ったせいで、その発言を怖れた人間によって殺された」ワルテルは声を詰まらせ、ほかの参列者にそのことばは聞きづらかった。報道陣は警察に立ち入りを制限されていた。葬儀の前夜、ロンドン警視庁はこの件を正式に殺人事件として捜査すると公言していた。

検察庁がルゴボイとコフトゥンをリトビネンコ殺害容疑で正式に起訴し、イギリスはロンドンで裁判にかけるために容疑者ふたりの引き渡しを要求したが、誰もあまり期待はしていなかった。モスクワの検察庁は当初、ふたりをベレゾフスキーとザカエフと「交換」してもいいと提案したが、拒絶されると、その後は断固引き渡しを拒んだ。

イギリスもこの殺人事件をめぐってモスクワと完全に関係を絶つわけにはいかなかった。すでにロシアの石油とガスの事業で国外最大の投資者になっており、〈ＢＰ〉は〈ロスネフチ〉の株式取得後、〈ガスプロム〉と新たな共同事業の可能性を探っていた。さらに西側の指導者たちは、イランの核開発計画という危機に直面し、危険水域から後退するようテヘランに圧力をかけるために、プーチンの協力を必要としていた。ロシアとの関係は戦略上あまりにも重要で、むやみにクレムリンに戦いを挑むわけにはいかなかったのだ。状況は行きづまった。イギリスはロシアの外交官四名を追放し、モスクワもそれに対抗してイギリスの政府職員四名を送り返した。

ロシア政府は、容疑者ふたりのまわりに保護壁を張りめぐらした。ルゴボイはこの武勇伝で果たした役割を強調し、ロシアでおぞましい名声を得た。記者会見を開き、無数のテレビのインタビューに応じ、トークショーに次々と出演して、リトビネンコを「裏切り者」呼ばわりしながら、殺害への関与は否定した。

「彼は犬が尻尾すら突っこもうとしないところに首を突っこんだんだ」ルゴボイはラジオのインタビューであざけるように言った。「だから、こんなことになったのは、うかつな仲間選びと無鉄砲な生き方のせいだと言っていい」

表向き、ルゴボイは権力から権力へ渡り歩いているように見えた。国内での訴追を免れるために国会議員となり、『裏切り者』というテレビ番組のホスト役も務めた。コフトゥンのほうは、しっかりと管理された記者会見に何度か出てむっつりと無実を訴えた以外、目立った行動はとらなかったが、まもなくロシアでコンサルティングの大事業を立ち上げた。昔皿洗いをし、ポルノスターをめざして失敗した男が、突如として富裕者になったのである。

リバー・ハウスの諜報員たちにとって、アレクサンドル・リトビネンコの毒殺は、昔からの怖れが現実になったということだった。ＭＩ６が最初にそのことを知ったのは、リトビネンコのハンドラーがハイアット警部から連絡を受けたときだった。警部はリトビネンコの病室から電話をかけた。リトビネンコは非常に協力的な証人だったが、具合が悪くなるまえの数日の活動について聴取したところ、ひとつだけ断固として話そうとしないことがあった――ピカデリーの〈ウォーターストーンズ〉の地下にあるカフェでの打ち合わせだ。相手の名前も明かそうとしなかった。

「エドウィン」ハイアットは厳しい口調でリトビネンコに言った。「その人物が何者か、話してくれることがきわめて重要かもしれない」

リトビネンコは譲らなかったが、マーティンに連絡する際に使っていた電話番号をハイアットに教え、ハイアットはその番号にかけたのだった。警部が尋問している相手を教えるやいなや、ハンドラーは病院に駆けつけてリトビネンコから話を聞いた。そして、ＭＩ６の情報提供者がイギリスで人知れず毒を盛られたという、悪夢のような知らせを持ってリバー・ハウスに戻ったのだった。

MI6は非常態勢に入り、あらゆる情報源や傍受施設からリトビネンコ殺害計画の黒幕に関する情報を得ようとした。そうして浮かび上がった全体像は、怖ろしいほどはっきりしていた。FSBがルゴボイとコフトゥンを、イギリスで暮らすロシア人亡命者のコミュニティに入りこませ、FSB長官ニコライ・パトルシェフがみずから指揮をとる作戦を遂行して、リトビネンコを排除したのだ。すべての情報が、殺害の指示はトップから出たことを示していた。ウラジーミル・プーチン自身が殺害を命じたのである。

ロシアにおける機密性の高い情報提供者や傍受施設を明かさずに、その情報のひとつとして公にはできなかったが、リバー・ハウス内で疑いを差し挟む余地はなかった。ロシア担当はさらに三つの奇妙な出来事の情報を得た。それはプーチンが西側に与える脅威についてさらに不安を高めるものだった。

まず、国連国際海事機関のロシア代表だったイーゴリ・ポノマリョフが、リトビネンコが毒を盛られるほんの二日前の晩に、ロンドンでオペラを鑑賞したあと倒れて亡くなっていた。この外交官は倒れるまえにひどい喉の渇きを訴え、三リットルもの水を飲んでいた——タリウム中毒の典型的な症状だ。遺体はイギリスの医療機関による検査がおこなわれるまえに、外交官専用機で急ぎロシアへ送還された。ポノマリョフは国連業務をつうじてアメリカの外交官と親密な関係を築いており、死の翌日、ひそかにスカラメッツラと会う約束をしていた。そうしたつながりや、リトビネンコの事件と時期が重なったことから、ＭＩ６のロシア担当はこの件を無視することができず、ＣＩＡのロシア担当にポノマリョフに関する情報提供を正式に依頼した。その回答によって、怖れていたことが裏づけられた。アメリカの諜報員たちは、ポノマリョフも毒殺された可能性があるという情報をつかんでいた。

そして、ロンドン・タイムズ紙のベテラン記者ダニエル・マグローリーも死去した。彼はリトビネンコの死について記事を書き、その件でインタビューを受けたＮＢＣのドキュメンタリー番組が放送される五日前に、突然脳出血で亡くなった。番組放送後すぐに、制作に協力したふたりめの人物が標的となった――ポール・ジョイアルというアメリカの安全保障問題の専門家である。やはりＮＢＣのインタビューを受けていたのだが、メリーランドの自宅のドライブウェイでふたりのガンマンに撃たれ、重傷を負った。犯人は結局捕まらなかった。マグローリーの死やジョイアルへの襲撃をロシアに確実に結びつける証拠はなく、容疑者も、科学的証拠も、放射能の痕跡も出てこなかった。ジョイアルが、ロシアの暗殺者に狙われたにちがいないと公言したのに対し、マグローリーの家族は、検死どおりダニエルの命を奪った脳出血は肥大した心臓が原因だったと主張した。しかし、このふたつの出来事の重なりはリバー・ハウスの諜報員たちを警戒させるには充分で、ふたたびＣＩＡに情報提供を依頼することになった。そしてまたもやアメリカ側は、両方をロシアに結びつける情報をつかんでいると回答してきたのだ。

リトビネンコ殺害事件によって、ＭＩ６のロシア担当は、プーチンは敵が世界のどこに安全な避難場所を見つけようと探し出して殺す気でいるという事実と向き合わなければならなかった。国外で国家の敵の殺害を認める法律が議会を通過するが早いか、プーチンはわずかな時間も無駄にせず、それを実行に移したのだ。暗殺に使用する化学・生物兵器の開発を急ピッチで進め、敵を排除するために無数の罪のない人々の命を危険にさらすことも厭わない態度を見せた。何よりぞっとするのは、イギリスにいるロシア人亡命者のコミュニティへの脅しが激しさを増す一方だったことだ。

プーチンは、罪に問われることなくイギリス国民を首都の街なかで殺すことができるのを知ってしまった。リトビネンコはＦＳＢの暗殺リストに載っている名前のひとつにすぎない。次は誰の番だろう。

第五部　免責

13

ロンドン、内務省――二〇〇六年一一月

ロンドンの空にひびが入ったように雨が降りだした。覆面パトカーがホワイトホールをビッグベン方向に走っていた。ロンドン警視庁の要人警護官は、車がダウニング街の剣先《スパイク》のついた鉄のゲートを通り抜け、パーラメント・スクウェアで右折するあいだ、訓練を積んだ目で危険はないかと道を見渡した。長年無数の閣僚や外国の賓客の警護をしてきた彼は、この迷路のような権力の中枢を自分の手の甲のように知り尽くしていた。

モダンな色とりどりのガラスの建物のまえで車が水をはね散らして停まったときにも、変わったことは何もないように見えた。雨でロンドンの黒塗りタクシーは繁盛していたが、歩道は薄暗く、傘から雨を滴らせた歩行者がほんの数人いるだけで、ほぼ人影はなかった。しかし、街は危機にみまわれていた。要人警護官が呼び出されたのは、ロンドン中心地における核攻撃

に政府が急いで対処していたからだった。

内務省のドアが開き、警護官はイギリスの国家安全保障の司令センターへと足を踏み入れた。階上の大きな会議室に案内されると、険しい顔の役人たちが大勢待っていた。部屋の空気がむっとしたので、彼らが集まってしばらくたっているのがわかった。

「クレムリンの暗殺リストには六人の名前がありました」警護官が席につくなり、上座にいる女性が口を開いた。「そしてリトビネンコはすでに殺害された」ＭＩ５、ＭＩ６、政府通信本部（ＧＣＨＱ）の職員が、内務省の安全保障担当部長たちとともに机を囲んでいた。「これはロシアの国策で、反体制派を皆殺しにするつもりでいるのです」女性は続けた。「このうち何人かはイギリスにいて、ロシアは彼らを狙っている」それから警護官に向かって言った。「彼らの身の安全を守って」

卓を囲んでいた役人たちが説明した。ボリス・ベレゾフスキーとアフメド・ザカエフは暗殺の「深刻な」脅威にさらされていると判断された。つまり、攻撃される「可能性が高い」。[*]ジャーナリストのエレーナ・トレグボワと、冷戦時代の亡命者オレク・ゴルジエフスキーもイ

＊　クレムリンの暗殺リストに載っていたもうひとつの名前は、かつてチェチェンの親クレムリンの首長ラムザン・カディロフのボディガードだった、ウマール・イスライロフと考えられる。イスライロフはオーストリアへ逃れ、裁判所にカディロフが拷問やレイプや殺人に関与していると申し立てたが、二〇〇九年、妊娠中の妻と三人の子供と暮らしていたウィーンのアパートメントのまえで射殺された。

ギリス在住のクレムリンの標的であることがわかった。イギリス国内でまた政治的暗殺が実行されれば、モスクワとの関係を維持しつつ、リトビネンコ事件で失った国民の信頼を取り戻そうと躍起になっている政府にとって「想像を絶する」大惨事になる。そこで内務省としては、ロンドン警視庁の要人警護部に、保安機関と協力しながら、クレムリンの暗殺リストに載っている亡命者それぞれの「徹底的な警護」をしてもらいたい。

通常、要人警護部は首相や閣僚の警護をおこなうので、所属警官には警視庁テロ対策司令部と同レベルの人物調査がなされる。つまり、イギリスの諜報員たちが監視で集めた、亡命ロシア人の命を狙う情報を明かしてもいいということだ。

ＦＳＢがモスクワ郊外に毒物製造工場を持ち、国に雇われた大勢の科学者がそこで個人の標的に使用する化学・生物兵器の開発をおこなっているのはわかっていた。そういう兵器の種類は増えつづけている。急性の癌や心臓発作、その他の致死的な病気を引き起こして自然死に見せかける毒もあった。処方薬の生体分子構造を研究し、何かを加えて一般薬を死のカクテルに変える研究所もあった。敵の精神を不安定にする向精神薬も多数開発されていた。標的を苦悩へと追いこみ、自殺させたり、偽装自殺を本物らしく見せかけたりする強力な向精神薬だ。

ロシアがそうした想像を超える兵器を、検知不能の殺人道具として暗殺部隊に支給していることを考えると、リトビネンコ殺害の大胆さはいっそう不可解だった。ポロニウムも完璧に検知できない毒になる可能性はあった。アルファ線の検知はむずかしく、もっと少ない量であれば、リトビネンコは数カ月後に静かに癌で死去したことだろう。おそらく、ふたりの暗殺者は仕事を果たさなければという焦燥感から、量を多く使いすぎたのだと保安機関は考えた。もしくは、イギリスにいるロシアの反体制派の移住者たち《ディアスポラ》への見せしめとして、彼の死をわざと劇的なものに仕立てたのか。いずれにせよ、要人警護官にもひとつ確実にわかったことがあった――たとえロシア人亡命者の死が自然死や事故死や自殺に見えたとしても、検死報告書に記された死因は疑ってかかるほうがいい。

　状況をさらに複雑にしているのは、ＦＳＢがロシアのマフィアと密接にからまり合っていることだった。ロシアのマフィアはイギリスの強力な組織犯罪集団とも深いつながりを持っているので、ロンドン警視庁は、周到な化学・生物・核攻撃から、ロンドンのギャングが金で請け負う粗雑な攻撃まで、ありとあらゆる事態に備えなければならなかった。

　まちがいなく一番の標的は、ベレゾフスキーだった。クレムリンに容赦ない攻撃を加え、プーチンの縄張りで反乱を起こさせようとして、ロシアの「公敵ナンバーワン」になっているのはまちがいない。本人もイギリスにいる反体制派コミュニティ全体の「団　長《シェフ・ド・ミシオン》」〔オリンピック選手団の団長などを指す呼称〕を自認していた。すでに何度か暗殺の手から逃げ延び、ＭＩ６のロシア担当には新たなベレゾフスキー暗殺計画の情報が絶えず入ってきている。ロシアの保安機関と犯罪組織は、プーチンの庇護のもとで多頭の大蛇《ヒュドラ》と化していて、ＦＳＢ、マフィア、軍諜報機関（ＧＲＵ）内の競合する派閥が、大統領の憎き「白鯨」を仕留める機会を競り合っていた。

　ベレゾフスキーを守ることが、要人警護官の最大の任務となった。いよいよダウン・ストリートを訪ねるときだった。

ロンドン、ダウン・ストリート――二〇〇六年一一月

　ベレゾフスキーはいつもながら手に負えないほど息巻いていた。リトビネンコ殺害は胸が悪くなるほどの衝撃だったが、同時に真実をはっきり示してくれた。彼が死の床からの声明で述べたように、この暗殺によってプーチンが批判どおりの残忍な人間であることが証明されたのだ。ようやく世界が耳を傾けつつある。ダウン・ストリートは活気に満ちていた。事件の意味を理解したベレゾフスキーと取り巻きたちが、友の殺害から最大限のメッセージを世に伝えようとしていた。

　亡命者たちは、仲間だったはずのアンドレイ・ルゴボイが敵だったことのショックから立ち直れなかった。ルゴボイがいつ寝返ったのかについては意見が分かれた。ニコライ・グルシコフは、レフォルトボ刑務所からの脱獄未遂事件のときにすでに、ルゴボイはＦＳＢのために働いていたと主張したが、ほかの面々は信じられなかった。刑務所から出てバドリ・パタルカチシュビリに連絡してきたときに、すでにプーチンの手先だった？　ベレゾフスキーの誕生パー

ティに来たとき、もう敵のために働いていたのか？　それとも、それ以降に雇われた？　ロンドンのリトビネンコを訪ねて帰国する途中、国境で止められ、リトビネンコがディーン・アテューのために用意したビクトル・イワノフに関する扇動的な報告書を見咎められたのではないかという説もあった。おそらく、協力しなければ国家反逆罪でまた刑務所行きだと脅されたのだろう。

パタルカチシュビリだけが、かつての自分の警備主任が悪事を働いたことを頑として信じなかった。このジョージア人のオリガルヒは昔から、危険な「狂信理論」に取り憑かれているように思えるリトビネンコより、ルゴボイを買っていた。ルゴボイは嵌められただけだと主張するばかりか、ロシアからルゴボイが電話をかけてきて無実を訴えるのに耳を貸しつづけて、友人たちをぞっとさせた。

ベレゾフスキーとしては、ポロニウムを使ったのが誰かということに疑問の余地はなかったが、標的がリトビネンコだったのが信じられなかった。何年かまえ、イギリスで放射能を使った暗殺計画があると警告されたのは自分ではなかったか？　プーチンにとって真の敵は自分ではないのか？　送りこまれたルゴボイが本当に狙っていたのは自分だった、とベレゾフスキーはまわりに言ってまわった。ルゴボイはそれに失敗し、代わりにリトビネンコを毒殺する機会をつかんだのだ、と。そのため、要人警護官がオフィスに現れて、クレムリンの暗殺リストの筆頭はあなただと言ったときには、わくわくした。これまでずっと主張してきたことをようやく国が認めたのだ。ボリス・ベレゾフスキーはウラジーミル・プーチンに命を狙われている。

警護官は短く刈りこんだ銀髪、薄青の目、エレガントな物腰の長身の男だった。警視庁の同僚の多くよりいくらか博識だったせいか、ベレゾフスキーともすぐに協調関係を築いた。さっそく彼は、クレムリンの暗殺者がつけ入りそうな弱点を探るために、ベレゾフスキーの日々の生活のすべてをくわしく知る必要があると説明した。まずは徹底的に「摂取監査」をおこなった――毒殺の可能性を探るために、ベレゾフスキーが食べるものをすべて聞き出したのだ。一連の聴取のあいだ、警官たちは手帳にベレゾフスキーが食べたり飲んだりするものをうんざりするほど書き連ねた。金で買えるなかで最上級のワインやウイスキーについて、想像できなかったほどくわしくなり、ベレゾフスキーが体につけるクリームやローション、服用する薬についてもメモをとった。ほどなく大きな問題が発覚した。

ベレゾフスキーはバイアグラにどっぷりと依存していた。なお悪いことに、ペニス増強剤をモスクワから特別に取り寄せて摂取していた。さらに危険なのは、ティーンエイジの女性を好むことだった。ハニートラップに引っかかる可能性も高い。ベレゾフスキーは、旧ソ連諸国の不安になるほど若い性労働者から絶えず接触され、彼女らを頻繁にイギリスへ連れてきてプライベートジェットでいっしょにすごしていた。

六〇歳の億万長者に、そういうことは自制してくださいと言い聞かせる、ばかばかしい任務を負うわけだ――要人警護官は、ベレゾフスキーの生活監査の結果を見ながらうんざりして考えた。しかし、ロンドンで長く「重要人物」を警護してきた経験から、この種の倫理的ジレンマには慣れていた。大使が車の後部座席でドラッグをやっていたり、外交官がホテルに娼婦を連れ帰ったりしても、目をそらしておくのが仕事の一部だったのだ。

「道徳や倫理の説教をしようとは思いませんが、この領域がきわめて無防備です」警護対象にはそれだけを告げた。「命を狙われるのは、そこからでしょう」

問題は若い女性たちだけではなかった。ベレゾフスキーは、新たな事業や野党に資金援助を求めるビジネス・パートナー候補や反体制派から、次々と連絡を受け、会いたいと言う人とは誰とでも簡単に会いすぎるきらいがあった。

さらに、クレムリンがらみの脅迫と、いかがわしいビジネス取引で本人が引き起こした危険とを区別するという困難な作業もあった。ベレゾフスキーは以前にも犯罪組織といざこざを起こし、たちの悪い敵を作って命を狙われたことがよくあったが、警護官に与えられた任務は、政府の暗殺者から彼を守ることにかぎられていた。問題は、ベレゾフスキーの個人的な敵が、副業をするFSBの暗殺部隊を雇って襲わせることもありうる点で、逆に、ロシア政府がほかのオリガルヒやマフィアのボスを介してベレゾフスキーの殺害を計画させることもありえた。つまり、危険の発生源をはっきり区別するのは不可能だった。

警護官は、生活の闇の部分について本人を問い質しても意味はないと判断した。結局、本当のことは答えないだろうから。だが、誰かがいきなり接触してきた場合には、それがどのような用件でも——性的なものであれ、ビジネスであれ、政治関連であれ——詳細を警視庁に伝えて身元調査が終わるまで会わないように、と指示した。

イギリスの諜報機関から要人警護部に流れてくる情報からは、ベレゾフスキーに対する新たな脅威が千変万化しているのがわかった。ロシアの保安機関や犯罪組織とつながりがあって、ベレゾフスキー殺害計画への関与が疑われる人間は刻々と変わり、その名前や写真が雨霰と降り注いだ。新たな計画が浮かび上がるたびに、ベレゾフスキーの居場所を突き止め、夕食やビジネスの打ち合わせから引っ張り出して、危険が迫っていると警告しなければならなかった。夜、霧に包まれたベルグレービアの街角でこっそりベレゾフスキーに会い、街灯の下で最新の暗殺者候補の顔写真を見せて、どうかこの連中とは会わないでくれと要請する生活を送るうちに、警護官はジョン・ル・カレの小説の世界に生きているような気がしてきた。

クレムリンの暗殺リストに載っているほかの人々は、新たな警備態勢にうまく順応していた。ザカエフは暗殺の危険が高まった際の自宅の武装警護を受け入れ、慎重な身元調査と対監視措置なしに新しい人物に会うことも決してなかった。ゴルジエフスキーとトレグボワも身の安全に配慮していた。しかし、ベレゾフスキーだけは始末に負えなかった。

ベレゾフスキーが警護官に連絡して、たったいま、暗殺計画にかかわっているかもしれないと警告された人物に会ってきたと告げることも、一度や二度ではなかった。クレムリンへの敵対行為もやめようとしなかった。国外での警護はできないと告げられているのに、プーチンの玄関先のベラルーシやジョージアに出かけては政情不安をかき立てた。ベレゾフスキーがインタビューを受けてプーチンを批判するたびに、モスクワにあるイギリスの傍受施設から、彼を黙らせる新たな暗殺計画があるという最新の情報が押し寄せた。まるで東から冷たい風が吹いてくるようだと警護官は思った。

それなのに、当のベレゾフスキーはいっそう気を奮い立たせているようだった。「私は私だ。ボリス・ベレゾフスキーだ。喜んで受けて立つ」と、妙な破壊のエネルギーをみなぎらせ、警護官にはそれが彼を危険へと突き進ませているように思えてならなかった。

ドイツ、ベルリン——二〇〇七年

スコット・ヤングの人生は操縦不能に陥っていた。借金返済のために、ココナッツ・グローブの邸宅が売れるまで何カ月もマイアミでおとなしくしていたが、コカイン・カウボーイズ［マイアミにおけるコカインの蔓延と麻薬戦争を取材したドキュメンタリー映画から］の地での滞在が延びたことで、すでに出ていた薬物依存症状が悪化していた。飲酒の量もおびただしく、ジョナサン・ブラウンですら心配するほどだった。五〇ドル札の束と輝く笑顔でいまだにやり手のふりはしているものの、何かが明らかにおかしかった。うつろな目をして何を考えているのかわからないのは、酒とドラッグのせいだけだろうか、とブラウンは思った。それとも恐怖のせいか？

リトビネンコ殺害にはブラウンも心底怯え、まじめにそのことを話し合おうとしたが、ヤングは軽薄に応じるばかりだった。

「想像できるか？　お茶一杯で髪が抜けるんだぜ」ヤングはあざけるように言った。「くそばかばかしいよ、ジョン！」

ブラウンはベレゾフスキーに迫る危険も心配していたが、ヤングはそれについてもあまり語らなかった。突然破産に追いこまれた本当の原因についても、詮索されるのを頑固に拒んだ。マイアミを引き払うとすぐにベルリンへ行き、友人の払いで〈リッツ・カールトン〉に泊まって豪遊し、表向きは新たな投資不動産を探しに来たふりをしていたが、ブラウンが電話してみると、ヤングはトランクに現金をどっさり積んだ車がからむ奇妙な取引についてわけのわからないことを延々と話すだけだった。実際は何をしているにせよ、何かから逃げているのではないかという印象を強く受けた。

そのころには、ミシェルの増えつづける弁護士と調査員の一団が、ヤングの事業のすべてに調査の手を伸ばしていた。ヤングは書類の箱を辺鄙な倉庫に移したり、ハードディスクの内容やメールを消去したり、携帯電話を壊したりして、なんとかロシアでの取引に蓋をしたかったが、秘密はもれてしまった。昔娘たちに与えたノートパソコンをミシェルが取り上げ、コンピュータ・フォレンジック［コンピュータに残されたデジタルの法的証拠を扱う技術］の専門家を雇って、消去ファイルを復元させたのだ。そうして見つかった証拠には、ヤングが破綻直前に何億ポンドもの価値がある不動産と投資案件を抱えていたことを示す資産計画がふたつ含まれていた。

ミシェルが手に入れたファイルからは、ヤングが離婚を提案するまえに、一連の複雑な取引を実行する怪しげなオフショア・ネットワークを築き、〈プロジェクト・マリッジ・ウォーク〉と名づけていたことや、事業をひそかに整理していることをほのめかす不可解なメールを友人たちに送っていたこともわかった。「いま命を売り渡そうとしている」――ヤングは〈プロジェクト・モスクワ〉がつぶれる一年前のメールにそう書いていた。その取引はあまりに複雑で、ミシェルの弁護士も会計士も調査員もわけがわからず途方に暮れたが、それらのファイルにもとづいて、離婚裁判所からヤングに金の行方を明らかにさせる開示命令を出すことはできた。

ヤングは妻に実力行使を控えてほしいと懇願した。調査をやめてくれれば、どうにかして数千万ポンドを支払うと約束し、弁護士を交えた話し合いの席では、自分を「磔」にしたがっている連中がいるので、これ以上掘り返すと殺されて一ペニーも支払えなくなると警告した。しかし、ミシェルはすべての提案を拒絶した。夫が何十億ポンドも隠していると確信していたので、公正な取り分を手に入れるまでやめるつもりはなかった。

ロンドン――二〇〇七年

ユーリー・ゴルベフはロンドンに来て以来、鳴りをひそめていた。ベレゾフスキーのことは知っていた――知らない者などいない――が、彼の刺激的な道楽からは距離を置いていた。ゴルベフはベレゾフスキーと好対照だった。用心深く、冷静で、信仰心が篤い。〈ユコス〉の共同設立者のひとりで、オーナーのミハイル・ホドルコフスキーが投獄された際には大石油会社を救おうと苦闘しつつも、あまり騒ぎは起こさなかった。弁護士スティーブン・カーティスとともにクレムリンの攻撃をかわしていたが、カーティスが亡くなってからは、ひとりで静かに戦いつづけていた。しかし、それもすべて無駄になった。〈ユコス〉はクレムリンがでっちあげた何十億ドルもの追徴課税の重みに耐えきれず、ついに前年倒産したのだ。

ゴルベフは六四歳で、戦いが終わったいま、人生は終息に向かっていた。メイフェアの高級百貨店〈セルフリッジズ〉のそばのアパートメントで、読書にふけったり、頻繁に祈りを捧げたり、客にW・H・オーデンの詩の一節を聞かせたりして静かに暮らしていた。充分心地よい生活ではあったが、ロンドンで真に幸せを感じたことはなかった。理性的な人間でありながら、ひとつだけ感傷を覚えることがあり、それは母なるロシアだった。ホームシックに負けそうになる日もあって、モスクワに戻りたくてたまらなくなった。だが、それは危険な夢だった。

プーチンの不興を買って以来くり返し脅されていて、戻るのが安全でないことはわかっていた。

モスクワにはギリシャ正教会のイコンのすばらしいコレクションを残してきた。イエス、聖母マリア、使徒たちを華やかな色合いでキャンバスに描いたり、金属や木に彫りつけたりしたイコンが何百とあったのだ。モスクワでもっとも貴重なコレクションのひとつで、稀少価値の高いものも多かったので、民間警備会社に二四時間警備させていたが、リトビネンコが殺害されてまもなく、押しこみ強盗があり、すべてのイコンを奪われた、とゴルベフは友人たちに打ち明けた。コレクションを失って打ちひしがれ、恐怖にも駆られた。侵入者は痕跡を残すことなく何層もの警備を破ったのだという。彼が思うに、そんな離れ業ができる存在はたったひとつ、国家だった。押しこみ強盗は政府による脅しの一環だろうと思われた。

一月、ゴルベフは膝の手術を受けに中国へ飛んだが、途中で具合が悪くなり、予定より早くロンドンに戻ってきた。戻りの飛行機はモスクワ経由だった。メイフェアに戻って数日、誰も彼から連絡を受けなかった。一月七日に友人がアパートメントに入り、肘掛椅子に坐ったままぐったりとしているゴルベフを見つけた。すでに亡くなっていた。

ロンドンはリトビネンコの事件後、まだ警戒が高まっている状態だった。もうひとりの亡命ロシア人の死は小さな動揺を引き起こしたが、すぐに警察が幕引きをした。ゴルベフはロンドン警視庁が警護するロシア人ではなく、自然死に見せかけた痕跡もなかった。検死による死因は心臓発作だったため、警察は〈ユコス〉の元役員は自然死だったと発表した。ところが、それにモスクワが予期せぬ動きで異議を唱えた。

ロシアの検事総長ユーリー・チャイカが、ゴルベフは「殺されたと見なすべき理由が多々ある」という声明を出し、イギリス当局に徹底捜査を求めたのだ。チャイカは、ほかの〈ユコス〉関係者数名に水銀が毒として使われた証拠をロシア政府が握っていると主張して、さらに謎を深めた。この状況にＭＩ６のロシア担当も疑念を抱き、アメリカ側がゴルベフの件で集めた情報の提供をＣＩＡに依頼した。そしてまたもやＣＩＡは、ゴルベフの死にロシアが関与していたことを示す情報を送ってよこしたのだ。

スコットランド・ヤードは殺害疑惑を公に否定し、はっきりした証拠がないなかで捜査を開始しなかった。しかし、事情をよく知る要人警護官は、自然死という結論に安心できず、ベレゾフスキーの警護をいっそう強化した。

リトビネンコの事件直後は、ベレゾフスキーも比較的おとなしくしていたが、春になるころには次の大きな総攻撃の準備を整えていた。四月のある日、要人警護官は、彼がガーディアン紙のインタビューを受け、武力によるプーチン打倒を計画していると新たに宣言したことを知った。ベレゾフスキーは、ロシア政府の高官と緊密な関係を築いていて、内部クーデターの極秘計画に資金を提供する、と主張していた。

「力を用いる必要がある」彼は記者に述べていた。「民主主義的手法でこの体制を変えることは不可能だ」

ロシアの金融家、アレクサンドル・ペレピリッチヌイは、イギリスに逃亡して、クレムリンがからむ大規模な不正行為を告発したが、2012年11月、サリー州の自宅の近くをジョギングしていたときに倒れ、急死した。

マシュー・パンチャー博士。ロシアの工作員ふたりがロンドンでアレクサンドル・リトビネンコを毒殺する際に用いた致死量の放射性ポロニウムを測定したが、2016年、オックスフォードシャーの自宅で死亡しているのが見つかった。

大金を動かす不動産業者、ロビー・カーティスは、ロンドンの高級レストラン〈チプリアーニ〉で定期的にベレゾフスキーとヤングに会う〝会食クラブ〟のメンバーだった。2012年に列車のまえに身を投げ、自殺に見えるかたちで命を落とす2番目のメンバーとなった。

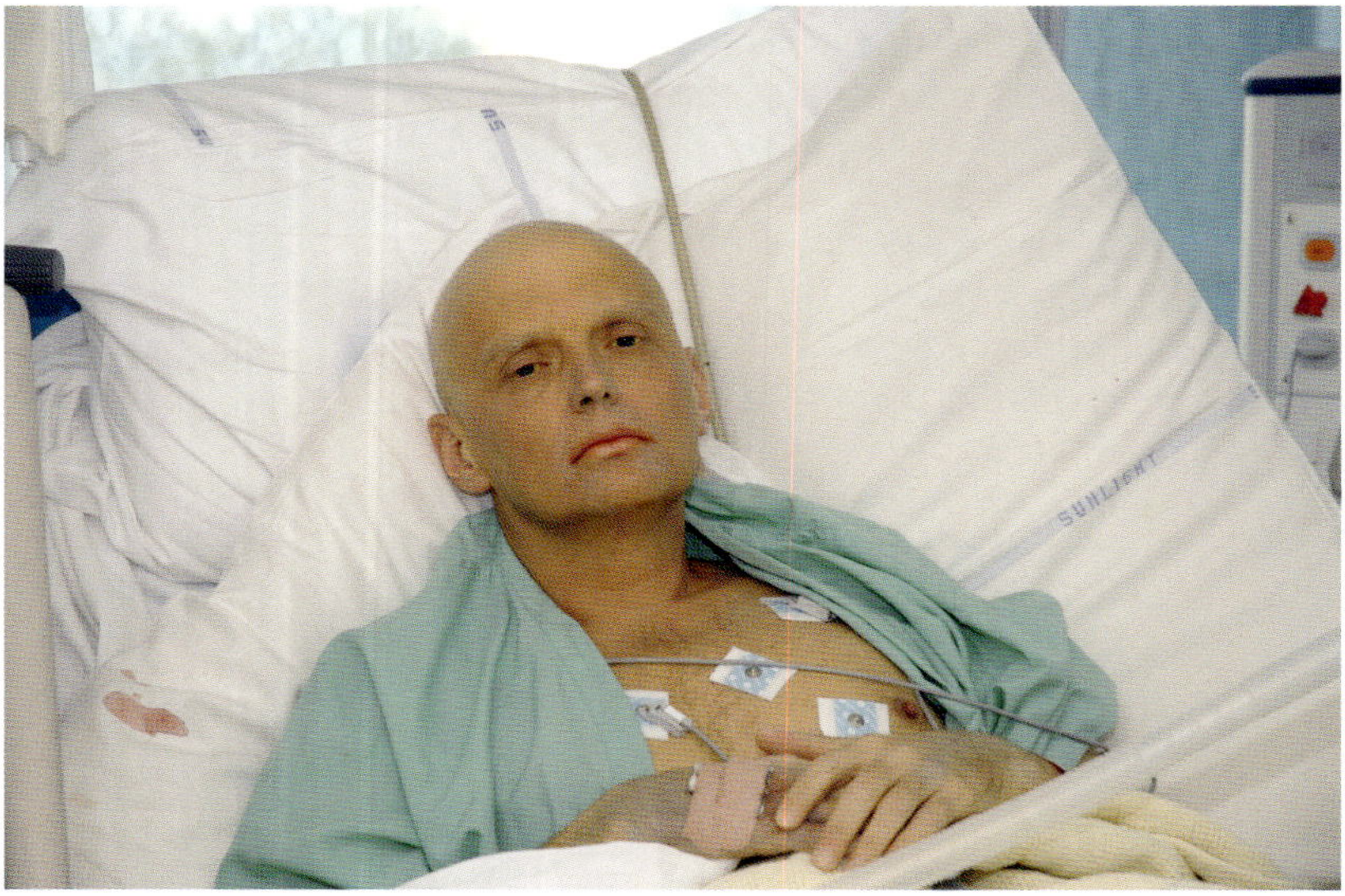

元FSB職員の亡命者、アレクサンドル・リトビネンコは、2006年に放射性ポロニウムをのまされ、世界のメディアが見守るなか、ゆっくりと死んでいった。亡くなるまでのあいだに、毛を失い痩せ衰えた姿を世界じゅうに発信し、この殺害を命じたのはクレムリンだと告発して、みずから事件を解明した。(Getty Images)

かつてウラジーミル・プーチンのプロパガンダを一手に引き受けたメディア帝王、ミハイル・レーシンは、2015年11月4日、ワシントンDCの〈デュポン・サークル・ホテル〉に到着した。翌朝、ペントハウス・スイートで殴り殺されていたところが見つかる。(FBI)

2012年の冬の午後、スコット・ヤング（左）は、メイフェアのパブ〈バーリー・モウ〉で組織犯罪ファミリーのボス、パトリック・アダムズと会い、その後友人たちに、自分は「面倒を見てもらって」いるので「何も起きない」と語る。本人たちは知らなかったが、ふたりは監視されていた。

恋人のノエル・レノ（左端）とナイトクラブ〈ボージス〉にいるヤング（左から2番目）。このころには、友人たちや家族や警察に、ロシアの殺し屋集団につけ狙われていると言っていた。

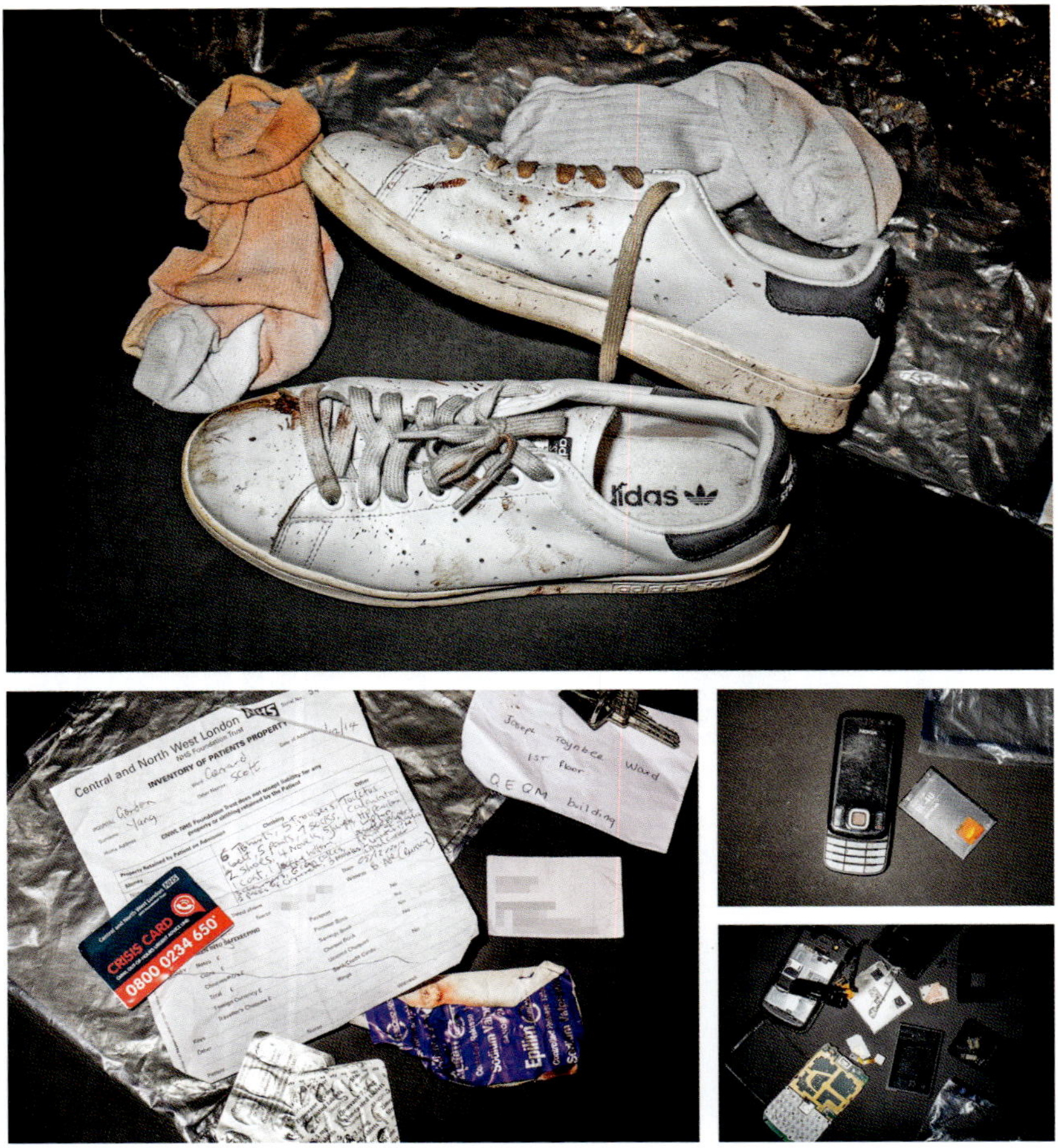

スコット・ヤングの死の現場に残された証拠。血のついた靴と靴下、落下時にポケットに入っていた携帯電話など。（ローラ・ギャラント、〈バズフィード・ニュース〉）

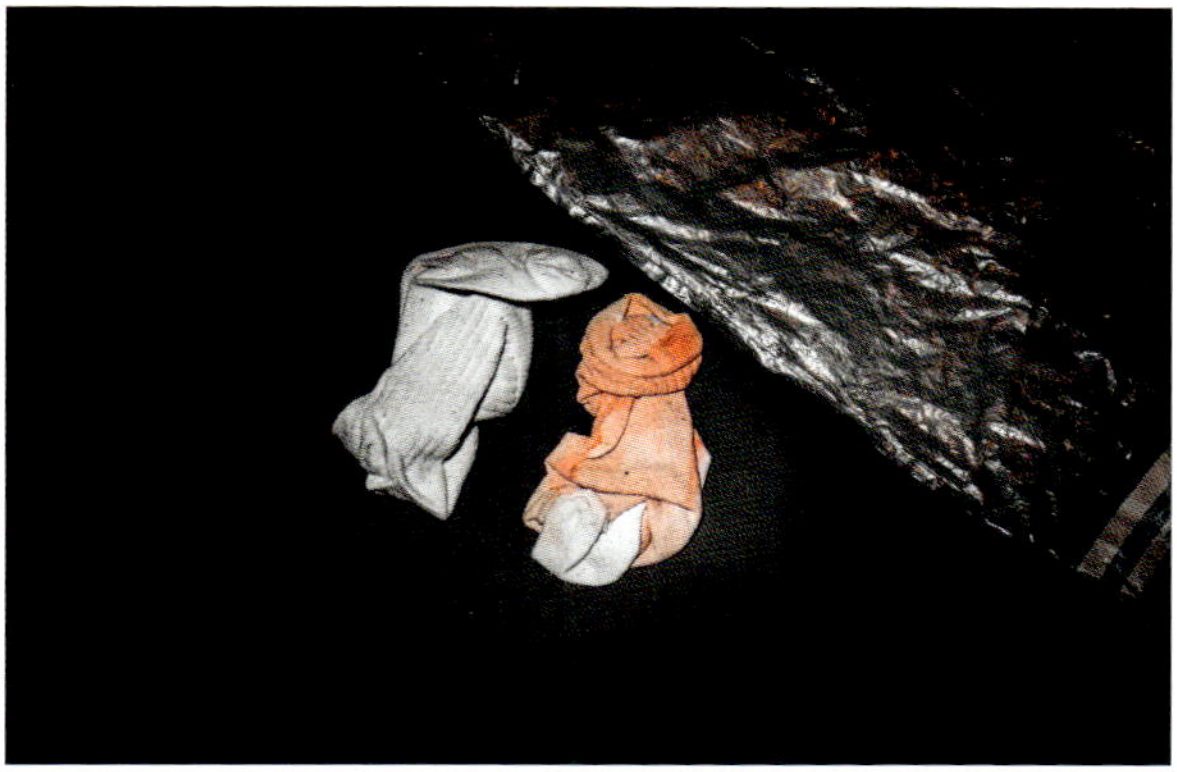

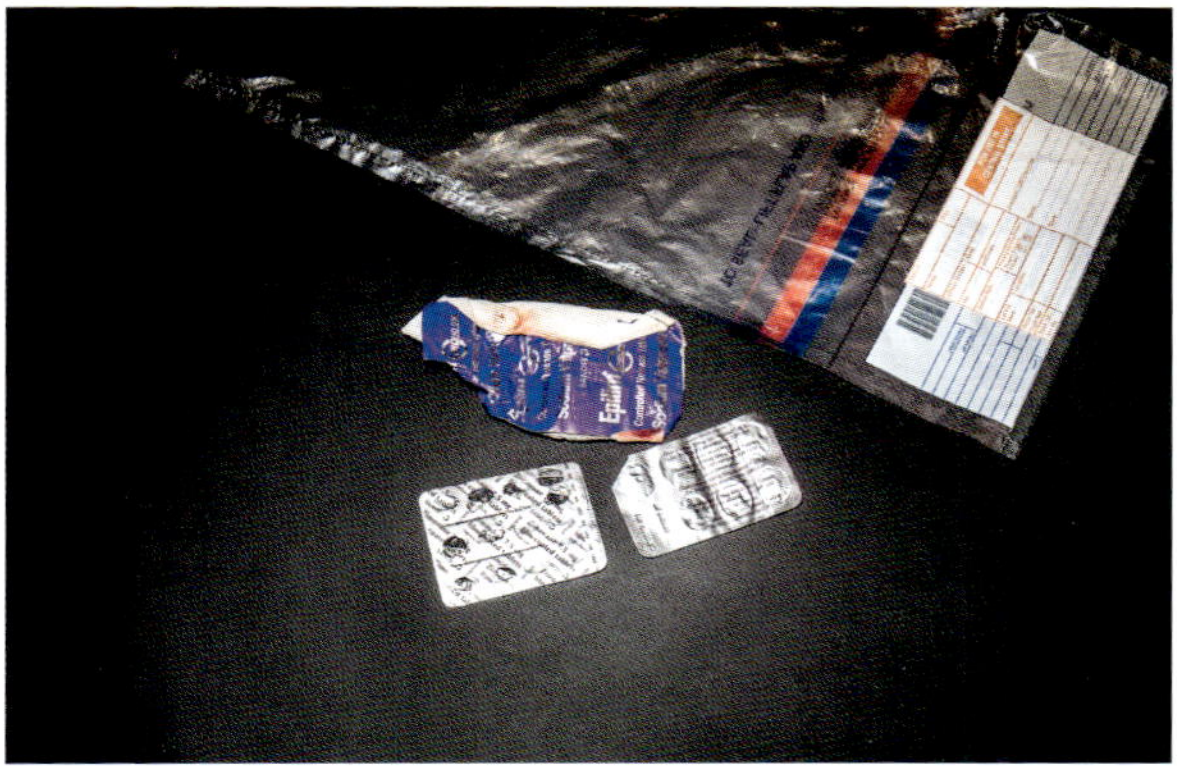

スコット・ヤングが飛びおりた窓からの眺め。下の錬鉄のフェンスの剣先に刺さって死亡した。

ヤングの若い娘たち、サーシャとスカーレットが調べると、外の窓枠に埃を引っかいたような跡がかすかに残っていた。それらは手の指とほぼ同じ間隔でついていた。

クレムリンはただちにやり返した。ベレゾフスキーの革命の呼びかけを犯罪だと糾弾し、イギリスでの難民認定を無効にせよと主張した。警視庁はロシア側の主張について捜査すると言ったが、ベレゾフスキーは気にもとめなかった。裁判のためにロシアに送還されることはないと、すでにワークマン判事が裁定していたからだ。

警護官は震え上がった。ベレゾフスキーのこの宣言によって、ＦＳＢが新たな暗殺計画を立てているという情報がまたどっと届いたからだ。今度は空脅しではなかった。最初の報告が届いてすぐに、要人警護司令部は緊急連絡を受けた——暗殺者がイギリスに向かっているという電信だった。

14

モスクワ、ロンドン、エイラト——二〇〇七年六月

暗殺者はロシアのギャングの世界では怖れられている存在で、ベレゾフスキーも彼のことは知っていた——モスクワのチェチェン系マフィアのゴッドファーザー、モブラディ・アトランゲリエフである。裏社会では「閣下」、あるいはもっと尊敬をこめて「レーニン」と呼ばれた。一九七〇年代に、西側の速い車を好み、盗みの才能のあるしゃれたチェチェン人の不良として裏社会に入り、八〇年代に首都の金持ちの学生を狙う窃盗団を指揮して裕福になった。八〇年代終わりに共産主義体制が崩壊すると、街でもっとも金まわりのいいチェチェン系犯罪集団のボスたちを説得して手を組み、できた単一の大きな犯罪シンジケートをみずから率いて、モスクワ有数のギャングのボスへとのぼりつめた。

その新たなシンジケートは〈ロザンスカヤ〉と呼ばれ、地元のほかのギャングと血みどろの

争いをくり返して敵のボスたちの切り刻まれた死体を街のあちこちにさらし、すぐにその強さを証明した。密輸、強請、窃盗、暗殺が専門だったが、アトランゲリエフ自身は人当たりのいい美男子で、いつも身につけているいる仕立てのいいスーツにふさわしい事業家精神を持ち、ロシアの新進気鋭のビジネス・エリートのなかにうまく溶けこんでいた。〈ロザンスカヤ〉は彼の統率のもとでまたたく間に枝葉を伸ばし、モスクワのガソリンスタンドや車のショールームなどをごっそり傘下に収めた。そんななか、ベレゾフスキーと互いに儲かる関係を築いたのだった。

ベレゾフスキーは〈ロザンスカヤ〉配下のディーラーを通してラーダを売り、大きな利益をあげた。一九九〇年代初めに自動車ビジネスが急速に成長したときには、彼らに金を払って警護を頼んだ。ギャングのボス、セルゲイ・〝シルベスター〟・チモフェーエフとの抗争のさなかにベレゾフスキーが自動車爆弾で殺されかけた際には、アトランゲリエフのギャングが報復攻撃をしたと言う者もいた。ベレゾフスキーがプーチンのうしろ盾を失ってイギリスに逃れても、チェチェンの犯罪貴族は連絡を絶たなかった。

アトランゲリエフはときおりベレゾフスキーに電話をかけて仕事の話をし、ロンドンに現れてベレゾフスキーたちに奇妙な提案をしたこともあった。リトビネンコが亡くなる数カ月前に、アフメド・ザカエフに接触したことも――

「その男なら知っている！」ザカエフから訪問者の名前を聞いて、リトビネンコは叫んだ。

ＦＳＢの組織犯罪部で知ったそのチェチェン人のギャングのことは、よく憶えていた。当時は、犯罪社会の内部で働くもぐらのリクルートも、仕事の一部だった。一九九〇年代なかば、FSBは、勢力拡大が著しい〈ロザンスカヤ〉にスパイを送りこもうと躍起になっていたが、仕事熱心だったリトビネンコはまっすぐトップに会いに行くことにした。国に協力すれば、罪に問われることなく活動できることを含めて、多くの特権が得られる。アトランゲリエフは協力に前向きだった。彼のリクルートにリトビネンコが重要な役割を果たしたのだ。

チェチェン・マフィアのゴッドファーザーをFSBの協力者として取りこむのにひと役買ったことは、大きな業績だったが、それはリトビネンコがまだ治安国家としてのロシアを信じていたころの話だ。FSBを離れてからは、協力を取りつけた相手の活動を遠くから追って幻滅していた。アトランゲリエフは、チェチェンの分離独立運動をつぶしてクレムリン寄りの体制を築こうとするFSBにとって重要な存在になり、彼のギャングは、政府によるチェチェンでのテロ攻撃や暗殺に関与していた。アトランゲリエフの果たす役割があまりに大きいので、FSB長官ニコライ・パトルシェフその人から複数の勲章と刻印入りの拳銃を贈られたという噂もあった。

「あの男は一〇〇パーセントFSBの支配下にある」リトビネンコはザカエフに言った。

アトランゲリエフと会うのは非常に危険だったが、ザカエフが会って、ひそかに会話を録音するということでふたりは同意した。FSBのロンドンでの活動の証拠として、リトビネンコがあとでその録音をMI6のハンドラーに渡す。リトビネンコは面談中の友人の警護を手配すると約束した。

ザカエフはアトランゲリエフにメイフェアの〈ウェストベリー・ホテル〉で会おうと伝え、事前準備のために約束の時間より早く、ホテルの照明の暗い〈ポロ・バー〉へ行った。リトビネンコは大勢の警備員を指揮して危険がないか調べ、ザカエフが坐ってギャングの大物の到着を待つテーブルに盗聴装置を仕掛け、まわりに監視役を配置した。ザカエフは位置についた。かつてザカエフ自身も精力的に活動していたが、隣のテーブルに監視役の客がいて、部屋の隅にも電気工を装った別の監視役が待機している状況に、スパイ映画に出ているような気分になった。警備の人間をどこで手配したのかについて、リトビネンコは固く口をつぐんでいたが、ＭＩ６からだろうとザカエフは確信していた。

現れたギャングの大物は相変わらず切れ者に見えた。五〇代なかばでも人目を引くハンサムな男。顔は浅黒く左右対称で、糊のきいた白いシャツに包まれた肩は水泳選手のようだった。まるでジョージ・クルーニーだ、とザカエフは思った。ギャングの大物はすぐさまテーブルに名刺を置いた。ＦＳＢのために働いており、パトルシェフ長官からの直々の提案を伝えに来たという。ザカエフがプーチンに反対する運動をやめて故国に戻ってくれれば、ロシア政府は政府高官の職を用意するという提案だった。

「私はチェチェンの人間だ」アトランゲリエフはザカエフに言った。「信頼していい」ザカエフは動揺した。チェチェンの慣習では、誰かを旅に誘ったら、その人の安全を守るのは誘った側の絶対の義務だった。だが、どうしてＦＳＢは殺したり捕まえたりではなく、呼び戻そうとする？　そのとき、アトランゲリエフの電話が大きな音を立て、ギャングのボスは飛び上がった。

「はい、長官」アトランゲリエフは直立不動で言い、ザカエフに目を向けた。「目のまえにいます」アトランゲリエフがおもねるように敬語で話す様子を見て、ザカエフは思った――見ものだな、怖れるあまり向こうからは見えないのに気をつけの姿勢をとっている。これほど怖れている男が何を保証するというのだ？

「罠だ」面談が終わるやいなや、リトビネンコは友に告げた。「あの男を信頼してはいけない」そう言いながらも興奮していた。ＦＳＢがザカエフに政府の仕事を提案した証拠がつかめたからだ。クレムリンは、公にはザカエフをチェチェンのオサマ・ビン・ラディンと呼んでいる。ザカエフはロシアに戻るという提案を拒絶し、リトビネンコとともにその証拠をイギリス当局に渡した。

それから一年少々たった二〇〇七年六月、アトランゲリエフはまたロンドンへ向かっていた。今回はベレゾフスキー殺害の命令を受けていることをＭＩ６ロシア担当もつかんでいた。アトランゲリエフがＦＳＢのベレゾフスキー殺害計画に関与しているという情報は六週間前にもたらされ、要人警護官が派遣されて、いかなる状況においてもアトランゲリエフとは会わないようにとベレゾフスキーに釘を刺した。警告はほかからももたらされた。ユーリー・フェリシチンスキーも、チェチェンの情報筋からギャングのボスがベレゾフスキー殺害に雇われたと言われ、ＦＳＢ内部の別の情報提供者もその計画についてベレゾフスキーに知らせてきていた。アトランゲリエフの動きと通信は監視されていて、ウィーン経由ロンドン行きの航空券を買ったときには、要人警護官がＭＩ５から緊急連絡を受けた。

「ヒースローに到着する」電話の声が告げた。「標的を退避させろ」

警護官はダウン・ストリートに駆けつけ、ベレゾフスキーに、暗殺者がこちらへ向かっているので、ただちに国を出てくださいと指示した。いつものようにベレゾフスキーは冒険を期待して浮き浮きし、オフィスのドアを勢いよく開けた。

「飛行機のエンジンをかけておけ！」ロビー越しに秘書に向かって叫んだ。「今日発たねばならない」

ベレゾフスキーはイスラエルに飛んだ。同行したのはロンドンでしばらく巡査として働いたあと要人警護に加わったばかりの若い警官で、受け持つことになった新たな世界に目を丸くした。プライベートジェットはベン・グリオン国際空港に到着し、一行は滑走路を横切り、待機していたヘリコプターでエイラトの海辺の町へ向かった。ベレゾフスキーはそこに二億ポンドもする豪華なヨットを持っていた。ヨットは紅海のターコイズ色の海に、光輝くサメの背びれのようにそびえ立っていた。

新人警官はたくましいホステスの案内でヨットの個室へと導かれた。ベッドの上には彼にぴったりのディナースーツが置かれていた。ショーツ、サンダル、ポロシャツ、靴、野球帽などの甲板用の衣服もあり、すべてに〈サンダー・B〉というヨット名が入っていた。艇内には、どんな気候でも客が着る物に困らないように、あらゆるサイズの衣服をそろえた部屋もあった。警官は信じられない思いで艇内を見まわし、やるからにはきちんとやりとげようと決心した。そこでディナージャケットをはおってネクタイを締め、甲板に出ていった。

ロンドンでは警視庁テロ対策司令部が要人警護部と足並みをそろえ、暗殺者の渡英に対処する準備を急ピッチで進めていた。一番の標的はベレゾフスキーだが、情報によると、アフメド・ザカエフもやはり危なかった。武装警官がオジャー・クレセントのザカエフの家に詰め、自宅が攻撃されたときに備えて家族に避難訓練が施された。周辺の街角には見張りが置かれ、アトランゲリエフが現れた際には援護の突撃部隊が出動できるよう態勢を整えていた。「くしゃみするだけで武装した応援部隊が現れます」警護官は冗談を言ったが、ザカエフはくすりともしなかった。その日はマリーナ・リトビネンコの誕生日で――夫が亡くなってから初めて祝う誕生日だった――通りの向かいの家にも武装警官が送りこまれ、友人たちと催すバーベキューの警備にあたった。

標的の安全を確保すると、警視庁には暗殺者をもてあそぶ余裕ができた。警官たちは「追跡と攻撃」の計画を立てた。監視班がアトランゲリエフをロンドンじゅう、できるだけ長く追って、その活動の情報を集め、彼が攻撃の構えに入るや突撃して逮捕する。

暗殺者はひとりではなかった——幼い少年を連れていた。アンドレイ・ルゴボイがリトビネンコ暗殺の隠れ蓑にするために家族を連れてきたのと同じ手口と思われた。もしかしたら、尾行するうちに新たな暗殺者がロンドン中心部のポロニウムの秘密倉庫に導いてくれるかもしれない。警察は期待した。

「尾行班が必要です。覆面パトカーも。監視班は三つ——現場に六〇人の警官」要人警護官はテロ対策司令官に言った。「完全防護態勢の化学・生物・放射能・核の専門家チームを送って、暗殺者の荷物をくまなく調べなければなりません」

警視庁の上官たちはその戦略に同意したが、そこで内閣府から呼び出しを受けた。COBRAで会議が開かれ、閣僚、内務省、外務省、首相官邸に説明することになったのだ。すでにアトランゲリエフは飛行機に乗っており、時間は迫っていたが、暗殺者への対処計画を説明した警察は反論された。ロンドンで六〇人もの警官にFSBのスパイを尾行させたら大騒ぎになる。ロシアとの外交への悪影響は避けられず、政府としてはこれ以上頭痛の種を増やしたくない。国境で暗殺者を拘束できないか？　それに対して警察側は、イギリスでアトランゲリエフは逮捕理由となる行為をしていないと指摘した。彼が暗殺計画に加担しているという情報を明かせば、必然的に機密の情報源やモスクワの傍受施設が公になってしまう。逮捕するには、どうしても尾行して、実際にベレゾフスキーを殺すために来たことを証明しなければならない、と。

議論が交わされたのち、作戦は容認された。だが警察は、作戦のまえだろうとあとだろうとメディアにはひと言ももらすなと指示された。うまくアトランゲリエフを逮捕できて、記者に質問されたら、できるだけ少ない内容を短く答えること。「警察が被疑者を逮捕した。以上」というふうに。ベレゾフスキーに迫る暗殺の危険レベルは「深刻」から「危機的」に格上げされた――つまり、いつ攻撃されてもおかしくないということだ。

アトランゲリエフはあと数時間で到着する。司令官が現場の監視班の行動を調整できるように作戦室が急遽用意され、暗殺者の進路の放射線量を測る危険物質対策班と銃器対策班が出動準備を整えた。

作戦室の近くにある鉛の内張りをした部屋には、機密情報の扱いを認められた職員たちがひそかに待機し、MI5やMI6から随時もたらされる情報をモニターしながら、アトランゲリエフの到着直後からメッセージのやりとりや電話を傍受することになっていた。そうして得た極秘の情報や傍受内容を証拠として表に出すことは避けなければならない。さもないと、アトランゲリエフが裁判にかけられた場合に法廷で開示しなければならず、それによって極秘の情報源や情報収集方法が明らかになってしまうからだ。しかし、情報収集室の警官たちは、重要と思われる情報を得た場合にはそれを作戦室に送り、上級司令官の意思決定を助けることになっていた。

作戦室と情報収集室ができて動きはじめると、監視班が空港周辺に配置された。危険物対策班は保護装備を身につけた。あとは暗殺者の到着に備え、警察のトップがヒースロー空港の上級職員に連絡するだけだった。

アトランゲリエフが乗った飛行機は、着陸後、通常よりいくらか長く誘導路に留め置かれた。暗殺者は、自分の荷物が荷物室から持ち出され、保護服を着た警官になかを調べられて放射線量を測られているとは気づかず、ほかの乗客と待っていた。飛行機からおりる許可が出ると、アトランゲリエフと幼い同行者は入国審査を難なく通り抜け、カルーセルから荷物を引き取り、申告するものは何もないと言って税関を通過した。ふたりは空港の建物を出てタクシー乗り場に近づいた。黒いタクシーが一台だけ待っていたので、それに乗りこんだ。

ロンドン名物の黒タクシーは、要人警護において長く秘密兵器の役割を果たしてきた。ロンドンっ子のほとんどは知らないが、警視庁は特別な作戦に使われる黒タクシーの秘密の一団を所有している。諜報機関もまた、独自の覆面タクシーを走らせていた。黒タクシーはあちこちで見かけるため見分けがつかず、ロンドン市内を動きまわるのにこれ以上ないほど目立たない方法だった。要人警護官は、暗殺計画が進行していたときのトニー・ブレアや、『悪魔の詩』の出版後一〇年ほど身を隠していたサルマン・ラシュディのロンドン内の移動にも、黒タクシーを使ったことがあった。どれほどの有名人であっても、黒タクシーの客席に乗りこめば姿を消すことができ、タイミングを見計らってタクシーに乗せれば、もっとも効率よく監視対象に近づいて一対一になれることも多かった。

アトランゲリエフは運転手にパーク・レーンの〈ヒルトン〉と行き先を告げ、革張りの座席に背をあずけた。監視と盗聴をおこなっているロンドン警視庁の警官に滞在先を告げたとは知る由もなかった。運転手は暗殺者と年若い同行者をホテルのまえでおろした。ふたりは青く輝く高層ビルの回転扉を通ってなかへ入った。ほどなく情報収集室の警官が作戦室に駆けこんだ。アトランゲリエフがベレゾフスキーに電話をかけたのだ。

〈サンダー・B〉号の上で電話が鳴ったときには、ベレゾフスキーはしっかり準備ができていた。イギリスから急いで逃げ出した翌朝、イギリスの諜報員が三人、エイラトに現れ、ヨットに乗りこんで説明していたのだ。焼けつくほどに暑い日で、汗まみれのショーツとTシャツ姿の諜報員たちはみすぼらしいなりだったが、ベレゾフスキーが着替えを出そうとするのを断り、深刻な任務を帯びてきていることを示した。外の下段の甲板の日陰に置かれたテーブルにつき、ベレゾフスキーに、警視庁の時間稼ぎに協力してもらいたいと要請した。ベレゾフスキーが完全に手の届かない場所にいることにアトランゲリエフが気づけば、警視庁が情報を集めるまえに暗殺を中止してロシアに戻ってしまうかもしれない。そこで、アトランゲリエフが連絡してきたら友好的に応対し、数日中に会えると伝えるよう指示したのだ。

ベレゾフスキーはふだん指示にしたがう人間ではなかったが、敵のスパイに対する現実の作戦で主役を演じることを喜んで、アトランゲリエフが連絡してきたときには言われたとおりに応対した。それからダウン・ストリートに連絡して、秘書たちに、暗殺者の来訪に充分気をつけ、誰が電話してきてもボスは忙しいと伝えろと指示した。あとはただ待つだけだった。警察がロンドンじゅうで暗殺者を追いかけているあいだ、ベレゾフスキーは〈サンダー・B〉号の甲板で日光浴やスキューバダイビングをしたり、ジェットスキーで走りまわったりして愉快な数日をすごした。

警視庁の監視班は予期せぬ観光ツアーにつき合わされることになった。ロンドンにおけるFSBの活動拠点か、できれば放射能兵器でいっぱいの倉庫へ導いてくれないかと期待していたのだが、暗殺者はベレゾフスキーに電話してから、子供にロンドンを見せてまわる観光客としか思えない行動をとった。トラファルガー広場をぶらつき、バッキンガム宮殿のまえを通りすぎる彼と幼い同行者のあとを危険物対策班がついてまわり、ふたりが触れたあらゆるものに毒や放射能の痕跡はないかと調べた――が、何も見つからなかった。

警官たちは、アトランゲリエフが少年から離れるときが攻撃準備に入るときと踏んでいた。それをひたすら待ったが、観光は何日も続き、要人警護官は苛立ちはじめた。ベレゾフスキーは忙しい人間で、いつまでもヨットですごすわけにはいかない。そんなときにようやく監視班から、暗殺者がひとりで〈ヒルトン〉から出かけたという連絡が入った。

「決定的な局面だ」司令官は叫んだ。アトランゲリエフは観光客らしいのんびりした態度を捨て去り、見るからに尾行を警戒していた。街をぶらつきながら教科書どおりの対監視ドリルを実行した――まわり道をし、進んでは引き返し、異なる輸送手段に乗り降りして尾行者をまこうとする。そのあいだも三つのチームがどうにか尾行を続けていたが、アトランゲリエフはさまざまな場所を訪ね、監視班は警察であることを明かさずになかまでついていくことはできなかった。やがて情報収集室から、暗殺者が銃を買おうとしているという情報が届いた。

「やつを排除しなければならない」司令官は作戦室のメンバーに言った。彼らは〈サンダー・B〉号にいるベレゾフスキーの警護官に連絡し、重大局面に備えよと告げた。いよいよ暗殺者に連絡して面談を提案するときが来たのだ。

その晩、三人の私服警官がダウン・ストリートのロビーで見張りについた。二階の秘書たちは、現れる暗殺者を丁重に迎えるために残業を頼まれ、怖れおののきながら待っていたが、刻一刻と時間がすぎても誰も現れなかった。しばらくして階下《した》に電話をかけ、フロントにいる年輩のコンシエルジュに、誰かミスター・ベレゾフスキーを訪ねてこなかったかと訊いてみた。来た、と老人は少し震える声で答えた。ほんの少しまえに紳士がひとり訪ねてきたが、いまはロビーでほかの三人に囲まれている、と。

「その人たちは何をしています？」秘書は尋ねた。

「話をしている」コンシエルジュは答えた。「三人が床に伏せ、ひとりは立って」

アトランゲリエフがロビーに入ってくると、エレベーターに達するまえに警官ふたりが行く手をふさぎ、彼を床に押し倒した。三人目はコンシエルジュに警察のバッジを見せた。暗殺者は殺人謀略の容疑で逮捕され、警察に勾留されて二日間の尋問を受け、同行の子供は社会福祉局に保護された。

しかしその後、容疑者を起訴せず釈放せよという命令がおりた。機密情報を明かすことなく起訴することは不可能で、明かせばモスクワにおけるイギリスの情報源をあまりにも多く公開してしまうからだった。また、リトビネンコの件からまもない時期に再度イギリスでの暗殺を命じたと公にクレムリンを非難すれば、外交上の大問題になる。そこでアトランゲリエフは入国管理局に引き渡され、「受け入れ不可」としてロシア行きの飛行機に乗せられた。警官たちは上層部から、「外交的に強烈な一撃になる」と力づけられた。

暗殺者を母国に戻す決定について、スコットランド・ヤードでは不満の声もあがったが、楽観視する向きもあった。要人警護官は、ＦＳＢはイギリスで亡命者をひとり殺したかもしれないが、もうひとりの殺害は警視庁が防いだと考えて、みずからを慰めた。だとすれば、五分五分だ。彼はベレゾフスキーに連絡し、帰宅しても安全だと告げた。

そのころには、ジャーナリストがメイフェアでの派手な逮捕劇について聞きつけ、ロンドン警視庁を質問攻めにしていた。広報担当官は政府からあらかじめ命じられていたあいまいな答えに終始し、ベレゾフスキーもプライベートジェットが到着したときに何も言うなと指示されていた。命の危険を増すことがあるとすれば、それは暗殺計画の失敗についてロシアをあざけることだ。

「目立たないように顔を伏せていてください」警護官はきっぱりと言った。

まもなく、ベレゾフスキーはロンドン中心部で記者会見を開き、詰めかけたジャーナリストに、警視庁がクレムリンによる自分の暗殺計画を阻止したと発表した。

「おそらく、アレクサンドル・リトビネンコ殺害計画の黒幕と今回の黒幕は同じ連中だろう」ベレゾフスキーは言った。「その連中には、プーチン自身も含まれる」

ベレゾフスキーは、暗殺者が何者だったか、暗殺計画をどう阻止したかについて詳細は語らなかった。友人たちには、わが身を守るために今回の暗殺未遂を公表せざるをえなかったと説明した。国の秘密を隠しておくのは危険であり、全世界に真実を知ってもらうほうが安全なのだ、と。そしてもちろん、ベレゾフスキーはドラマティックな記者会見の機会をむざむざ逃す人間ではなかった。

要人警護官は激怒した。「われわれは、なめられている」とベレゾフスキー暗殺計画を監視しているＭＩ５の連絡係に叫んだ。自分も同僚も知らないうちに、ベレゾフスキーが仕掛けた大勝負の手駒にされたのではないかという考えを振り払えなかった。

その記者会見から六カ月後、ロンドン警視庁は、モスクワに戻ったアトランゲリエフを待っていた運命について報告を受ける。凍えるような冬の夜、犯罪界の大物はモスクワ中心部の老舗のレストランから出てきたところで、ふたりの男に襲われ、縛られて車のトランクに入れられた。車は闇のなかへ走り去った。ベレゾフスキー暗殺に失敗した男は森のなかへ運ばれ、至近距離から頭を撃たれたのだった。

ロンドン――二〇〇七年一〇月

暗殺計画が失敗したのち、ベレゾフスキーは浮き浮きと盛んに活動し、新たな戦闘準備をしていた。仇敵ロマン・アブラモビッチをイギリスの法廷に訴えようと思いついたのだ。二〇〇一年のクレムリンの圧力でビジネス帝国を破壊され、〈シブネフチ〉と〈チャンネル1〉の利権を無理やり奪われて大損害をこうむったという主張だった。その損害に対し、ロンドンの王立裁判所に数十億ポンドの賠償を申し立てたが、アブラモビッチが裁判への召喚状を受け取らなければ、審理を始められない。ベレゾフスキーは召喚状を届けるために、かつての敵の居場所を何カ月もかけて探し、その年の一〇月、ようやく運に恵まれた。

アブラモビッチはいまやプレミアリーグのサッカークラブ〈チェルシーFC〉のオーナーとなり、同年初めに二五歳のスーパーモデルのために妻を捨てて以来、ロンドンですごすことも増えていた。ベレゾフスキーが姿を見かけたのは、四〇歳のこの実業界の大物がスローン・ストリートで買い物をしているときだった。ベレゾフスキー自身、〈ドルチェ&ガッバーナ〉で買い物をして出てきたところで、三人のボディガードに囲まれたアブラモビッチが近くの〈エルメス〉の店に入っていくのを見かけて、ボディガードのひとりに防弾仕様のマイバッハまで裁判所の書類を取りに行かせた。こういうときに備えて、何カ月も持ち歩いていたのだ。それを持って〈エルメス〉に急いで入ろうとすると、店の入口でアブラモビッチの三人のボディガードに行く手をさえぎられ、ボディガード同士が小競り合いになった。ベレゾフスキーはその間に無理やりドアを開けてなかへ入った。

「あんたにプレゼントだ」勝ち誇ったようにそう言って、召喚状をアブラモビッチに押しつけ、踵を返した。そして名刺を持っているジャーナリスト全員に電話をかけ、いましたことを誇らしげに語った。「まるで『ゴッドファーザー』のワンシーンだったよ」ある記者にはそう語った。

店の防犯カメラから、アブラモビッチが召喚状を受け取ったことが証明され、ふたりの億万長者のあいだで前代未聞の法廷闘争が始まった。四年以上に及んだその裁判は、一九九〇年代のロシアで起きた略奪の驚愕すべき実態をつまびらかにし、ベレゾフスキーがクレムリンに挑発的な一斉射撃を加える舞台となった。

ベレゾフスキーは続けざまにFSBの暗殺者をあざむき、アブラモビッチを法廷に引きずり出したことに興奮して浮かれた。命を狙われたことでおとなしくしようとは思わなかったが、自分が死んだ場合にいくつか解決しなければならない事務的な問題があることに気づき、そういう場合の常として、またバドリ・パタルカチシュビリに相談した。

「それほど怖れてはいないんだが」とパートナーに言った。「ただ、私の身に何かあった場合に備えて、話し合っておきたいことがある」

バドリが聞こうと言い、ベレゾフスキーは、警視庁の精鋭が自分の警護に失敗した場合に果たすべき義務をあげていった。それは、めまいがするほど大勢いる愛人への手当ての数々だった。この若い子は学生なので学費がいる。そっちの子はモスクワに家がないので住む場所を見つけてやらなければ――三〇分ほどそうやって並べ立てられたあとで、バドリは首をのけぞらせて腹の底から笑った。

「ボリス、私の頼みも聞いてくれ」彼は言った。「私を先に死なせてくれ」

15

ロンドン、サリー、トビリシ——二〇〇七年一一月

バドリ・パタルカチシュビリは、イギリスでの生活に本当の意味ではなじめていなかった。ベレゾフスキーのそばにいるために年に何カ月かサリー州ですごし、この上なく壮麗な〈ダウンサイド・マナー〉に住んでいても、イギリスにいるとなんとなく自分が小さくなった気がするのだった。英語を習得できなかったことも一因で、ベレゾフスキーと同じようにはイギリスの文化を楽しめず、イギリスの弁護士、金融家、フィクサーと直接やりとりするすべもなかった。ただ、もっと広い意味で、ここにいる自分が何者なのか誰もわかっていないという感覚があった。脚光を浴びたいと思ったことはなく、ベレゾフスキーが主役を務めるのは別にかまわないが、億万長者としてそれなりの敬意は払ってもらいたかった。

ジョージアに戻ると、状況はまったくちがった。口ひげを生やしたこのオリガルヒは、誰も

その足元にも及ばない国一番の金持ちで、貧困にあえぐ小さな国の国家予算をちっぽけに見せるほど莫大な個人資産を持ち、トビリシなど自分のおもちゃのように扱うことができた。街のサッカークラブや、バスケットボールチーム、テーマパーク、サーカスを買収し、繁華街にしゃれた新しいショッピングモールを、黒海沿岸には巨大なリゾートを作った。国営のテレビ局と〈イメディ〉――ジョージア語で「希望」――というラジオのネットワークも設立した。

街の誰かが苦境に陥ったら、毛皮の帽子をかぶったゴッドファーザーとして、小切手帳のひと振りで問題を解決した。政府がエネルギー関連の支払いで債務不履行になったときにも二度ほど手を差し伸べ、トビリシ全体のガスと電気の料金をひとりで払ったこともあった。慈善事業や学校にも資金を提供した――資金繰りに苦しむ修道院にすら。二〇〇四年にジョージア国内オリンピック委員会の資金が尽きたときには、会長の椅子を引き継ぎ、アスリートたちがアテネ・オリンピックで技を競えるようにポケットマネーを提供した。

パタルカチシュビリは骨の髄までビジネスマンで、ベレゾフスキーのクレムリンとの戦争は自分たちの西側への投資を脅かすと考えていた。そこで、政治的な行動からはできるだけ距離を置き、金の管理だけに注意を向けていたが、ひとつだけ大きな例外があった。たいていのことには冷静な彼だが、故国のこととなると情熱が一気に高まり、国の偉大な存在でありつづけたいと願っていたのだ。だからこそ、二〇〇三年にソ連崩壊後の腐敗政府に対する大きな抗議運動がジョージアで勃発したときに、政治にはかかわらないという誓いを破って資金援助をおこなった。

その抗議運動はバラ革命へとつながり、政権が倒れ、アメリカに後押しされたミヘイル・サアカシュビリが、ＥＵとＮＡＴＯ加盟をめざす方針で権力を握ることになった。それは旧ソ連諸国に波及する「カラー革命」の皮切りとなり、プーチンを憤らせ、バドリはすっかりクレムリンの敵と見なされるようになった。一方、サアカシュビリとの関係もまもなく険悪になった。大統領が次々と打ち出す経済改革が、国の民間事業をほぼ独占していたバドリの立場を脅かしたのだ。バドリは所有しているテレビ局やラジオ局を利用して新政権を攻撃しはじめた。

新政権が腐敗や人権侵害で糾弾されるまでに長くはかからなかった。二〇〇六年には新たな抗議運動が始まり、国じゅうに広がった。そのころになるとバドリは、モスクワの検察が矢継ぎ早に浴びせてくる逮捕状や資産凍結命令のなかでもがきながらビジネスをするのにうんざりしていた。モスクワは国外の銀行や政府に圧力をかけ、彼やベレゾフスキーがロシアから持ち出した金を押さえようとしている。バドリはどうにかしてクレムリンとの関係を修復する方法はないかと模索していたが、そこでふと名案を思いついた。

プーチンをなだめるために、ジョージアこそ互いの利害が一致する場所だと気づいたのだ。国の新たな抗議運動に充分資金を投入すれば、アメリカに後押しされたサアカシュビリ大統領を倒し、バラ革命の結果をなかったことにする第二の大きな反乱を引き起こせるかもしれない。ジョージアから西寄りの政府を排除できれば、クレムリンへの大きな贈り物になるはずだ。そうすれば、自分もひと息つけるのでは？

ベレゾフスキーとは、パートナーとしての「離婚」をすでに宣言していた——友人たちには、ふたりが合同でおこなっているビジネスを守り、ベレゾフスキーの政治活動のまわりに緩衝地帯を設けるための見せかけだとひそかに打ち明けてはいたが。それはつまり、彼が独自にクレムリンに申し出をおこなっても不自然には見えないということだ。もしかしたら、サアカシュビリを追い払うのと引き換えに財産への攻撃の手をゆるめてくれとプーチンを説得できるかもしれない。その間、ベレゾフスキーはある程度の距離を置いて、好きなだけクレムリンへの攻撃を続ければいい。

ベレゾフスキーもその考えが気に入り、彼なりにあることを思いついた。いっそサアカシュビリを追い払ったあと、バドリ自身が大統領選挙に打って出てはどうか？　当選したら、ロシアの玄関口でひとつの国家全体を意のままにできる。ベレゾフスキーが驚いたことに、パートナーはその考えを即座に拒絶しなかった。そこで二〇〇六年の晩春のある日、ボリスとバドリは最側近の顧問ふたりと膝を突き合わせ、プーチンへの手紙をしたためた。お互いサアカシュビリの失脚を望んでいることに触れたご機嫌伺いの手紙で、バドリが署名して、クレムリンに送った。そして彼はトビリシでの現政権退陣運動の導火線に火をつけた。

抗議運動が反乱へと激化するのに一年半かかった。バドリは盛り上がりを見せるジョージア政府への抗議運動を先導している一〇の反体制勢力に資金をつぎこみ、自身もサアカシュビリの攻撃に乗り出して、大統領を「ファシスト」と呼び、所有するテレビ局を利用して体制批判をくり返した。二〇〇七年一一月には、数万人からなる抗議のデモ隊がトビリシの街路を埋め、サアカシュビリの退陣を求めた。

機動隊が五日かけて催涙ガスと高圧放水砲で群衆を散らし、デモに参加した五〇〇人以上が病院に運ばれた。その後機動隊はバドリのテレビ局を占拠し、放送をやめさせた。サアカシュビリは一五日間の緊急事態宣言を発令し、ロシアの支援でトビリシに混乱を広げようとしたとバドリを非難しつつ、翌年一月の任期満了を待たずに選挙をおこなうと宣言して、国の動揺を治めようとした。バドリはクーデターを図った罪で指名手配され、〈ダウンサイド・マナー〉に逃げ戻ったが、その二日後の一一月一〇日、イギリスから大統領選挙に打って出ると宣言した。

手始めに彼は、みずからの資産一〇億ドルを投じてジョージアを「輝かしい国」にすると約束した。その金は最低賃金を上げ、年金額を大幅に増やし、今後一年半のあいだジョージアの大半の家庭の光熱費を支払い、国じゅうの柑橘類やブドウの収穫全体を買い上げるために使われる。

ジョージア駐在のアメリカ外交官たちは、バドリの公約に強い疑いの目を向けた。ジョージアの反体制運動にロシアの諜報員が関与し、アメリカの支援するサアカシュビリ政権を動揺させようとしていることはわかっており、バドリには仲間に見せる親切な道楽者の顔以外の「闇の一面」があるのではないかと疑っていたのだ。アメリカ大使はワシントンに送った極秘の電信でこう述べた——このジョージアのオリガルヒはベレゾフスキーの「用心棒」を長く務めていたが、ＦＳＢの「きわめて芳しくない連中」と心配になるくらい親密で、そこにはアンドレイ・ルゴボイも含まれる。「パタルカチシュビリはロシア政府とは不仲だが、ロシアの諜報機関とは密に連携しているようだ」

バドリがＦＳＢ内の人間とやりとりしつづけているのは確かで、そうしたつながりを隠してもいなかった。友人たちには、敵は近くに置いておくほうがいいと言っていたが、ロンドンやトビリシで頻繁にＦＳＢ職員と会って何を話しているのかは決して明かさなかった。ジョージアでの活動について、ロシアの諜報員にどの程度まで話しているのかも謎だった。しかし、トビリシをめぐる戦いは急激に危険な様相を帯びてきた。

まず、サアカシュビリがバドリの暗殺命令を出したと非難したジョージアの元国防相が、その二日後に汚職容疑で逮捕された。次に、ジョージアの保安機関がチェチェンの軍指導者にバドリの排除を命じているテープ——ロンドンで殺害するか、プライベートジェットがトビリシに着陸するときにバズーカ砲で撃ち落とすか——をアフメド・ザカエフが入手した。「一〇〇人の用心棒がいたとしても問題ではない」テープのなかで保安機関の人間は言っていた。「用心棒を倒せばいいだけの話だ」

軍指導者はその命令にはしたがわず、会話を録音したテープをザカエフに渡した。ベル卿がそれをロンドンのタイムズ紙に送り、サアカシュビリの残虐性を明らかにするのにひと役買った。ところがそこで、バドリ自身も選挙準備の一環として暗殺計画を練っていたという事実が明らかになり、選挙運動がスキャンダルに呑みこまれた。

年の暮れも近いころだった。バドリはジョージア警察の高官から、政府を転覆させる力になりたいという申し出を受けた。彼らはロンドンで会い、選挙前に大きな混乱を引き起こす複雑な計画の一環として、ジョージアの内相の殺害について話し合った。問題は、その警察の高官が政府の送りこんだ囮で、無線を装着していたことだった。バドリは古典的な囮捜査にまんまと引っかかったのだ。サアカシュビリ側の人間がクリスマス・イブにそのテープを公表し、パタルカチシュビリの選挙運動は撃沈することになった。

二週間後の投票日が来ると、バドリはたった七パーセントの得票で大敗北を喫し、サアカシュビリが再選された。それは最悪の敗北だった。いつもは冷静なバドリも自尊心を傷つけられただけでなく、恐怖にも駆られた。サアカシュビリを排除する計画が裏目に出てジョージアに戻れなくなったいま、プーチンと取引する材料が何もなくなったからだ。イギリスから出ることもままならず、友人たちには死期が迫ったと告げて、〈ダウンサイド・マナー〉で一二〇人ものボディガードに囲まれ、何週間もひそんでいた。

それでも翌月には元気が出てきて、二月一二日に弁護士に会いにロンドンへ向かった。

ジョージアでの事業権益を救い出すために助言をもらおうと雇った弁護士だった。いつも金で買える最高のものを手に入れるバドリらしく、シティのしゃれたオフィスで彼を迎えた相手は、誰あろうトニー・ブレア政権の元法務長官ゴールドスミス卿だった。その面談はにぎやかな集まりになった。ユーリー・デュボフとニコライ・グルシコフが支援に現れ、ベレゾフスキーとベル卿も同席したからだ。話し合いは五時間を超えた。

バドリは張りきり、ほぼずっと熱心に会話に加わっていたが、話し合いが終わるころ気分が悪いと言い出し、新鮮な空気を吸いに外へ出た。面談後、亡命者たちは歩道に立ってそれぞれの車が正面にまわされるのを待ちながら、クレムリンの最悪の敵がずらりと顔をそろえているのに、ＦＳＢがここにいて見られないのは気の毒だと冗談を言い合った。

バドリとベレゾフスキーは、ダウン・ストリートに寄ってふたりだけで話をし、バドリは六〇万ドルのマイバッハに乗って〈ダウンサイド・マナー〉に戻った。それから妻のインナと夕食をとったが、食後すぐにまた具合が悪いと言いだし、二階に行って横になった。

ベレゾフスキーが知らせを受けたのは真夜中すぎだった。バドリ・パタルカチシュビリが死んだ。午後一一時に主寝室でぐったりしているのが見つかり、蘇生させることはできなかった。ベレゾフスキーは猛スピードで〈ダウンサイド・マナー〉に駆けつけたが、着いたときには邸宅はすでに立入禁止で、警察が敷地内の放射線量を測っていた。警察はベレゾフスキーを家のなかに入れようとしなかった。ベル卿がベレゾフスキーから取り乱した電話を受けたのは午前三時ごろだった。

「バドリがやられた」ベレゾフスキーはすすり泣いた。

サリー警察は当初、バドリの死を不審死としていたが、すぐにそれを覆し、検死の結果、五十二歳の太った男性の死に自然死以外の「徴候はない」と宣言した。ゴルベフ同様、パタルカチシュビリも心臓発作で自然に亡くなったように思われた。それはサリー警察が「綿密な毒物検査」の結果出した結論であり、のちに検死官の証言で裏づけられた。

しかし、イギリスの諜報員たちはそこまで確信が持てなかった。たしかにパタルカチシュビリは慢性的に不健康で、脂っこいジョージア料理を好み、大酒を飲み、朝から晩まで煙草を途切れなく吸っていた。心臓発作にみまわれる可能性が高かったことに議論の余地はない。それでも、これまで何度か暗殺計画の標的になってきたのも確かで、ＭＩ６のロシア担当は、彼の敵が自然死に見せる殺人技術を数多く持っていることもよく知っていた。

ＣＩＡに協力を求めると、パタルカチシュビリは毒殺された疑いが濃厚という回答が来た。実行したのがジョージアまたはロシアの暗殺者か、犯罪組織の一員かははっきりしないが、集めた情報から判断して、イギリスでまた政治的暗殺が実施された可能性は高かった。だが、その見解を裏づける科学的証拠はなく、死んだオリガルヒの体内から毒物も検出されなかったことから、警察が捜査を再開することはなかった。

ベレゾフスキーはわれを失い、「責任の一端は私にある」とわめいた。「嫌がる彼を私が無理やり政治に引きこんだんだ」ダウン・ストリートのオフィスの壁には引き延ばした白黒のバドリの写真が飾ってあった。ベレゾフスキーはその下に坐り、死んだ友からもらった一〇〇年物のアメリカのブランデーで涙ながらに献杯し、バドリが好きだった煙草〈パーラメント一〇〇〉を吸った。ほぼ二〇年にわたって毎日語り合った仲だった。誰に対しても、バドリほど愛した人間はほかには母だけだと言ったものだ。

しかし、パタルカチシュビリの死後、友人や親戚たちが生前の彼について調べはじめると、とんでもない秘密が暴かれることになった。

最初に暴露されたショッキングな事実は、パタルカチシュビリが長年二重生活を送っていたことだった。トビリシでは三〇年前に妻のインナと結婚し、娘ふたりと孫娘三人がいたが、死後、第二の女性が現れて、一九九七年に彼とサンクトペテルブルクで結婚していたことを明かした。ふたりのあいだには一四歳の息子がいた。バドリの第二の妻と子供は遺産分与を求めた。

ふたつめのショックは、莫大な財産を関係者に分配する方法について、パタルカチシュビリが遺言状や指示書を残さずに死んだことだった。ベレゾフスキーは、バドリとは昔からすべてを半分に分けてきたのだから、財産の半分は受け取る資格があると主張したが、遺族は、ふたりは経済的にすべての関係を絶っており、パートナーには一ペニーも受け取る資格はないと反論した。ベレゾフスキーは、関係を絶ったのは見せかけだけで、裏ではすべてを分け合っていたと言い張ったものの、すべて口約束で、証明できるものはなかった。

長年バドリは、ベレゾフスキーがビジネスの雑用にわずらわされずに政治活動を続けられるよう、生活の実際的な部分を一手に引き受けていた。そのため、彼がいなくなると大混乱が生じた。弁護士や顧問がバドリの事業を整理しようと、謎めいた信託や、複雑なオフショア・ファンドを何層も掘り起こしたところ、彼が所有しているはずの莫大な財産はどこにも見当たらず、本人名義のものはほとんどなかった。

ベレゾフスキーはパートナーが残した混乱に驚愕した。自分たちの事業がどのように組み立てられ、金がどこにたまり、パートナーがどのように取引を指揮していたのか、関心を持ったこともなかったからだ。ふたりとも民間の事業が禁じられていたソビエト時代に頭角を現した人間で、ソビエト時代には書類を残すことは賢明ではなく、契約も名誉と暴力という時空を超えた法にのっとっておこなわれていた。書面に残しておきたいと頼むことは、信頼を大きく損ねる行為だった。

しかしいま見ると、バドリが書面に残して、い、い、た、ものもあった——パートナーのベレゾフスキーが知らなかっただけで。バドリはベレゾフスキーが共有財産だと思っていたものの多くを、ほかの人々に分け与える書類に署名していたのだ。資産の所有権を幼なじみや、知り合い程度の人間や、遠い親戚などに譲っていた。何億ポンドもの資産が、トビリシにいるジョセフ・ケイという義理のいとこの名義になっていて、そこには、オプラ・ウィンフリーやジュリア・ロバーツなどの有名人が数多く別荘を持つマイアミの小島フィッシャーアイランドや、〈ブッダ・バー〉のニューヨーク店、スペインとモロッコの豪奢なリゾートなどが含まれていた。

ボリスとバドリがアブラモビッチからの支払いを受け取るために作った〈ニュー・ワールド・バリュー・ファンド〉や、ふたりがロシアから財産を持ち出すのに利用した数多くのオフショアの信託や基金にためた金もあった。その多くを扱っていたのは、ベレゾフスキーが世界で唯一自分たちのビジネスのすべてを知っている人間だと言っていた、ルスラン・フォミチェフだったが、そのフォミチェフが遺族の肩を持ったので、ベレゾフスキーは仰天した。

フォミチェフは、長年のあいだに少しずつベレゾフスキーから離れようとしていた。ロシアでまだ大きなビジネスを展開しており、クレムリンの一番の敵とかかわっても何もいいことはないからだ。ダウン・ストリートのオフィスからも二〇〇五年ごろ出ており、バドリの死はつながりを永遠に絶つ絶好の機会となった。

その後、ベレゾフスキー、ケイ、故人のふたりの妻のあいだで財産をめぐる争いが勃発し、司法史上最大の遺産争いとなった。かつてオリガルヒのゴッドファーザーと呼ばれた男は、破産から身を守るために苦闘せざるをえなくなった。ベレゾフスキーは取り分を求めてパートナーの遺族を訴え、何年もまえに貸した五〇〇〇万ドルの金利の支払いを求めてフォミチェフを訴えた。残された大きな希望は、アブラモビッチに対する訴訟だった。勝てば何十億ポンドという損害賠償金が得られる。しかし、カーティスとモスがずっとまえに亡くなり、フォミチェフとも反目するとなると、アブラモビッチとの秘密の取引について証言できるのはパタルカチシュビリただひとりだった。パートナーの死によって、ベレゾフスキーは財産の所有権だけでなく、一番の証人も失ったのだ。

バドリに永遠の別れを告げてからの数カ月、真の友に思えたパートナーは本当にそうだったのだろうかと思わずにいられなかった。ルゴボイを再度仲間に入れたのはバドリではなかったか？　リトビネンコの死後もずっと暗殺者からの連絡を受けつづけていなかったか？　ＦＳＢとも不穏なほど近い関係を保っていたし、プーチンとの関係を修復する方法も熱心に探していた。そしていま、共有していたはずの財産を長年かけてベレゾフスキーの手の届かないところへ隠していたこともわかった。

バドリの死から数カ月後、ベレゾフスキーはアシスタントを部屋に呼び、パートナーの写真を壁からおろさせた。いまやひとりぼっちだった。それでも、戦いをやめるつもりはなかった。

第六部　過負荷《ペレグルースカ》

16

ジョージア、南オセチア——二〇〇八年八月

戦車はロキ・トンネルを疾走していた。ロシアとジョージアを隔てる危険な自然の防壁、大コーカサス山脈の雪に覆われた峰々の下に掘られたトンネルである。目的地は、南オセチアの分離主義者の拠点。ソ連崩壊によってこの地域が分断されて以来、反乱軍は、ジョージアから分離して山脈のロシア側にいる同じ民族にふたたび合流するために戦っていた。そこへいま、クレムリンが装甲部隊を送りこんできたのだ。

ロシアは南オセチアで長年、分離主義運動を支援してきた。その年の一月にジョージアのサアカシュビリ大統領が再選されてから、運動はどんどん過熱の様相を呈していた。八月初め、クレムリンに後押しされた反乱軍が付近のジョージアの村々への砲撃を開始し、サアカシュビリが秩序を取り戻すために軍を派遣した。それに対するロシアの反応の過激さは誰も予測しな

かったほどだった。

クレムリンは、陸、空、海、サイバー空間のすべての前線でジョージアへの一斉攻撃を命じた。南オセチアと、分離を主張するアブハジア地域を占領するために国境に軍を大量投入し、爆撃機でジョージアじゅうに爆弾の雨を降らせ、軍艦で沿岸を抑え、ハッカーがジョージア政府のウェブサイトに波状攻撃を加えた。ソ連崩壊以降、ロシアが独立国に侵略するのは初めてで、二一世紀に入って初めてヨーロッパとの対立を引き起こした。NATOの一員になろうとしている国連加盟国を攻撃することによって、クレムリンは西側の軍事同盟国全体に剣を抜いてみせたのだ。

アメリカは、四年前にサアカシュビリがNATO加入へと舵を切ったときからジョージア軍を着実に向上させ、ロシアの侵略のほんの数週間前にも一〇〇〇人からなる部隊をトビリシ郊外に送って軍事訓練をしたばかりだった。ときの国務長官コンドリーザ・ライスは前月にジョージアを訪れ、サアカシュビリの隣に立って、ジョージアが将来同盟国になることを全力で支援すると約束していた。

「われわれは友好国のためにいつでも戦います」ライスは宣言した。

しかし、侵略はワシントンに危機をもたらした。ブッシュ政権の最後の年で、西側諸国をイランの核攻撃から守るために、ポーランドとチェコに弾道弾迎撃ミサイル防衛システムを構築するというアメリカの計画をめぐって、モスクワとの緊張がすでに高まっているときだった。

憤ったプーチンは、新たなシステムはヨーロッパを「火薬樽」にすると警告し、みずからイランを訪問までして、イラン大統領に友好的な態度を示し、イランには戦争目的でない核開発をする権利があると擁護した。

アメリカはモスクワと全面対決することはできなかった。イランの核兵器開発を止めるにはクレムリンの協力が不可欠と考えていたからだ。アフガニスタンに軍備品を運びこむ際、ロシアの供給ラインを使う必要もあった。そこで、ロシアが南オセチアとアブハジアを手中に収め、国際的にジョージア領土とされる地域の五分の一を占領したときにも、友好国のために戦うことはなかった。

八月末にクレムリンは、南オセチアとアブハジアをジョージアから解放したと宣言し、両地域を独立共和国として承認した。ロシアは国連とEUの監視団を拒絶し、ふたつの分離地域の事実上の政府と協定を結ぶと、両国をロシアに統合することに同意した。クレムリンは争いを起こしたくない西側の姿勢を試して、勝利したのだ。

スイス、ジュネーブ――二〇〇九年三月

大きな赤いボタンの模型を携えたヒラリー・クリントンが、ジュネーブにおり立った。ホワイトハウスを受け継いだバラク・オバマ大統領がクレムリンとの関係修復を決断し、外相会談

のために新たな国務長官を中立国スイスに派遣したのだ。クリントンはモスクワとの緊張を和らげるという離れ業を成功させるためにやってきた。

　ロシアでは政権の交替があった――少なくとも表面的には。憲法で三期続けての大統領選出馬が禁じられているため、前年にプーチンが退き、彼の忠実な副官であるドミートリー・メドベージェフが政権を握った。それでも西側諸国は、一時的に首相の座に退いたプーチンがまだ国を牛耳っていることをはっきり認識していたが、ワシントンでは、新たにクレムリン入りした人物がホワイトハウスと取引できる相手であることを大いに期待した。そこで前月、副大統領ジョー・バイデンが政権初の外交演説で、ロシアとの関係においてアメリカ側には「リセット・ボタンを押す」用意があると表明し、いまこうして国務長官がスイスに送られ、その比喩を物質的に表現しているというわけだった。

　ライバルの核保有超大国との悩ましい関係を、世界のメディアのまえで寸劇を演じながら修復するという使命は、たとえ最高にしゃれた小道具を用いたとしても、楽ではなかったはずだ。しかし、クリントンはロシアの外相セルゲイ・ラブロフとの記者会見の場で、リボンを結んだ淡い緑の箱を果敢に取り出し、仰々しく蓋を開けた。

「オバマ大統領とバイデン副大統領と私が言いつづけていることを象徴する、ささやかな贈り物を持ってきました」クリントンは笑みとともにゆっくりと言いながら、手榴弾でも扱うように箱からボタンを引っ張り出した。「私たちの関係をリセットしたいのです」

ラブロフはその奇妙な贈り物をじっと見つめた。派手な黄色い台座の上に赤いボタンが鎮座している。台座には英語で「リセット」、ロシア語で「ペレグルースカ」と書かれていた。ラブロフはそれを両手で持って引っくり返した。笑みが唇に広がった。

「まちがえていますね」と言う。

国務省の役人はキリル文字の知識を磨く必要があった。台座に書かれたロシア語は、「リセット」ではなく、「過負荷」という意味だった。部屋じゅうで笑い声が起きた。いずれにせよ、ラブロフはボタンを押した。

アメリカの寸劇は不発に終わったかもしれないが、両国は米露関係の「新たなスタート」を切るという共同声明を発表した。ロシアはアフガニスタンに向かう米軍のロシア領空通過を許可すると宣言し、アメリカは計画していたミサイル防衛システムを棚上げした。二〇一〇年五月、ようやくロシアがイランの核開発計画をめぐる国際的な制裁に同意し、見返りにアメリカは、イランへの武器輸出でロシアに科していた制裁措置を取り消した。春が来て、霜はすべて解けていくように思われた――が、次の大きな寒波がやってこようとしていた。

ニューヨーク――二〇一〇年六～七月

アンナ・チャップマンは動揺していた。アメリカで非合法活動をしている一〇人のロシア人スパイチームの一員であるこの華やかな若いスパイは、ニューヨークに潜伏していたが、自分たちが誰かに売られたのではないかと疑いはじめていた。

　ほとんどの仲間は夫婦を装って緑豊かな郊外で暮らし、地味な仕事につき、子をもうけることさえしていたが、チャップマンのやり方はちがった。アメリカに来るまえに、アレックス・チャップマンというあまり賢くないイギリス人の若者と結婚して、イギリスの姓とパスポートを手に入れ、夫を捨てて新たな任務につくときには完璧に新しい身元になっていたのだ。二八歳とチームのなかでは最年少で、燃えるような赤毛と鋭い緑の目に、IQは一六二と、権力に近づくのに役立つ資質を持った彼女は、マンハッタン中心部で成功した国際的な不動産会社の独身経営者のふりをしていた。

　このスパイチームの目標は、影響力を持つ人物との接点を作ることと、機密の交換場所、すれちがいざまの受け渡し、暗号などの古典的なスパイ技術で集めた情報を母国に送ることだった。すでに元諜報員や、爆弾バンカー・バスターの開発にかかわった科学者と良好な関係を築き、これからアメリカ政府の閣僚とも親しくなろうというところだった。

　二〇一〇年六月の土曜の朝、チャップマンは「ロマン」という名前のみで知るハンドラーから呼び出しを受けた。特殊な暗号を使った連絡で、マンハッタンのダウンタウンにあるコーヒーショップで会おうと指示されたのだ。ふつうロマンはふたつの絶対的な決まりを守っているので、奇妙だった――連絡をとり合うのは水曜のみで、直接顔は合わせない。いつもであれば、チャップマンが〈メイシーズ〉や〈バーンズ&ノーブル〉のような公共の場所へノートパソコンを持っていき、ロマンはそのそばに白いミニバンを停めて、無線ネットワークで暗号のメッセージをやりとりする。しかし今回は本人が現れて、偽のパスポートを翌朝別のスパイに渡すという任務を指示してきた。

チャップマンは、怪しいと思った。いつものロマンのルールにしたがっていないだけでなく、新たな任務そのものもこれまでとは異質だったからだ。そこでチャップマンは、モスクワの外務省で働く元KGB職員の父に連絡し、身元がばれたかもしれないので出国しなければならないと告げた。しかし、もう遅かった。FBIの捜査官がその電話を盗聴しており、翌日いきなり現れて、チャップマンと、ワシントンやニューヨークやボストンに散らばるほかの九人のスパイを逮捕した。

FBIは〈ゴースト・ストーリーズ〉と名づけた作戦で、非合法のスパイ網を捜査していた。スパイたちが死者の身元を使って活動していたことにちなんだ呼び名だ。チャップマンの直感は当たっていた。彼らを売った人間がいたのだ。捜査官はスパイたちのメールを読み、暗号を解読し、電話を傍受し、情報の受け渡しを録画していた。チャップマンが会った人間はロマンではなく、アメリカの囮捜査官だった。二週間後、スパイたちはマンハッタンの連邦裁判所で有罪の答弁をおこなった。冷戦以来最大の東西のスパイ交換で彼らをロシアへ送り返す準備が始まった。

非合法のロシアのスパイチームのニュースは世界に発信され――のちに人気テレビドラマ『ジ・アメリカンズ』を生み出す――メディアはチャップマンの外見に大騒ぎした。タブロイド紙は第一面に「われわれを愛したスパイ」と「赤毛」という見出しを設け、若いスパイの写真を載せた。

「こんなにホットなスパイがいますか？」ジェイ・レノが深夜のテレビ番組でジョー・バイデンに訊いた。

「彼女を国に送り返すのは、私の考えではなかった」副大統領は気の利いた答えを返した。

イギリスではチャップマンの元夫が国際的なドラマにカメオ出演したり、夫婦の性生活の詳細や、親密な写真でいっぱいのアルバムをロンドンの新聞社に売ったりして金儲けした。五年後、三六歳のアレックス・チャップマンは、イギリスの港町サザンプトンの空き家で死体になって見つかる。複数のドラッグのオーバードーズによると思われた。

スパイ交換はすみやかにおこなわれ、ロシアとの関係をリセットしようとするオバマ政権の細やかな努力は無駄にならなかった。法に背く一〇人のスパイは七月九日に飛行機でウィーンに送られ、西側のためのスパイ活動中に捕まった四人のロシア人と滑走路で交換された。一〇人の潜入スパイはモスクワで英雄として歓迎された。クレムリンで開かれたセレモニーでは、母国への奉仕が称えられ、メドベージェフ大統領から国家栄誉賞を授与された。チャップマンはプーチンから直々に挨拶され、始めたばかりのモデルとテレビタレントのキャリアに政府の若者会議の議長という仕事が加わった。

交換で解放された西側のスパイのなかに、セルゲイ・スクリパリがいた。かつて軍の諜報員だったこの男は情報をイギリスに売った罪で起訴され、二〇〇六年に警備の厳重な軍の拘置施設に収監されていたが、いまや自由の身になったのだ。彼はイギリスへ飛び、のんびりとした大聖堂の街ソールズベリーに新たな家を構えた。スパイ交換は両方にとってうまくいったように見えた。

ところが、スパイたちがモスクワに戻ってまもなく、彼らをFBIに売った裏切り者が特定されたとプーチンが宣言した。潜伏スパイ網を暴いたもぐらの不吉な運命を予言するように、「国家反逆罪にあたる」とプーチンは声をとどろかせた。「裏切り者はかならず不幸な末路をたどる。みな一様に酒やドラッグに溺れ、溝に転がることになるのだ」

疑われたのは、アフガニスタンとの長く過酷な戦いで功績をあげて赤星勲章を受け、ソ連崩壊後は対外情報庁で昇進を続けていたアレクサンドル・ポテイエフだった。一九九〇年代にアメリカに赴任し、モスクワに戻ったときには、アメリカにおける潜伏スパイチームを監督するために設立された「S局」と呼ばれる極秘部門の副局長に任命されていた。

軍法廷はポテイエフを国家反逆罪で裁判にかけた。チャップマンは、ポテイエフがスパイチームの逮捕につながる情報をアメリカ当局に提供したにちがいないと証言した。ロマンのふりをして接触してきたFBI捜査官が、ポテイエフとハンドラー以外は知らない暗号を使ったというのだ。法廷は二五年の禁固刑を宣告したが、手錠をかけられて刑務所へ連れていかれる人間はいなかった。ポテイエフは国を脱出していたのだ。

ＦＢＩがチャップマンら非合法要員の逮捕を計画しているときに、Ｓ局のこの副局長は上司にかけあって、急な休暇をとっていた。ミンスクまで電車に乗り、そこからウクライナに入って偽のパスポートを入手した。ポテイエフはフランクフルトにあるＣＩＡの隠れ家《セーフハウス》にたどり着き、そこからアメリカへ連れていかれた。

「どうか落ち着いて受け止めてほしい」ポテイエフが妻に書いたメッセージを、検察側が裁判で読み上げた。「国を離れたのは一時的なことではなく、もう二度と戻らない。こうしたくはなかったが、せざるをえなかった。新しい生活を始める予定で、子供たちのことは援助するつもりでいる」

プーチンはテレビのインタビューで裏切り者の逃亡を嘆いた。「あの男は友を裏切り、戦友を裏切った。母国のために命を捧げた人々を」と憤った。「自分の子供の目をまっすぐ見られるのか？　豚めが！」

モスクワとの関係を改善しようと努めていたオバマ政権は、新たな頭痛の種を抱えることになった。アメリカにおり立ったばかりのスパイの親玉は、情報提供者として非常に貴重な存在だが、クレムリンからまともに狙われる標的になったのも確かだった。

バージニア州ラングレー

バージニア州フェアファックス郡の緑豊かな平原に、のどかなラングレー地域の鬱蒼とした森に埋もれるようにして、CIAの本部がある。いくつもの棟を持つ建物の内部では、アメリカの諜報機関の幹部たちが真新しい脅威に備えようとしていた。アメリカでは、数多くの亡命者が政府の再定住プログラムのもとで暮らしている。その多くがロシア人で、亡命者には新たな身元が用意されるが、クレムリンがアメリカまでは彼らを追ってこないというのが大前提だった。しかし、いまやラングレーには、アメリカで暮らすロシア人亡命者が不断の脅迫を受けているという情報が次々と舞いこんでいた。その筆頭はポテイエフ大佐だった。

ロシア側は、アンナ・チャップマンのスパイチームの身元を暴いたと告発されたこの男が一九九〇年代のアメリカ勤務のあいだに二重スパイとして雇われ、以降驚くほど大量の極秘情報をアメリカに流していたと疑っていた。ポテイエフは保護されなければならないが、非常に手のかかる人物だった。

アメリカ政府の亡命者再定住プログラムでは、CIAからポテイエフ一族に、身元を隠す新たな名前とパスポートを提供するのが標準的なやり方だった。通信は暗号でおこない、亡命者が仕事や子供の学校を見つけるのを助け、亡命者によくある鬱症状に対処するために精神科の治療を手配し、顔で識別されないように整形手術を提案することすらあった。しかし、ポテイエフは隠れることを望まず、ＣＩＡのハンドラーに、本名で堂々と暮らしたいと告げた。ＣＩＡは考え直すよう求めたが、本人の決意は固かった。こそこそと隠れて生きるつもりはない、かつての仲間が追ってくるなら、それはそのときだ、と。

そうなるまでに長くはかからなかった。同年一一月、潜伏スパイを売ったもぐらを殺すために殺し屋が派遣されたとロシアのメディアが伝えた。「もぐらが誰であり、どこにいるかはわかっている」クレムリンの高官が新聞にもらした。「それはまちがいない。裏切り者のもとへ第二のメルカデルがすでに送られた」一九四〇年にＫＧＢによってメキシコに送られ、レオン・トロツキーをアイスピックで殺したスペインの暗殺者、ラモン・メルカデルのことだ。

ポテイエフはフロリダに移って二四時間監視されながらも、陽光あふれる海岸で釣りをし、静かにすごす新生活を送っていた。亡命後に、殺害命令を受けたロシアの暗殺者に居場所を知られたこともたしかにあったが、害が及ぶまえに監視チームが警告してくれた。しばらくはそうした危険も減ったかに見えたが、そんなとき突然、ロシアのスパイをアメリカに売った裏切り者が死んだというニュースで、モスクワのメディアが沸き立った。

クレムリン支配下のテレビ局〈ロシア１〉はポテイエフについてトップニュースで伝えた。「非の打ちどころのない家系の」諜報員がアメリカに情報を売ったために「悲劇的な最期」を迎えた――「裏切り者が死の罰を受ける」また新たな例になった。ポテイエフの名は、近年命を落としたプーチン政権の敵の長いリストに加えられ、ニューヨーク・タイムズ紙は第一面で、数ある黒い疑惑のひとつとしてポテイエフの死亡を伝えた。

しかし、その背筋が寒くなる追悼記事から三カ月後、死んだはずの男がフロリダの〈ウォルマート〉にふらりと入って、海洋フィッシングライセンスを購入した。申請書には本名と、近くの光り輝く高層ビル内にあるアパートメントの住所を記入した。さらにそのすぐあとで、共和党支持者として有権者登録もおこなった。ポテイエフはしっかりと生きており、隠れてもいなかったのだ。

それまでにも、亡命者の死について似たような偽のニュースが流されることはあった。ロシアがときに敵をいぶり出す方法として用いたのだ。ロシアで監視下にある親戚や友人に亡命者からニュースは嘘だと連絡させて、ＦＳＢがメールアドレスや電話番号を突き止める。しかし、ポテイエフは本名で逃げ隠れせずに暮らしていた。彼が死んだという偽のニュースをロシアが広めたのは、暗殺が失敗に終わっても裏切り者はつぶされるというメッセージを送りつづけるためだろうか。

どんな背景があったにせよ、アメリカのスパイの上層部は、そのニュースが嘘だと暴いてはいけないという命令を下した。ポテイエフが死んだと世界に思わせておくほうが、誰にとっても安全だったからだ。裏切り者が生きていると明かされてロシアが恥をかくことになれば、実際に命を奪うためにまた暗殺者がやってくるかもしれない。すでにＣＩＡはＦＢＩと共同で、アメリカにいるほかのロシア人亡命者への襲撃に対応する計画を立てているところだった。標的になる可能性のある亡命者は、二四時間体制の保護下に置かれた。人員を確保するのはかなりむずかしかったが、一時期アメリカには再定住プログラムで一〇〇人近くの亡命者がかくまわれていた。アメリカはロシア人亡命者にとって安全を確信できる場所だったのだ——もはやそうではないが。

CIAモスクワ支局

モスクワのCIA支局長は、引退間近の白髪でしわがれ声の古兵だった。ロシアで長くすごしたせいで、死には少々うんざりしていた。「ああ、プーチンが暗殺にかかわっているのはよく知られた話だよ——まずはニュース速報が流れて、次に、はいはい、それは大変だということになる」ロシアの暗殺事件の情報収集について訊かれると、それがお決まりの答えだった。「私は誰かが殺されることよりずっと規模の大きな何かを、クレムリンが計画したり、意図したりしていないか探ろうとしている」

つまり、同じ時間を使うなら、彼が国家戦略上の大きな問題と見なすこと、たとえば、ロシアのNATOへの加入意図、シリアでの活動、核開発計画について探るほうがいいというわけだ。しかし、モスクワ支局には、ロシアにどの程度アメリカで暗殺作戦を実行する力があるのか探れという要求が出された。いまやこの問題は差し迫っている。モスクワのＣＩＡの諜報員たちには、ロシアが西側のほかの国でやったようにアメリカでも国家の敵を追うとしたら、どのくらい害を及ぼす可能性があるか調べる任務が与えられた。

国外にいるロシアの敵が亡くなった数を調べると、驚いたことに、明らかな傾向があった。イギリスで不慮の死をとげたロシア人亡命者の比率は、明らかに自然ではなかったのだ——とくにボリス・ベレゾフスキーの取り巻きについて。彼がプーチンにとってもっとも憎き敵であることはわかっていたので、仲間が標的にされるのは意外ではなかった。ベレゾフスキー自身も安らかな最期を迎えることはないだろう。ＣＩＡの諜報員たちが驚いたのは、イギリスでロシアが楽々と敵を倒しているように見える状況についてだった。

アメリカでもイギリスと同じくらい頻繁にロシア人亡命者が死んだとしたら、嫌でも注意を引く。政府の監視委員会が質問を浴びせてくるだろう。アメリカにいる諜報員たちはＭＩ６以上に大きな関心を寄せ、ＦＢＩが暗殺を阻止する。やはり、ロンドンは悪名高きロシアマネーの中心地なのだ。それで説明がつきそうだった。

ＣＩＡのモスクワ支局長は、ＭＩ６の同等の立場の人間とビールを飲み、イギリスで起きていることについて訊いてみた。

「なあ」彼はぶっきらぼうに言った。「ロシア人がたいして心配もせずに何度も人を殺すなんてことがどうしてありうる？　イギリスへ行ってただ殺すなんて」

イギリスの諜報員はその問題をあっさり認めた。「ロシア人がイギリスで暗殺計画を実行しているのはわかってる。だが、それはわれわれの管轄じゃない。ロンドン警視庁だ」

イギリスでの死者数に驚いたのはモスクワ在住の諜報員だけではなかった。ＣＩＡの本部でも、イギリスで増えつづけるクレムリンの敵の死者数を、懸念を募らせながら見直していた。ベレゾフスキーとまわりの人間がロシアから逃げ出したときまでさかのぼってロシア人亡命者の死を追跡し、ＣＩＡ職員の多くはすでに、イギリス政府はロシアの魔の手から自国居住者を情けないくらい守れていないという結論に達していた。それもこれまではさほど懸念材料ではなかった。イギリスへの亡命者を個々に狙い撃ちするのと、ライバルの大国内で同じように大胆なことをするのは、まったく別次元の話に思えたからだ。その論理がいまや変わったのだ。

ポテイエフの亡命後、アメリカにいる亡命者の命の危険は増し、ラングレーの諜報員たちは不快な疑問を突きつけられた――アメリカにもっとも近い同盟国イギリスは、ロシアの侵略行為を阻止できなかったことで、プーチンに西側のどの国でも罪に問われることなく殺しができるという自信を与えてしまったのではないか？

17

ロンドン、ダウン・ストリート、ダウニング街
――二〇一〇年五～七月

二〇一〇年の暑い夏の日、ダウン・ストリートにやってきた青い目の痩せた男は、受付に近づき、舌足らずな話し方でミスター・ベレゾフスキーに贈り物を持ってきたと告げた。わざと冴えない恰好をしたその男は、かつてボリスとバドリと組んで儲かる仕事をしたロシアの通信業界の大物、ラファエル・フィリノフだった。フィリノフは階上《うえ》のベレゾフスキーのオフィスに案内された。彼がＦＳＢと密接につながっていることはベレゾフスキーもよく知っていたが、要人警護官が口を酸っぱくして諭しても、古い知り合いを追い払うことはめったになく、このときにも客を大喜びで招き入れて、ドアを閉めた。フィリノフは、モスクワの共通の友人からだと言って包みを手渡した。贈り主はアンドレイ・ルゴボイだった。

ベレゾフスキーはそれに目を向け、立ち会いが必要な局面だと判断した。そこで秘書と〈ロ

ゴバス〉の元経営責任者ユーリー・デュボフを部屋に呼んでから、包みを開けた。なかには「ＣＳＫＡモスクワ」とロゴの描かれた黒いＴシャツが入っていた――リトビネンコが毒を盛られた晩に、エミレーツ・スタジアムでベレゾフスキーとルゴボイが観戦したチームのロゴだ。チームのエンブレムの中央にあるサッカーボールが世界共通の放射能マークに置き換えられていなければ、ふつうのサッカーチームのＴシャツに見えたかもしれない。マークのまわりの文字は「ポロニウム２１０」と読めた。裏側の「つづく」の文字の意味も明白だった。背中には「核による死がすぐそこに」ということばがプリントされていた。

ベレゾフスキーは青ざめたりはしなかった。モスクワに忘れられていないのは悪くない。イギリスですでに少なくとも二度の暗殺計画を切り抜けていて、殺されることはないとかなり確信していたこともある。ベレゾフスキーはフィリノフに別れの挨拶をし、秘書をスコットランド・ヤードに送って証拠品を警察に届けた。

ルゴボイにはここまで大それたことをする余裕があったのだ。クレムリンが決して暗殺をあきらめないことはわかっていた。イギリスも外交的な犠牲が大きくなりすぎないうちに、抵抗を断念してベレゾフスキーを引き渡すにちがいなかった。「この問題にイギリス政府がこだわればこだわるほど、政府とわれわれの関係は悪くなる」ベレゾフスキーはインテルファクス通信の記者のインタビューできっぱりと語った。その読みは当たっていた。

五月一一日にダウニング街に着任したイギリス保守党の新たな首相デイビッド・キャメロン

は、放射能による暗殺計画という不愉快な事件を忘れたくてたまらなかった。景気後退にみまわれている国の経済を復活させる計画の中心に、モスクワにおけるイギリスのエネルギー利権を拡大し、ロンドンに取りこむロシアマネーを増やすという課題があったので、クレムリンとの友好関係を回復しようと決意していたのだ。しかし、首相になったまさにその日、ロシアによる新たな暗殺計画を示す情報に直面することになった。

今度の標的はアフメド・ザカエフで、暗殺者と目されたのはまたも敵側についた味方だった。かつてのチェチェン分離派の兵士で、マズウェル・ヒルのザカエフの家の近くに住み、オジャー・クレセントをたびたび訪ねる人物である。ＭＩ６は、その兵士が寝返ってチェチェンの親ロシア体制のために暗殺者として働いているのではないかと疑っていた。ロシア政府に苦汁をなめさせたあとウィーンで撃たれて死んだ別の元兵士の殺害も、その男の仕業だと考えられていた。ＭＩ６によれば、その暗殺者はザカエフの命を「真に脅かす存在」なので、ただちに対処する必要があった。

政府はすみやかに行動した――ただし、秘密裡に。内務省ができるかぎりひそかにイギリスからその元兵士を追放するよう動いたのだ。元兵士はほかの仕事で国外にいるあいだにイギリス滞在許可証を取り消された。しかし、その火消しからまもなく、別の炎が燃え上がった。ベレゾフスキーに対するルゴボイの目に余る脅迫が、当局をさらに悩ます頭痛の種になった。

六月末にカナダで開催されたＧ８でキャメロンとメドベージェフが顔を合わせたときには、

双方が温かいコメントを発表した。誰もリトビネンコの殺害や、その後のベレゾフスキーとザカエフへの脅しについては言及しなかった。キャメロンは、二国には「多くの共通点」があると言い、「より強い相互関係」を求めた。集まった記者たちに魅力を振りまきながら、ツイッターでメドベージェフをフォローすると約束したことを明かし、モスクワとの定期的な電話会談を楽しみにしていると言った。数カ月後にふたりの指導者が韓国で再会したときにも蜜月は続いていて、キャメロンは翌年のロシア訪問の招待を受け入れたことを嬉々として発表した。

それ以降イギリス政府は、ロシア人殺害の厄介な問題に蓋をしようと全力を尽くすようになった。「国際関係」を優先させなければならないという理由で、ルゴボイとコフトゥンの引き渡しが失敗に終わったあとマリーナ・リトビネンコが夫の死について判事による公開審理を要求したときにも、阻止した。ほかにもクレムリンの敵がイギリスで死んだときに、国家安全保障法を使って検死審問ですべての証拠を開示しなかった。それは同じ年の夏、同胞のスパイに対する事件から始まった。

ロンドン、ピムリコ——二〇一〇年八月

炎暑のなか、警察はリバー・ハウスの川向こうのピムリコにあるアパートメントのドアを蹴破った。イギリスの諜報員が国から無償で貸与されて住むアパートメントだった。コリン・

サットン主任警部は鼻にしわを寄せてなかに入った。八月の蒸し暑い日で、なかの温度は耐えられないほどだったが、それさえなければ部屋は完璧に整っていた。完璧すぎるとサットンが思うほどに。

アパートメントは外から施錠され、家宅侵入の形跡もなかった。場ちがいなものはなく、携帯電話、ノートパソコン、ＳＩＭカード数枚がきちんとテーブルに並べられ、ノースフェイスの大きな赤いスポーツバッグがバスタブのなかに置かれていた。そして南京錠のかかったバスルームに、ガレス・ウィリアムズの死体があった。

三一歳のスパイは死後一〇日たっていた。死体は暑さのせいで損傷が激しく、死因を特定することは不可能だった。バスタブの縁にも、バッグのファスナーにも、外からかけられた南京錠にも指紋やＤＮＡの痕跡は残っていなかった。鍵は死体の下敷きになったバッグのなかにあった。

ウィリアムズはイギリスの政府通信本部（ＧＣＨＱ）の上級暗号解読員だった。数学の天才で、国際案件の難解な暗号を解読するＭＩ６の諜報員を助けるために、リバー・ハウスに派遣されていた。一週間以上職場に顔を見せていなかったが、ＭＩ６の同僚たちは何かあったとは思っていなかった。彼の妹がＧＣＨＱに連絡してきて、兄が電話に出ない理由を尋ねて初めて、警察に通報した。そこで警察がピムリコの彼のアパートメントに出動し、死体を発見したのだった。

ロンドン警視庁殺人課の上級刑事であるサットンは、その日の午後、上司から連絡を受け、イギリスの暗号解読員の他殺体が見つかったと告げられた。被害者はＭＩ６で働いていたから、テロ対策司令部の連中がうろうろしているだろうが、捜査は殺人課が担当するので、現場に行って彼らに誰が責任者か示してやれ、と上司は言った。

サットンは骨の髄まで殺人課の刑事だった――現実の殺人事件の捜査が休みのときにも本格殺人ミステリーを読むほどの。上司と同じく彼も、イギリスの胡散臭い保安機関や諜報機関には疑念を抱いていた。サットンが思うに、機密に触れることができるテロ対策司令部の警官たちはスパイと親密になりすぎていて、ほかの警官たちには明かせないような最高機密を知らされている。そういう連中が現場にいて、殺人課の刑事が知っていること、知らないことを探ろうとするのは気に入らなかった。

サットンが現場に到着すると、たしかにそこにはテロ対策司令部のブレント・ハイアット警部がいた。ハイアットは死の床にあるリトビネンコを尋問して以来、警察内ではちょっとした有名人だったが、サットンには相手を祭り上げている暇はなかった。

「この件はこっちの担当だ」サットンはそっけなく言った。「殺人事件だから」

アパートメントのなかに足を踏み入れたとたんに総毛立った。誰かが犯罪現場を仕立てあげたように見えたからだ。ＤＮＡや指紋をきれいに消し去り、犯罪の証拠となるものは持ち去り、電話やノートパソコンやＳＩＭカードを警察がたやすく見つけるように、囮として残していく。

ウィリアムズが行方知れずだったことを諜報員たちが警察に通報するのがこれほど遅くなったのはなぜだ？　ウィリアムズの妹が心配を口にしたあとですら、雇い主の彼らは五時間もたってから警視庁に通報した。通報するまえに、誰かがアパートメントを捜索して、国の安全保障を脅かすような何かを回収したとか？　サットンにはみずからこの件を担当する余裕はなかったが、年下の同僚のジャッキー・セビール主任警部にまかせ、スパイどもに振りまわされるなと忠告した。

セビールは抜け目のない刑事だったが、捜査開始早々、ウィリアムズの極秘の任務が障害となった。ＭＩ６は、ウィリアムズは殺されたのではなく、セックスのお遊びがすぎて事故で窒息したという説を押し通そうとした。ウィリアムズがボンデージのウェブサイトや女装クラブをたびたび訪れていたことや、かつらのコレクションのほか、総額一万五〇〇〇ポンドもするデザイナーズブランドの婦人服を所有していたことがメディアに知らされた。

殺人課の刑事は捜査を進めたが、ＭＩ６のウィリアムズの同僚から話を聞くことや、鍵となる証拠を検証することは禁じられ、尋問をするにしても、匿名の証言をもらうにしても、テロ対策司令部の警官たちに頼らざるをえなかった。アパートメントで見つかったｉＰｈｏｎｅは初期設定、ウィリアムズのＭＩ６のロッカーにあった九個のコンピュータのメモリスティックの存在は機密事項だった。それらが見つかったことをセビールが知ったのは一年半以上もたってから、スパイの死因をめぐって開かれた検死審問における証人尋問のときだったが、そのときには殺人課はすでにあきらめ、捜査を終了させていた。

検死官のフィオーナ・ウィルコックス博士は、ＭＩ６とロンドン警視庁テロ対策司令部にとって大打撃となる判決を下した。ウィリアムズがセックスのお遊びで窒息したという説明をはねつけ、彼の私生活に関するメディアへのリークを、「第三者による一部の証拠の操作」ではないかと非難したのだ。ウィリアムズの死因は「不自然で、犯罪によって引き起こされた可能性がある」と断じ、ＭＩ６とテロ対策司令部の証拠の扱いに混乱と不手際があって死因の特定が不可能になったと糾弾した。

検死審問のあいだも、ウィリアムズの仕事は極秘扱いだった。当時の外相ウィリアム・ヘイグが国の安全保障上の理由から、ＭＩ６の任務に関する情報開示がないよう、公益にもとづく秘匿命令に署名していたからである。しかし、封印されたファイルのなかにこそ、暗号解読員の最期の謎を解く鍵があった。

ウィリアムズはロシア関係の任務についていた。その任務につくことを認められたばかりで、亡くなるまえの数カ月は、メリーランド州にあるアメリカ国家安全保障局（ＮＳＡ）のフォート・ミード陸軍基地内の本部を定期的に訪れ、クレムリンとつながったマフィアが不正資金を世界じゅうで動かすための複雑な金融ネットワークに侵入する手助けをしていた。重大な機密を扱う仕事なので、ユタ州の砂漠にある「最高機密」のＮＳＡ施設を訪ねるにあたって、完全な身元調査をされていた。

アメリカ国務省が、ＮＳＡとウィリアムズの共同作戦については何ひとつ公表しないことを要求したため、イギリス政府はウィリアムズの仕事の詳細が警察の捜査ファイルに入らないよう干渉し、直接検死審問にまわしたのだった。少なくとも公には、暗号解読員の死因は謎のまとされた。しかし、ウィリアムズがスパイの言う「異常な性的嗜好」のせいで死んだという説をＭＩ６が広めて警視庁の捜査を妨害しているあいだに、アメリカからは非常に警戒すべき情報が送られていた。アメリカの情報源と傍受施設からの情報で、ウィリアムズもイギリスでロシアに暗殺された犠牲者だったことが示唆されていたのだ。

ロンドン――二〇一〇～二〇一二年

ベレゾフスキーは新たな情熱にエネルギーを注いでいた。多くの相手と法廷闘争をおこなっているせいで、突然イギリス司法制度の美徳に執心し、法の支配や文明国における法廷の位置づけについて熱弁をふるうようになったのだ。熱狂のあまり、関係の冷えきった妻がロンドンの裁判所に離婚訴訟を起こし、彼に残った財産から二億二〇〇〇万ポンドという記録的な額の財産分与を得ることになったときでさえ、正義の女神の揺るぎない厳しさがまた証明されたと喜んで結果を受け入れた。

仰々しく司法制度を擁護したのは、じつのところ、ほかにエネルギーを向ける先がなかったからだった。バドリが死に、財産が手からこぼれ落ちていくなか、残る道は、司法制度を通して、亡くなったパートナーの遺族や、彼が裏切られたと感じているかつての友から、取り戻せるだけの金を取り戻すことだった。ベレゾフスキーは全方位的に訴訟を起こしていた。初めに訴えたふたつの大きな裁判で勝利したことが、その訴訟熱に油を注いだ。

まず、ロシア政府を間接的に攻撃した。クレムリンが支配するテレビ局の番組で、リトビネンコ殺害に関してベレゾフスキーを非難したウラジーミル・テルリュークという男を訴えたのだ。テルリュークによれば、殺害の動機は、リトビネンコの手を借りて不正に政治亡命したベレゾフスキーが、そのことを暴露されるのを止めるためだった。リトビネンコとベレゾフスキーは毒を塗ったペンによるベレゾフスキー殺害計画をでっちあげ、それによってようやく当局から亡命を認められたというのだ。その裏の事情を知っているのは、リトビネンコから協力を求められたからだという。テルリュークはＦＳＢの手先だと確信していたベレゾフスキーは、イギリスの王立裁判所に出向いて名誉棄損の訴えを起こした。

裁判は大混乱となった。テルリュークに弁護士はついていなかったが、高等法院の判事が「異常事態」と表現する奇妙な出来事が生じた。二〇一〇年二月の公判中、ロシアの検事の一団が押しかけ、テルリュークの弁護にあたったのだ。モスクワの検察庁から来た四人が法廷でテルリュークを囲むように坐り、同時通訳で審理内容を追えるようにイヤホンを要求し、裁判の当事者ではないにもかかわらず、くり返し審理をさえぎった。テルリュークにメモや書類を渡し、申請書を作成し、判事にこっそり書類を提出しようとした。あるときには、そのなかのひとりの携帯電話が法廷内で大きく呼び出し音を鳴らした。

「あれはきっとミスター・プーチンだ」ベレゾフスキーの勅撰弁護士が皮肉っぽく言った。

ロシアの検事たちがベレゾフスキーに反対尋問をしたいと言いだすと、判事はそれはやりすぎだと諭した。そして、テルリュークの主張は虚偽であり、「ベレゾフスキーの亡命者としての立場やイギリスの滞在許可を危うくするために計画されたもの」と断じ、一五万ポンドの損害賠償を命じた。

テルリュークは判決を不服として控訴し、アンドレイ・ルゴボイから得た、ベレゾフスキーをリトビネンコ殺害に結びつける新たな証拠を提出しようとした。暗殺者の証言には、モスクワの上級検事ワジム・ヤロビツキーの意見書が添えられていた。しかし、判事はルゴボイの証拠を「信憑性に欠ける」と退け、控訴を棄却して、ロシアの検事たちがイギリスの司法制度に口を出すことを厳に戒めた。

ベレゾフスキーが次に勝利したのは、ルスラン・フォミチェフに対する訴訟だった。銀行口座に入金されるなりスイスの検察が凍結した五〇〇〇万ドルの融資に対し、フォミチェフが金利の支払いを拒否したことについて訴えを起こしたのだ。フォミチェフはかつてのボスとの取引の詳細が暴かれるのを避けようと必死になった。彼の弁護団は、証言することによって被告の命に危険が及ぶ可能性があると主張した。「ベレゾフスキー氏への協力者はもちろん、彼の過去から現在にわたる友人たちに協力した人間も、さまざまな事由で訴追されている。命を落とす者もあり、そのすべてが自然死とは言えない」ある意見書に弁護士はそう書いたが、判事は容赦なかった。フォミチェフを「不誠実な」証人と批判して厳しい裁定を下し、ベレゾフスキーへの支払いを命じた。

こうした勝利も、ベレゾフスキーが資産を完全に取り戻すにはほど遠かったが、汚名をそそぐことにはなった。彼はもっと大きな訴訟を起こそうという気になり、ロマン・アブラモビッチとの大決戦の準備を進めた。一方で、バドリの遺族との激しい争いも続いていた。〈ニュー・ワールド・バリュー・ファンド〉をめぐっても争いが生じた。もとはスティーブン・カーティスがアブラモビッチからボリスとバドリへの支払いを受けるのに使った信託である。フォミチェフは自分の取り分を断固として譲らず、ベレゾフスキーはパタルカチシュビリの遺族と戦利品を奪い合い、カーティスの分は遺族をだまして巻き上げようとしていた。そこに手早い収入のチャンスを嗅ぎつけたスコット・ヤングが加わった。このフィクサーはロンドンに戻ってくると、争っている当事者たちのあいだで資金を分配する妥協案を提示して仲裁を申し出た。もちろん、その努力相応の手数料を含めることも忘れずに。

ヤングはベルリンから戻ってきて以来、どうにか泥沼から脱しようと手を尽くしていた。ベレゾフスキーのためにまた取引を探すのと同時に、モナコに拠点を置く怪しげなロシア人グループのために、ロンドンの不動産、外国為替取引、高価な芸術品、メイフェアの高級レストランを通してイギリスに金を持ちこめるように手配していた。自身は破産しているので表立って取引はできないが、お膳立てをすることで手数料を現金できっちり受け取っていた。スーパーフィクサーは通常業務に戻りつつあったが、失われた私財の謎はまったく解明されていなかった。そして彼はこれまでになく恐怖に怯えていた。

一〇代後半になっていたヤングの娘、サーシャとスカーレットは、最高のプライベートスクールで鋭く磨かれた知性を持つ、若く賢い女性に成長し、むずかしい質問もするようになっていた。かつてはポニーを一五頭所有し、歯の妖精［乳歯が抜けたときに枕の下に置いておくと、妖精が歯を持っていく代わりにお金を置いていくという言い伝えから］が真新しい五〇ポンド札より低いお札を置いていくことも決してなかったのに、いまや名門女子校フランシス・ホーランド・スクールから三万ポンドを超える学費未払いで追い出され、母親といっしょにピムリコの狭い部屋で困窮した生活を送っていたのだ。

離婚裁判によって、彼女らの父親はミシェルに月二万七五〇〇ポンドの養育費を支払うよう命じられていたが、一度も支払いはなかった。その一方で父自身はスポーツカーを何台も連ねて会いに来たり、ロンドン一の高級住宅街にある息を呑むほど美しいアパートメントを泊まり歩いたりして、並はずれたライフスタイルを保っているように見えた。しかし、父は友人のお情けで暮らしていると言い張り、娘たちにお金はどこに行ってしまったのかと訊かれると、

「複雑な事情があってね」と答えるだけだった。

　娘たちは嘘で家族をがんじがらめにした父親に憤り、破産でやむなく学校をやめたあとで、これ以上の屈辱には耐えられないと伝えた。それでも、父を愛するのをやめることはできなかった。サーシャは一五歳で、子犬のような大きな目も、いたずらっぽい笑みも、父親に瓜ふたつだった。たとえ本当に父のせいで困った状況に置かれているのだとしても、やはり父は一番安心を与えてくれる存在だった。思ったことをなんでも打ち明けることができ、決して批判されることもない。自分の父親は無敵だと思っていた。

　スカーレットはふたつ年上で、目もそこまで大きくなかった。すらりと背が高く、長い黒髪と磁器のような白い肌、強い印象を残す緑の目だった。家計を助けるためにモデルの仕事をしながら、期末試験では最高点を獲得した。それでも日に何度か父にメッセージを送る時間はあり、父は愛情あふれた返事をくれた。「うんと愛してる」父は娘にメッセージを送った。「誰にも、何にもがっかりしちゃだめだ！　おまえはそんなことに負ける子じゃない。パパの最高の娘だ」

　ヤングは娘たちの気分を一時的にでもよくしようと目の飛び出るような贈り物をした。そのなかにはＶＩＰ用のコンサート・チケットや、友人である小売業界の大物サー・フィリップ・グリーンからもらった五〇〇〇ポンド分の〈トップショップ〉［イギリスのファストファッションのチェーン］のギフト券もあった。ふたりの娘をよくサウス・ケンジントンに連れ出して、気に入りのイタリアン・レストランでピザを食べさせ、会うと約束すればかならず現れて、ふたりを思いきり抱きしめ、ふざけて笑わせた。いっしょにいないときには毎日電話で元気かと訊き、学校で何があったか尋ね、宿題をちゃんとやっているか確かめた。

しかし、ここ数年、そうした電話がどんどん不穏になってきた。二〇〇八年のある晩、娘たちだけが自宅にいるときに父親があわてて電話をかけてきた。尾行されていて、家族全員が危険だという。すぐに安全な場所に逃げてくれと懇願しながらも、家は監視されているかもしれないと警告した。ところが次に会ったときには、すべて問題ないと言い、娘たちの質問をかわしながら、いつもの馬鹿げた態度で気をそらそうとした。

翌年、ヤングは夜中の三時に警察に通報し、身辺警護を依頼した。彼のアパートメントを訪ねた警官の報告書によれば、通報者は「ギャングとロシア・マフィアに暗殺されると信じていた」。三日間眠っておらず、「スコッチエッグひとつ以外、まる一日何も飲み食いしていなかった」。なぜなら「毒を盛られるのを怖れていた」からだ。通報者は「武装警護」を要求し、ＭＩ５とＭＩ６に知らせてくれと頼んだ。警官は要求に応じず、「命の危険があるという主張を裏づける情報はなかった」と判断して彼を精神鑑定にまわした。

精神科医の診断で、ヤングは「躁病の気がある被害妄想」を患い、「複雑な妄想体系」を持っているとされた。警察は精神保健福祉法にもとづいて彼を拘束し、セント・チャールズ病院に入院させた。医療チームのメモには、「汗をかき、疑い深く、落ち着きがない」と書かれた。何度かほかの患者にキスしようと迫ったり、露出しかけたりもした。看護師を「ＫＧＢの一味」と非難し、病棟の扉を蹴破って逃げようとした。

ヤングは数日後にミシェルとの離婚裁判の審問に出席する予定で、資産の消失に関する証拠を示せなければ収監されるはずだった。しかし、セント・チャールズ病院の医師たちは、ヤングが出席できる精神状態にはないという診断書を判事に提出した。ミシェルは腹を立て、不服従によるヤングの収監を求めたが、判事はヤングの要求を認めて審問を延期した。翌日、医師たちは「大幅な改善が見られた」と記している。ヤングは「精神病の徴候を見せてはいない」が、今度は冷静に、自分の恐怖には根拠があると主張していた。サーシャのところにも病院から電話をかけ、誰かに尾行されていると打ち明けた。スカーレットといっしょにどうか安全な場所へ逃げてくれと懇願し、自分は病院がもっとも安全な場所だと思うので、わざとここに入っていると言った。

立てつづけにふたりの友人が亡くなったことで、ヤングはいっそう不安を募らせた。ポール・キャッスルとロビー・カーティスは大金を動かす不動産業者で、つねにいっしょに行動するならず者ふうのペアだったが、よくヤングとベレゾフスキーが愛用するロンドンのイタリアン・レストラン〈チプリアーニ〉で会食していた。キャッスルはチャールズ皇太子とポロを楽しむ間柄で、友人たちには、シャンパンに「神よりも金を費やす人間」として知られていた。カーティスのほうは二〇〇〇年代初頭に豪奢な賃貸物件で財をなし、モデルのカプリスとデートをしたことがあるとうれしげに自慢した。ヤング同様、ふたりとも最近大きな経済破綻にみまわれ、友人たちの耳には、彼らがロシアのマフィアにつながるギャングと危ない取引をしてトラブルに巻きこまれたという噂が入っていた。

最初に死んだのはキャッスルだった。二〇一〇年一一月のある朝、四四歳の彼はいつもの習慣にしたがって〈グロブナー・ホテル〉でお茶を飲み、見るからに上機嫌でメイフェアのオフィスに現れた。ところがそこにロシアがらみの犯罪組織の用心棒たちが押し入って彼を脅し、豪華な時計の貴重なコレクションを奪っていった。キャッスルはオフィスを出てまっすぐボンド・ストリートの地下鉄駅へ向かった。そこで迫ってくる列車のまえに手を広げて身を投げた姿が防犯カメラにとらえられた。彼の死後、友人たちが匿名で新聞に語ったところでは、キャッスルはロシアのマフィアとつながった「非常に危険な人々」から、みずから命を絶たなければじわじわと痛い思いをさせて殺すと脅され、追いつめられたそうだった。検死官は自殺と断定した。

キャッスルの死にカーティスは打ちのめされ、恐怖のあまり正気を失いそうだった。友人たちには、キャッスルがかかわったロシアがらみの組織犯罪集団とのトラブルに彼自身も巻きこまれていると語っていた。すでに一度、犯罪組織の人間に窓から放り投げられたこともあったらしく、恐怖のあまり、死の直前にはロンドンに拠点を置く別の犯罪集団に保護を求めようとしたほどだった。

「私の身に何も起こらないようにしてもらいたい」ギャングの大物にそう言ったところ、「悪いが、もう遅い」という答えが返ってきた。「すでにあんたには殺し屋が差し向けられている」キャッスルが亡くなって約二年後、ロビー・カーティスは地下鉄のキングズベリー駅のホームから列車のまえに身を投げた。

ヤングは、ふたりの友人が故意に自殺に追いこまれたと確信し、狼狽のあまり電話でもそのことを話したがらないほどだった。盗聴されていると思いこんでいた。二年後、〈チプリアーニ〉の会食仲間のもうひとり、イギリスの実業家でティアーズ・フォー・フィアーズの元マネージャーのジョニー・エリチャオフが、石油取引の壊滅的な失敗で資産をすべて失ったのち、ロンドンのショッピングセンターの屋上から身投げして死んだ。

警察は三件とも単純な自殺案件として扱い、マフィアの脅しについては捜査もしなかった。しかし、リバー・ハウスの諜報員たちは彼らの死がロシアにつながっている可能性を疑い、ひそかにアメリカに情報提供を依頼した。ラングレーから戻ってきた情報によれば、キャッスル、カーティス、エリチャオフの全員が、イギリスでのロシアによる暗殺が疑われる案件とされていた。ＣＩＡは彼らの死が、操作、脅迫、精神に影響を及ぼす薬物などによって工作された「連鎖自殺」の可能性があると考えていた。大西洋の両岸で、その年ロンドンで同様の案件がさらに起きるかどうかが懸念されていた。

ゲルマン・ゴルブンツォフは、クレムリンやロシア・マフィアとつながる事業家たちがモスクワで暗殺未遂事件を主導した、と告発したあと、二〇一〇年にロンドンへ逃れたロシア人銀行家だった。二〇一二年三月、この四五歳の銀行家はイギリスで政治亡命を申請しようとするところで、同じ月に告発の裏づけ証拠を提出するために、ロンドンでロシアの捜査官と会う手配をしていた。その晩、ゴルブンツォフは、黒タクシーでロンドンのカナリー・ワーフにある自宅アパートメントまで戻り、闇のなかに足を踏み出したが、フードをかぶって物陰で待っていた痩せ型の人間には気づかなかった。暗殺者はサイレンサーつきの拳銃で銀行家を四発撃ち、迷路のような路地へと逃げていった。

ゴルブンツォフはかろうじて生き延びた。何週間も意識不明で、武装警官二〇名に警護されていたが、意識を取り戻し、自分の暗殺を命じた敵を非難した。この銃撃は、ロンドンにいるロシア・マフィアにとって決定的な分岐点と見なされた。過去一〇年のあいだ、ロンドンではロシア人による組織犯罪が多発し、ロシアのギャングはその凶暴性で有名だったが、そのころには街なかの目立つ場所での銃撃はおおむね控えていたのだ。ロンドン警視庁は景気後退にともなう大幅な予算削減で打撃を受け、高度な組織犯罪に立ち向かう人的資源は危険なほど枯渇していた。モスクワのマフィアが人目につく場所で大っぴらに暗殺をしはじめたら、警察にはそれに対処する能力がまったくなかった。

すでにヤングは警察に保護を依頼するのをあきらめ、ロンドンの裏社会の古い知り合いに泣きついていた。ロンドンでもっとも怖れられていた組織犯罪ファミリーのためにあれこれ仕事をするようになってから二〇年がたっていたが、そのボスであるパトリック（パッツィ）・アダムズがスカーレットとサーシャに誕生日のプレゼントを贈ってくれるほどには近い関係を保っていた。二〇一二年の冬の午後、メイフェアのパブ〈バーリー・モウ〉でふたりは長々と酒を飲んだ。その後ヤングは、「面倒を見てもらって」いるので、自分には「何も起きない」と友人たちに語っていた。しかし、本人は知る由もなかったが、薄れゆく黄昏の光のなか、パブの外で別れの挨拶をしているふたりは監視されていた。

失われた財産を見つけようと決心していたミシェルは、元夫のあらゆる動きを監視するために私立探偵の一団を雇っていた。尾行担当は徒歩だったり、ワゴン車やバイクに乗ったりしてヤングのあとをロンドンじゅうついてまわり、彼がウェスト・エンドの高級なバーやレストランで取引をおこない、ロンドンの最高級の五つ星ホテルを訪ね、新しい恋人であるモデルでリアリティ番組のスター、ノエル・レノと〈ボージス〉でパーティに興じる様子などを映像に収めていた。二〇一二年冬の別の日、ヤングはよく使う五つ星のホテル〈ドーチェスター〉まで人と会いに出かけた。探偵たちが尾行していくと、ヤングは階上《うえ》へ姿を消し、やがて震えながら真っ青な顔で戻ってきた。あとで友人たちに語った話では、ロシア・マフィアに雇われた「悪漢ども」にホテルの高層階の窓から吊り下げられたということだった。

ヤングは急いで自宅アパートメントに戻り、カバンやスーツやシャツを両手に抱えて出てきたところを写真に撮られた。それから近くの〈コロンビア・ホテル〉に偽名を使って現金でチェックインした――高級好みの彼には珍しく、くたびれた二つ星のホテルだった。ミシェルの雇った探偵たちはホテルまでヤングを尾行し、盗聴用の線につないだマイクを部屋のドアの下から差し入れた。尾行チームによって盗聴された電話で、ヤングはロシアにいる誰かと「書類」の受け渡しについて話し合い、誰かわからない別の相手に、ベレゾフスキーは「おとなしくしている」と告げた。サーシャにも電話をかけて、怯えていると伝え、母子三人でどこか安全なところへ逃げてくれと頼んだ。

そんなとき、突然ミシェルは、モスクワから伝言を持ってきた男に接触された。ロシア政府が彼女に会いたがっているという。

モスクワ――二〇一二年二月

身を切るように冷たい二月の朝、地面に五〇センチもの雪が降り積もったシェレメーチエボ空港に〈アエロフロート〉機が着陸した。ミシェルと弁護士は入国手続きをすませ、この訪問を手配した男が空港によこした車に乗りこんだ。男の名前はハワード・ヒル。ロンドンに拠点を置く私立探偵で、ロシア政府との直接のつながりがあるということだった。

ヒルはミシェルに取引を持ちかけていた。ヤングがベレゾフスキーとしていたビジネスの証拠を、モスクワでベレゾフスキーを追及している検察に渡してくれたら、見返りに元夫の失われた財産について知っていることを教えるという取引だった。

その場でヒルは、FSBからの情報だといって、ヤングとベレゾフスキーがブラジルやウクライナやイギリスで実入りのいい多種多様なスポーツの取引にかかわっていたことを教えてくれた。そのなかには二〇一四年のソチ冬季オリンピックに使われるスタジアムの開発も含まれていた。〈アエロフロート〉の弁護士との電話も手配してくれた。その弁護士がミシェルの弁護士にした話では、ヤングは、ベレゾフスキーが〈アエロフロート〉を支配していたときに会社から吸い上げた何億ドルという金を隠す手助けもしたようだった。ヒルはミシェルに、もっと多くを知りたければ、取引材料を持ってきてもらわなければならないと告げた。

そのころヤングは法廷で〈プロジェクト・モスクワ〉について審問を受けており、その取引に関するファイルは裁判所令で押収されたハードディスクに入っていた。ベレゾフスキーの金をプロジェクトに投入した方法は明らかになっており、ミシェルの弁護士はロシア旅行に先駆けて助手にその書類をコピーさせたうえで、ミシェルとモスクワ行きの飛行機に乗りこんだのだった。

ふたりが乗った車はクレムリンからほど近い地味な灰色の建物のまえに停まった。横の入口から案内されて建物のなかに入ると、黒い口ひげを逆立てた乱杭歯の大男に出迎えられた。男はワジム・ヤロビツキーと名乗った。

ヤロビツキーは、クレムリンに忠実で信頼の厚い副検事総長だった。二〇〇七年にリトビネンコ暗殺の捜査でロンドン警視庁の刑事がモスクワへ飛んだときには、ドミートリー・コフトゥンへの接近を禁じて、捜査を妨害する重要な役割を果たした。ベレゾフスキーの訴訟で、検事たちを率いてウラジーミル・テルリュークの弁護に駆けつけ、アンドレイ・ルゴボイの証言を後押しする意見書を提出したのもヤロビツキーだった。いま彼は、ロシアでもっとも憎まれているオリガルヒを訴追する新たな方法を模索していた。

ヤロビツキーはミシェルに、ロシア検察庁には取引したい元夫の情報があると率直に告げた。しかし、ひとつ問題があった。ファイルを持っている捜査官が入院したため、今日見せることはできないが、あなたが持ってきたハードディスクを先に渡してもらっても差し支えないだろうというのだ。ミシェルは、こちらの証拠はロシアが見返りに何をくれるか確かめたうえでなければ渡さないと断った。

翌日、ミシェルと弁護士が検事や役人たちとの豪勢な夕食を楽しんだあとで、ヒルがミシェルの弁護士にメールを送ってきた。ＦＳＢの上級職員に会ったところ、ＦＳＢにはヤングについて「充分な量のファイル」があると言われたという。ミシェルたちがロンドンに戻ったあとも、ヤロビツキーとの二度目の面談の手配に関する相談が続いた。

ヒルはくり返し連絡してきて、ロシア検察庁がヤングとベレゾフスキーを結びつける証拠を求めていること、ヤングのロシア渡航歴を確認するために写真とパスポートの情報が欲しいことを伝えた。ミシェルの弁護士は要請に応じてヤングの誕生日を知らせ、写真を渡した。すると突然、扉が閉まった。ヒルによれば、検察庁はもう協力できないとのことだった。

ミシェルが追っている失われた何十億ポンドはまったく見つからなかったが、元夫がなぜかロシアのあちこちに姿を現していることはわかった。二〇一二年には、ヤングに関心を寄せている諜報機関はＦＳＢだけではなくなっていた。

ヤングの行動に関心を持ったＮＳＡ（アメリカ国家安全保障局）の諜報員たちが、彼の通信をフォート・ミードの本部で傍受していたのだ。盗聴によって得られた情報の一部は極秘中の極秘扱いとされ、公になれば国の安全保障に「例外的に大きな損害」をもたらすとして保管された。

アメリカの諜報員たちは、急速に数を減らしているイギリスのロシア人亡命者のコミュニティにつながる人々を監視していた。ヤングはそのネットワークの中心にいた。次々と死んでいくベレゾフスキーの取り巻きやフィクサーが、クレムリンの標的にされたのか、ロシア・マフィアに殺されたのか、それとも自殺へと追いこまれたのか、判断するのはむずかしかった。レーダーに引っかかった死のうち、まったくロシアと無関係なものもある可能性は排除できなかった。しかし、二〇一二年も終わりに近づくころ、アメリカの諜報機関に、イギリスでまた注意を引く死亡事件が起きたという情報がもたらされた。そして今度ばかりは、黒幕が誰かははっきりしていた。

18

サリー、セント・ジョージズ・ヒル——二〇一二年一一月

　夕暮れの霧雨のなか、丘の頂上に近づきつつあった車のヘッドライトが、倒れている人の体をとらえた。運転者は車から飛び出し、通りがかった白衣の料理人も助けに駆けつけた。地面に倒れていた男は大柄で黒髪、死人のように真っ青だった。料理人がマウストゥマウスの人工呼吸を施すと、くり返し嘔吐し、救急車が到着するころにはまったく反応しなくなっていた。すぐに心臓も鼓動をやめた。

　死んだ男は、二年前にサリー州の高級住宅地セント・ジョージズ・ヒルに邸宅を借りて越してきた、アレクサンドル・ペレピリッチヌイという謎めいた億万長者だった。門のついた敷地のまわりをジョギングする姿をたまに見かける以外、近隣の住民もめったに会ったことがなかった。二〇一二年一一月一〇日の朝、四四歳のペレピリッチヌイは、フランスでひそかに人

と会って帰宅したばかりだった。相手については誰も知らなかったが、妻と八歳の娘には、ふたりが昼食に用意したロシア名物の赤いスープを飲みながら、パリは「ひどく暗く」て「陰鬱」だったと話した。それからジョギングへ出かけ、帰らぬ人となった。

そのじめじめとした午後、ペレピリッチヌイが倒れていた道端の現場に駆けつけた警官には、彼の死はただの心臓発作に思えた。イギリスの諜報機関が警察と情報を共有しているデータベースでペレピリッチヌイの名前を調べてみようとは思いもしなかった。調べていれば、倒れていた男が背中に的を背負っていたことがわかったはずだ。

モスクワにいたころ、ペレピリッチヌイはマネーロンダリングの達人だった。ドミートリー・クリューエフという悪党が率いる組織犯罪ネットワークと共謀して大規模な不正を働くロシア政府高官に協力していたのだ。まず犯罪組織がロシア企業の支配権を得る。それから、大きな損失が発生したように見せる書類を作成して巨額の税金還付を請求し、共謀する役人がそれを承認して分け前をもらう。ペレピリッチヌイは、そうしてできた収益を企業から吸い上げ、クリューエフと共謀者の政府高官が牛耳るオフショア不正資金ネットワークにつぎこむのに手を貸していた金融家のひとりだった。その仕組みは何年かうまく機能し、ギャングは八億ドル相当の金を国から着服していた。

しかし、英米でヘッジファンドを運用するビル・ブラウダーという人物が、ロシアに所有していた複数の企業が突然大きな損失を出すようになったことに気づいて、問題が生じた。ブラウダーはモスクワでセルゲイ・マグニツキーという税金専門の弁護士を雇って、調査させた。弁護士は、該当する企業がクリューエフのギャングに不正に奪われ、ロシア史上最大の二億三〇〇〇万ドル相当の税金還付を受けるのに利用されていたことを突き止めた。その還付はクリスマス・イブにあわただしく認められ、還付金は口座に入るが早いか引き出されていた。弁護士はさらに調べ、賄賂を受け取って還付を認めていた税務職員と、クリューエフと共謀していた内務省の中佐を特定した。そしてこれを詐欺事件として当局に通報した。

それは勇敢であると同時に向こう見ずな行為でもあった。ロシア当局はマグニツキーが特定した職員たちもギャングも捜査しなかった。それどころか、弁護士を逮捕して、不正を働いたのはおまえだと非難した。三七歳の弁護士は一年近く勾留されたが、どれほどひどく殴られても証言を変えなかった。窓のない、下水のあふれる独房に入れられ、食べ物も水も睡眠も奪われ、トイレの使用も禁じられ、医療も提供されなかった。二〇〇九年一一月、三五八日に及ぶ最悪の虐待ののち、弁護士は獄中で命を落とした。

ブラウダーはマグニツキーの死を告発し、国際的な抗議行動を開始した。不正と弁護士の死の両方に責任のあるクレムリンの役人に制裁を求める運動を組織したのだ。そうなってついにペレピリッチヌイも、報酬をくれていた役人たちに反旗を翻した。マグニツキーが亡くなってまもない二〇一〇年、彼はイギリスへ逃れ、不正のいまわしい詳細がわかる証拠を持ってブラウダーに接触した。

金融家のファイルからは、ロシアの国庫から奪われた金が分散され、アメリカやイギリスを含む一ダース以上の西側諸国での無数の取引を経て、複雑なオフショア・ネットワークに送られたことが明らかになった。その金はヨットやプライベートジェット、ロンドンの邸宅、オートクチュールの服、一流私立校の学費などにあてられていた。ペレピリッチヌイ自身も、不正に関与した政府の女性職員の夫のためにドバイのパーム・ジュメイラ島にビーチフロントの贅沢な邸宅を買ったり、その夫の口座に数百万ドルを送ったりしていた。それらの書類には、さらに危険な発見が隠されていた。

ペレピリッチヌイは、自分を雇った政府の役人のために、不正資金の秘密のネットワークの中心にある怪しげな会社に巨額の金を送る契約書に署名していた。その会社は犯罪者がロシアの金を出し入れするのによく使われていた。不透明な登記書類に隠れてはっきりしないその所有者は、イッサ・アル゠ゼイディという人物で、のちにアメリカ政府によって、シリアの化学兵器開発計画の表看板だったことが明かされる。捜査陣がすべてを把握するのには時間がかかったが、金融家の告発が暴露したのはロシアの一犯罪にとどまらなかった。クレムリンのブラックマネーが流出する不正資金ネットワークを、証拠とともに明らかにしたのだ。それは国際的に禁じられた兵器の開発資金にあてられ、シリアの独裁者バッシャール・アル゠アサドがまもなくその兵器を自国民に使うことになった。

ブラウダーは着服された金が通過したすべての国の捜査機関にペレピリッチヌイの情報を送

り、一〇あまりの国で犯罪捜査がおこなわれることになった。スイスはクリューエフのギャングの口座を凍結し、アメリカは事件に関与した四九人に制裁を発動した。そのなかにはクレムリン高官のネットワークも含まれていた。ところが、イギリスは盗まれた金のうち三〇〇〇万ポンドが最終的にロンドンに流れたにもかかわらず、捜査を拒んだ。何年もたってから、国家犯罪対策庁の上級捜査官が捜査を始めようとしたところ、外務省とつながりを持つ庁幹部に止められたと主張した。

イギリス政府はこの不正をめぐってクレムリンと争いを起こしたくなかったのだ。景気後退のさなか、ロシアの金が流れこんでくるのを止めるつもりもまったくなかった。二〇一二年春、票の不正操作の告発があった選挙でプーチンがクレムリンに戻り、メドベージェフから支配権を取り返すと、イギリスのキャメロン首相は接待攻勢に出て、復活したロシア大統領を二〇一二年ロンドン・オリンピックの柔道の試合観戦に招いた。その年、〈ＢＰ〉はロシアの国営企業〈ロスネフチ〉と合併し、世界最大の石油会社となった。翌年春に首相がソチを訪問する計画も進みはじめた。

民間人を残虐に攻撃するシリア政府へのロシアの支援をめぐって、クレムリンと西側諸国のあいだには新たな火種が生じており、キャメロンはグローバルな政治家として分断に橋をかける存在になろうと考えた。そこでプーチンとソチで一〇品のコース・ランチ――表面を焦がしたビッグベンの形のキャラメル・プディングも含まれる――を楽しみながら、血なまぐさいダマスカスの情勢について話し合う。その会談でキャメロンはイギリスの諜報機関とＦＳＢの協力関係の復活に同意するが、それはアレクサンドル・リトビネンコが亡くなってから初めてのことだった。

ペレピリッチヌイがもたらした証拠について中央政府は対応を渋ったが、リバー・ハウスの諜報員たちは強い関心を寄せた。サリー州に移り住んだこの金融家は、ロシアの闇の金の流れを調べていた西側の諜報機関にとってありがたい情報源だった。己の命が危ういことをペレピリッチヌイは知っていた。彼が不正への関与を暴いた三人の共犯者はすでに早すぎる最期を迎えていた。ひとりは突然の肝臓病、もうひとりは心臓発作に襲われ、三人目はバルコニーから飛びおりて死んだ。ペレピリッチヌイ自身の死の予告も、渡英後まもなく始まった。

彼が連絡を保っていたロシアの人間から、名前が暗殺リストに載っていると教えられ、スカイプを通して脅迫メッセージが途切れなく届き出した。やがてドミートリー・コフトゥンの設立した会社が、リトビネンコの暗殺に関して貸したという金の返還を求めて、彼を相手取った訴訟を次々と起こした。ペレピリッチヌイは保険会社〈リーガル＆ジェネラル〉と生命保険契約を結び、自分が「不慮の死」をとげた場合には、「家族を守るために」何百万ポンドという保険金が支払われるようにした。契約に必要な健康診断ではまったく問題は見つからなかったが、数カ月後に道端で亡くなったときには、サリー警察は死因を心臓発作だと早々に決めつけた。

ブラウダーが密告者の死を知り、警察に殺人事件としての捜査を求める書簡を送ると、警察幹部が介入して、捜査官たちに殺人疑惑については深追いするなと命じた。金融家が亡くなって一カ月後の会合では、副本部長のオリビア・ピンクニーが捜査の指揮官に、本件を「捜査からはずす」よう指示し、幹部レベルでは「周辺的な関心」を抱いているが、内務省が「中央政府内で大局的な見方を勧めている」と言外の意味をにおわせた。捜査の指揮官だったイアン・ポラード警視は、メディアへの説明は「平凡で単純」にすると約束し、警察はペレピリッチヌイの死に「第三者の関与を示す証拠はない」と発表した。「綿密な毒性テストを徹底して」おこなった結果、ペレピリッチヌイの体内から疑わしい物質は検知されなかったという発表で、この事件は終わりになった。

ところが、その後驚くべき事実が明らかになった。ペレピリッチヌイの生命保険会社が故人の胃の内容物を独自に調べ、通常の手続きである検死審問で、会社づきの弁護士が検死官に、ペレピリッチヌイの胃のなかで致死性の毒物の痕跡らしきものが見つかったと報告したのだ。王立植物園《キュー・ガーデン》の植物の専門家が特定したというその毒物は、珍しい中国のゲルセミウム属の顕花植物と構造がそっくりだった——体内に摂取されると心停止を引き起こすため、「ハートブレーク草」と呼ばれている植物である。同じ専門家はのちに審問に呼ばれ、研究所に送られたサンプルが少なすぎたので、物質を明確に特定できなかったと証言した。追加の検査は不可能だった。ペレピリッチヌイの胃の内容物のほとんどは警察の毒物学者によって廃棄されていたからだ。

その事実を受けてフランス警察は、死の直前にペレピリッチヌイが出かけた謎のパリ旅行について独自に捜査を開始した。刑事たちは公的な資料から、金融家が「ロシアではっきりと死の脅しを受けていた」こと、スイスの検察に自分は「ロシア・マフィアの殺しのリストに載っている」と語っていたことを知った。フランス警察は「組織的な暗殺」が疑われると結論づけた。

ペレピリッチヌイのパリ訪問は謎に包まれていた。家族も、友人も、仕事仲間も、彼がフランスの首都で何をしていたのか知らなかった。手がかりは、一一月六日のユーロスターに乗り、同時にふたつのホテルを予約し、シャンゼリゼの〈プラダ〉で発行された一二〇〇ユーロのレシートだけを携え、買った品物を持たずに一〇日にイギリスに戻ってきたという事実だけだった。

フランスの捜査ですぐに重大な手がかりが見つかった。ペレピリッチヌイが五つ星ホテルの〈ル・ブリストル〉にウクライナの女性とふた晩泊まった記録が見つかったのだ。ふたりは「ロマンス・パック」を注文し、一一月一〇日にチェックアウトした——ペレピリッチヌイがイギリスに戻って亡くなった日である。

この発見でフランス警察はイギリス警察に接触したが、イギリス側は、ペレピリッチヌイの死に疑わしいところはなく、これ以上の捜査は必要ないと述べ、フランスからの協力要請をはねつけた。パリ警察は捜査を先に進めるまえに、イギリスの検死官の正式な死因発表を待つよう要求された。そのため、発見した事実を放置して長年捜査をおこなわず、ロンドンのほうでも、金融家の検死審問は政府の官僚的な手続きのなかに埋もれたままになっていた。その間ずっと、ペレピリッチヌイがひそかに逢い引きした女性は、生前の彼の最後の夜の秘密を抱えたまま、華やかなビクトル・ユーゴー通りのアパートメントの贅沢なペントハウスで暮らしていたのだ。

パリ――二〇一二年一一月

エルミラ・メディンスカは、一歩ごとにまわりの人を振り返らせながらシャンゼリゼ通りを歩いていた。パリでもっとも華やかな通りでも、彼女は人目を引いた――一八〇センチをゆうに超え、男性の連れを見おろすほどの身長、ホワイトブロンドの髪、彫りの深い顔立ち、相手を見すえる黒い目。二二歳の彼女はアレクサンドル・ペレピリッチヌイとの三度目の密会のためにその朝ウクライナから到着したばかりだった。

ふたりはその年、キエフの高級なナイトスポットで初めて出会った。その後、彼女が南仏ニースで彼と合流して短い休暇をすごした。ペレピリッチヌイは自分のことも、家族のことも、仕事のこともいっさい話さなかった。くしゃくしゃの髪とやさしい目をした気取りのないハンサムな男で、いっしょに買い物に行ったり、彼女にバラを贈ったりするのが好きだった。しかし、すでに危険な兆候は現れていた。

　南仏で夏をすごしているあいだ、ビストロで昼食をとっているときにペレピリッチヌイが電話を受け、通りに出ていったと思うと、電話口に向かってわめきはじめたことがあった。今回パリに着いたときにも、彼の神経がぼろぼろになっているのはすぐにわかった。〈フォー・シーズンズ〉のランチに連れていってくれたのだが、何度も謎めいた電話がかかって外へ出ていき、おそらくそのせいで怯えきっていた。激しく手が震えてワインを胸にこぼしてしまったほどだった。メディンスカは腹を立てた。もてなしている男性が自分以外に気を取られることに慣れていなかったのだ。ペレピリッチヌイにもそう言うと、彼は埋め合わせに買い物に連れていくと約束した。

　そうしてシャンゼリゼに来たのだった。ペレピリッチヌイは〈プラダ〉のハンドバッグと〈ルブタン〉の黒い靴を買ってくれたが、彼女が靴の試着をしているあいだも、メールをチェックしながら往ったり来たりしていた。気もそぞろで、靴のサイズをまちがって買う始末だった。そのあと〈ル・ブリストル〉のロマンス・パックの助けを借りても、ムードは凍りついたままだった。

　翌日の夜、ペレピリッチヌイは雰囲気を改善しようといくつものレストランに仮予約を入れたあげく、パリの〈ブッダ・バー〉での夕食にメディンスカを連れ出した。しかし、寿司と天ぷらを平らげながらも、気は張りつめたままだった。まず、ほかの客に背を向けて坐ろうとせず、外に向いた長椅子の席を求めた。そして、ひと口も食べずに二度も料理を下げさせ、食べはじめるとさらに不機嫌になって、絶えず階段のほうへ目をさまよわせていた。食事を終えるとすぐに、彼は新鮮な空気を吸いに外へ出なければならないと言った。

表に出ると、気分はましになった。ふたりは手を取り合ってホテルまでの短い距離を歩いたが、部屋に入ると、ペレピリッチヌイはまっすぐトイレに行き、一時間も出てこなかった。水を流していたが、嘔吐する音を隠すことはできなかった。ようやく出てくると、目も顔も赤く、肌はじっとりと汗ばんでいる。それなのに医者を呼ぶことは拒否した。

朝になると、何事もなかったかのように卵とホットチョコレートの朝食を楽しみ、彼は別れ際にまた会ってくれとメディンスカに頼んだが、彼女はもううんざりだと言った。家に戻ってから罪悪感に駆られたので、冷たくしたことを詫びるメールを送った——が、答えは返ってこなかった。

ペレピリッチヌイの死後まもなく、メディンスカはパリでファッション事業を立ち上げ、エルミラ・マダンという名前を使い、ビクトル・ユーゴー通りの宮殿のようなアパートメントに移った。彼女のインスタグラムは、パリやドバイやミラノの五つ星ホテルや高級レストランで撮った華やかな自撮り写真であふれている。ペレピリッチヌイとすごした〈ル・ブリストル〉でオートクチュールのショーを開いたり、いっしょに食事をした〈フォー・シーズンズ〉で撮った写真をネットに載せたりもした。

サリーでペレピリッチヌイが死去して数カ月後、メディンスカはイギリスの捜査官からメールを受け取った。故人の携帯電話に彼女からのメッセージが残っていた、パリで故人に会ったのではないかという問い合わせだった。会ったと答えると、二通目のメールでは、ペレピリッチヌイとつながりのあったほかの四人の女性を知らないかと訊かれた。メディンスカは知らなかったが、携帯電話の番号を知らせ、ビザを用意してくれるなら、捜査に協力するためにイギリスへ行ってもいいと申し出た。その後捜査官からは連絡がなかった。

法執行機関から何も連絡がないまま数年がすぎた。ついに連絡があったのは、〈バズフィード・ニュース〉のジャーナリストに探し出され、インタビューでペレピリッチヌイとのことを明かしたあとだった。そこで初めて、五年以上保留になっていたペレピリッチヌイの検死審問に証人として呼ばれたのだ。メディンスカはインターネットで愛人の死を知って「とても怖くなった」と検死官に言った。「パリで最後に彼に会ったのは私でしたから」

そのころには、警察の信じられないほどの失策の数々で、ペレピリッチヌイの死の真相が完全に解明される可能性はなくなっていた。サリー警察は故人の胃の内容物を廃棄しただけでなく、彼の最後の一カ月の動向を明らかにする重要なデジタルの証拠を紛失してしまっていた。故人のコンピュータのファイルからは、スカイプによる一連の脅迫メッセージが見つかり、亡くなる直前に五億ドルという謎の金を受け取った経緯もわかっていたが、そうしたファイルを収めた警察の重要証拠ディスクの中身とバックアップの両方が、なぜか誤って消去されたのだ。

また、それらのファイルは地元のテロ対策班のサーバーからも消えていた。つまり、復元は不可能ということだった。

一方、またしてもイギリス政府はあらゆる手段を使って、検死審問で故人に関するすべての真実が明かされないようにした。まず内務大臣が公益を理由とする秘匿特権を持ち出し、国家安全保障上の理由からペレピリッチヌイに関する政府の書類の開示を防ごうとした。ペレピリッチヌイがＭＩ６のもとでしていた仕事について追及されると、政府は彼とＭＩ６のあいだのいかなるやりとりについても開示を禁じる第二の秘密命令を取得した。

ペレピリッチヌイの死後数年のあいだに、彼が暴露した不正の犠牲者は増えつづけた。ロシアでセルゲイ・マグニツキーの家族の代理人を務めた弁護士は、四階のバルコニーから転落して命を落としかけた。クレムリンの共犯者への制裁を求めた活動家は、二度の毒殺の試みを受けながらかろうじて生き延びた。マグニツキーの獄死を題材にした芝居の演出家は、突然心臓発作で亡くなり、六週間後に彼の妻も亡くなった――彼女はその芝居の脚本家だった。しかし、イギリス政府はアレクサンドル・ペレピリッチヌイの死は自然死以外の何物でもないという主張を最後まで崩さなかった。

ＣＩＡは怒りに駆られた。以前からＭＩ６には、クレムリンがイギリスでの暗殺計画をますます過激に推し進めていると警告してあったのだ。いまや不穏な流れに歯止めをかけられなかった責任は「役立たずの」イギリス当局に負わせなければならない、とアメリカ側では意見が一致していた。ＣＩＡのトップは、「ロシア連邦による国策としての政治的暗殺について」極秘報告書を作成し、連邦議会に提出した。そこにはイギリスにおける死亡事件が列挙され、「極秘事項」として、ペレピリッチヌイがプーチンないしその側近からの直接の命令で暗殺されたことも書かれていた。その報告書の概要はＭＩ６にも渡されたが、イギリス政府は国内での大胆な暗殺をクレムリンに結びつけるほかの証拠とともにそれを無視した。こうしてロシアはいっそう大胆不敵になった。

ロンドン、王立裁判所――二〇一二年八月

傍聴人でいっぱいの法廷に、判決を待つロマン・アブラモビッチの姿はなかったが、彼を訴えた人間のほうは、その輝かしい瞬間を逃すくらいなら死んだほうがましだと思っていた。数カ月に及んだ裁判は毎度劇的な展開となって熱を帯びている。そしてようやくグロスター裁判官は判決を言い渡す準備ができた。ボリス・ベレゾフスキーは早くから意気揚々と王立裁判所に到着し、その場の雰囲気を楽しんでいた。

彼の資金はいまや底をついていたが、かつて支援した人間に三〇億ポンドを求める訴えが認められれば、一瞬で富を取り戻すことができるはずだった。負ければもちろん、尾羽打ち枯らすことになる。だがベレゾフスキーは、どん底に陥ることを考えて時間を無駄にする人間では

なかった。小塔のある裁判所の外に集まった報道陣に、勝利を期待しているかと問われると、「もちろん」と答え、厳かな声でつけ加えた。「この国の司法制度を信じているので」

ベレゾフスキーの訴えは、パタルカチシュビリと自分からロシアでのビジネスの利権を剝奪しようとするクレムリンの「秘密工作」の一環で、〈シブネフチ〉を「まったくの安価」で無理やりアブラモビッチに売却させられたというものだった。それに対する賠償金として数十億ドルを求めていたが、アブラモビッチはそのすべてを否定し、ボリスとバドリが〈シブネフチ〉の株を所有していたことはない、彼らに一三億ドルを支払ったのは、その売却代金ではなく、自分が一九九〇年代にビジネスを築いていたあいだに彼らが担ったクルィシャに対する補償だ、と主張していた。

契約は口約束と握手で結ばれたため、どちらの側にも主張を裏づける書類はなかった。「それがビジネスのやり方だったから」とベレゾフスキーは、一九九〇年代のロシアを「ワイルド・イースト」と呼びながら説明した。さらに困ったことに、判事の指摘によると、「重要な証拠をもたらしたはずの証人が数多く亡くなっていた」。したがって、判決は否応なく、グロスター判事がどちらの主張を信じるかにかかっていた。

証人席に立ったベレゾフスキーはいつもながら元気をみなぎらせていた。証言の機会を使ってクレムリンを攻撃し、ソ連崩壊後のロシアの再生にみずからが果たした役割を大げさに言い立てた。

「自分を英雄に仕立てたいとは思いませんが、残念ながら、また説明を強いられる」ある反対尋問の途中でそう言い、一九九六年のボリス・エリツィン再選を実現させるために、たったひとりで共産主義者たちを排除したことを語った。一方のアブラモビッチは物静かで、控えめで、受け答えも丁寧だった。ロシアで証拠を提出しており、質問に対する答えも簡潔だった。

裁判は、ソ連崩壊後の大混乱の略奪の時代に強烈なスポットライトを当て、イギリスとロシアの傍聴人を夢中にさせた。傍聴席は満席で、最終日には入りきれない人を収容するためにもうひとつの法廷を開けなければならなかった。午前一〇時三〇分、かつらとガウン姿のグロスター判事が入廷して裁判長席に坐ると、法廷内に静寂が広がった。最後列に近いところに坐っていたベレゾフスキーはいまにも爆発しそうに見えた。判事は書類をめくっていたが、やがて落ち着いた冷ややかな態度でまっすぐ傍聴席を見すえ、ベレゾフスキーの訴えを退ける判決を言い渡した。

「証拠をすべて検証した結果、ベレゾフスキー氏は説得力のない、生来信頼できない証人であることがわかりました。真実というものを、自分の現在の目的に合わせて形を変えられる一過性の変更可能なものと見なしています」ベレゾフスキーは顔を手で覆った。判事は続けた。「提出された証拠はときに不正であり、明らかな捏造もありました。かならずしも故意に嘘をついたわけではなく、みずからをだまして物事を都合よくねじ曲げて信じているという印象を受けることもありました」

対照的に、アブラモビッチは「嘘を言わず、完全に信頼できる証人」だと判事は述べ、彼が提出した証拠を認めた。

ベレゾフスキーは呆然として法廷から出た。財産を取り戻せなかったばかりか、多額の裁判費用を負い、さらにアブラモビッチ側の何千万ポンドという費用も負担しなければならない。単純にそんな金はなかった。ウェントワース・エステートの邸宅もすでに売却し、増えつづける負債の支払いに資産を切り売りしている状態であることは、裁判でも明らかにされたばかりだった。しかし、何より痛手だったのは、判事の厳しいことばだった。彼女のことばが頭のなかで鳴り響いていた。これまでロシアというプロパガンダ国のあらゆる組織に対し、想像しうるかぎり激しい情報戦争を仕掛けてきたが、グロスター判事のほんの数行のことばで、永遠に不名誉の烙印を押されてしまったのだ。

「今日の判決には心底驚かされた」表に出ると、当惑のあまり霞がかかったような頭を振りながら、記者たちに語った。「プーチン自身がこの判決文を書いたんじゃないかと思うほどだ」そう言うと黒いメルセデスの後部座席に身を押しこめ、集まった人々をあとに残して走り去った。

ベレゾフスキーは元妻がアスコットに所有していた比較的慎ましい邸宅にこもり、わが身に降りかかった運命と折り合いをつけようとした。自分の最後の愛人と信じて疑わなかったイギリスの司法制度に裏切られたとしか思えなかった。レーニンを描いたアンディ・ウォーホールの絵など高価な所有品を次々と売り払い、ボディガードもひとりを残して解雇した。

要人警護官は頭を悩ませた。アトランゲリエフの暗殺未遂以降も、いくつかベレゾフスキーの暗殺計画を疑わせる情報があり、危険はまったく減っていない。もっとも警戒を要する情報は、イスラエルの諜報機関モサドからもたらされた。ベラルーシの都市郊外にあるベレゾフスキーの別荘《ダーチャ》へつうじる道路に、地雷を一五発埋め、彼が次回そこを訪れた際に吹き飛ばそうというFSBの計画を知ったのだという。ダウン・ストリートに派遣された要人警護官は、ベラルーシに戻ったら「露と消える」ことになるとベレゾフスキーに警告した。しかし、その危険がなくなるやいなや、別の危険が出来した。MI6のロシア担当は前年のプーチンの再選以降、ベレゾフスキーに対する暗殺計画が急激に増加したことを察知していたが、ロンドン警視庁は本人が身を守る手立てをとることに頼っていた。政府の緊縮財政で警察の資源は深刻なほど激減しており、ベレゾフスキーの安全を二四時間守るのに必要な大勢のボディガードや監視装置や防弾仕様車両の費用を負担する余裕はなかった。だが、そのレベルの警備がなければ、ベレゾフスキーはまったく無防備と言ってよかった。

ダウン・ストリートにベレゾフスキーを訪ねた要人警護官は、さらに警戒を強めることになった。ベレゾフスキーはすでに富と力を失いつつあったが、そのときの彼はスーツを着たまま寝たのかと思うくらいだらしない様子で、疲れ果てていた。警備態勢の強化について考えを述べようとした警護官をベレゾフスキーはさえぎり、一〇〇万ポンドの価値すらよくわからないほど金持ちだった時代もあったが、いまはポケットが空になったと言った。

「私は破産だ」別れ際に彼は言った。

もはやバドリの遺族や〈ニュー・ワールド・バリュー・ファンド〉のほかの株主との係争を続けることもできず、訴えを取り下げようにも、いくらかかるかわからなかった。その手続きを一部請け負っていたスコット・ヤングは、乱れた髪に落ちくぼんだ目、野球帽にジーンズという恰好でダウン・ストリートを訪れていた。ヤングがそばを通るたびに、ベレゾフスキーの秘書は物乞いみたいと胸の内でつぶやいた。それはヤングがベレゾフスキーのためにする最後の仕事だった。借金と法的手続きの請求書を増やすだけの仕事だったが。

深い苦悩に沈んだベレゾフスキーは抗鬱剤をのみはじめ、フェイスブックのアカウントを開いて、みずからの思い上がりを嘆くまとまりのないメッセージを発信するようになった。「己の貪欲を後悔し、赦しを乞いたい。富への憧れが強すぎて、それが他人の不利益になることを考えなかった」とフェイスブックに投稿した。「ウラジーミル・プーチンを権力の座につかせたことについて後悔し、赦しを乞いたい」彼の窮状はロシアで大々的に報じられ、かつての敵は悪魔めいた喜びに震えた。

アンドレイ・ルゴボイは、二〇一二年一二月のロシア議会で、落ちぶれたベレゾフスキーについて声高に語った。「彼は抗鬱剤をのんでいる」暗殺者はあざけるように言った。「ロンドンからイスラエルへ飛ぶのにも、プライベートジェットではなくエコノミーで飛んでいるらしい」しかし、「あのいまわしい大悪党」が〈ニュー・ワールド・バリュー・ファンド〉から受け取る配当金を使って新たな反クレムリン活動への資金援助を計画していることがわかったと報告し、そうした「最悪に皮肉で極悪非道で恥知らずな行動」に加担する人間を非難した。ルゴボイは、証拠のファイルはロシア検察とＦＳＢに渡してある、ベレゾフスキーに資金援助するすべての人間を取り締まるべきだ、と主張した。

そのルゴボイの演説からまもなく、ミシェル・ヤングは、ＦＳＢとつながりがあるといって以前連絡してきた別の私立探偵から電話を受けた。「ボリス・ベレゾフスキーは始末される」その探偵は言った。元夫のボスがもうすぐ「死体袋」に入れられることを知っておいたほうがいいということだった。

第七部　落下

19

イギリス、アスコット、ティットネス・パーク
——二〇一三年三月二三日

ボリス・ベレゾフスキーの唯一残ったボディガード、アビ・ナバマが邸宅に入っていくと、なかは妙に静まり返っていた。三月の凍えるほどに寒い日の昼すぎで、用事をすますために何時間か出かけたあとだった。このモサドの元諜報員は、ベレゾフスキーのボディガードを務めて六年、彼を二番目の父親のように思いはじめていた。かつては一瞬たりとも警備対象のそばから離れなかったが、いまはほかのボディガードが解雇され、使用人も去っていたので、主人の安全をたったひとりで守るだけでなく、料理や身のまわりの世話や用事など、ありとあらゆることをしなければならなかった。

ベレゾフスキーは、元妻の慈悲で何カ月か住まわせてもらっている城のような邸宅のどこにもいなかった。ナバマは、携帯電話に何度か着信があってメッセージが残っているのに気づき、

階段を駆けのぼった。バスルームのドアに鍵がかかっていて、ノックしても応答がない。何度叩いても応答がなかったので、彼はドアを蹴り開けた。

ベレゾフスキーはバスルームの床に仰向けに倒れていた。顔は濃い紫色だった。首には気に入りの黒いカシミアのマフラーがきつく結ばれ、頭上の金属のシャワーレールからもちぎれたマフラーがぶら下がっていた。ナバマは膝をついて主人の唇に耳を押しつけたが、音はしなかった。クレムリンの仇敵は死んでいた。

ベレゾフスキーはみじめな状況に陥った最後の数カ月間、絞首台へと歩んでいく男のようだった。テムズ・バレー警察から警官が到着すると、長女のエリザベータもナバマも、ベレゾフスキーがみずから命を絶つことを口にしていたと警察に告げた。バスルームのドアには鍵がかかっており、争った形跡もない。放射線検知器が警報を鳴らしたときにはつかのま騒ぎとなり、危険物対策班が放射能の痕跡を調べたが、何も見つからなかった。警察はすみやかに、ベレゾフスキーの死に疑わしいところはないと発表し、捜査を終了した。

ロシアのもっとも反抗的なオリガルヒがついにみずから命を絶ったという知らせは、友人たちのあいだに亀裂を走らせた。ベレゾフスキーが鬱へと落ちていくのを目の当たりにしていた人間は、自殺もありうると考えたが、ついに長年彼を追っていたロシアの暗殺集団の犠牲になったのだと信じる者がほとんどだった。

「ボリスは殺された」ジョナサン・ブラウンは言った。ベレゾフスキーのＰＲの専門家だったベル卿は、彼の死が誰のせいであるかは疑う余地がないと誰彼かまわず言ってまわった。

「プーチンを怒らせたら、誰だってこの世から消える」

ロンドン警視庁の要人警護官はベレゾフスキーが死んだと聞いて打ちのめされた。言うことを聞かないオリガルヒを警護することになった経緯を、最初から思い返さずにはいられなかった——新たな危険が迫ったと動揺した電話を受けたこと、ＣＯＢＲＡで白熱した議論が交わされたこと、メイフェアの街灯のともった通りでひそひそと警告したこと。

そのすべての結末がこれだ、と彼は思った。ベレゾフスキーの部下たちにお悔やみを言おうとダウン・ストリートに行ってみたが、すでに二階のオフィスからは家具や備品がまるごとなくなっていた。

ロシアの「天敵」の死は、プーチンに絶好のプロパガンダの機会をもたらした。さっそくこの機会を活用して、ベレゾフスキーが最近クレムリンに慈悲を求める手紙を二通書いていたことを公にした。

「多くのまちがいを犯したことを認め、赦しを乞い、故国へ戻らせてほしいと書いてあった」

プーチンはそう言いながら、手紙は「個人的なもの」なので公表するつもりはないとつけ加えた。さらしものにする行為は神がお赦しにならないだろう、と。ロシアの新聞は、アブラモビッチも詫び状を受け取り、それを直接プーチンに届けたと知らされた。

ほとんどがクレムリンの支配下にあるロシアのメディアは、ベレゾフスキーの死に辛辣な反応を示した。かつてボリスとバドリが支配していた〈チャンネル1〉は、ベレゾフスキーを「邪悪な天才」と呼び、あるモスクワ日刊紙は「カオスの達人」と書き、人気のタブロイド紙は「多くの高官を網にからめとった巨大なクモ」と評した。アンナ・ポリトコフスカヤが記者だった独立系の新聞ノーバヤ・ガゼータ紙は、論説でもっともバランスのとれた惜別のことばを贈った。ベレゾフスキーは「ロシアをチェス盤に見立てていたが、そこで駒を動かすのを許されているのは自分だけだと考えていた」

遺族はベレゾフスキーが殺されたと確信していた。家族休暇でイスラエルへ行くことになっていたうえ、彼の愛する母親が末期癌を宣告されたばかりだったからだ。あと数カ月しか生きられない母を、彼が見捨てるわけがない。

ベレゾフスキーが死にたいともらしていたことを最初に警察に話したのは、娘のエリザベータだった。それは真実だったが、殺されたのではないかという疑念は払拭できなかった。彼の精神的な崩壊があまりに急激で、信じられなかったのだ。ある日、青ざめて震える父から、これほど深い絶望を引き起こしているのは「自分のなかの化学反応」である気がすると打ち明けられたこともあった。エリザベータは、父が最後の数カ月のあいだに精神状態を変える謎の毒を盛られたのではないかと疑い、彼の死について独自の調査を始めた。

翌年の検死審問で、ベレゾフスキーの死を自殺と判定するためにテムズ・バレー警察がやってきたとき、エリザベータには対決する準備ができていた。まず、正式な検死をおこなった内務省の病理学者が、ベレゾフスキーの遺体に残された傷は首を吊ったことでできたと考えられると証言したが、エリザベータは、ドイツの著名な窒息死の専門家ベルント・ブリンクマン博士に依頼して、遺体の写真を検証してもらっていた。彼の証言は警察の説明に穴をあけるものだった。

ブリンクマンは、ベレゾフスキーに残った傷は首を吊ったことによってできたとは「まったく」考えられず、背後から襲われて窒息させられ、その後シャワーレールから吊り下げられたと主張した。首の傷痕はV字型ではなく円形で、「首を吊ったときの絞扼痕とは完全に異なる」ということだった。首を吊った人間はたいてい血の気がないが、ベレゾフスキーの顔は黒ずんでいた。後頭部にも新しい傷があり、肋骨も折れていて、シャワーレールには身元のわからない指紋も残っていた。

警察は、ベレゾフスキーがそうした追加の傷を負ったのは、マフラーがちぎれて体が落ちたときだと主張し、検死官に対し、自殺ということで「納得できる」と述べた。しかし、エリザベータはまったくちがう見方を提案した。

「父に死んでもらいたかった人は大勢います」と彼女は言った。それは誰かと問われると、エリザベータは答えた。「ここにいる全員が知っていると思います」

長年ベレゾフスキーを黙らせようとしてきたクレムリンがようやく成功した、と彼の娘は考えていた。「プーチンは世界全体の脅威だと父は言いつづけていました。いまは皆さんにもそのことがわかったはずです」

　これほど食いちがう証言がなされた以上、ベレゾフスキーの死因にまつわる疑念をすべて払拭して判決を下すことはできないと検死官のピーター・ベッドフォード博士は述べ、検死審問は死因不明ということで結審した。

　警察の公式見解にスコットランド・ヤード全体が納得したわけではなかった。長年ベレゾフスキーに危険が及ぶのを監視してきた要人警護部とテロ対策司令部の一部の警官たちは、ついに彼が殺されたと疑わずにはいられなかった。被害者を自殺に見せかけて殺すのはロシアにとってお手のものだということもわかっていた。精神状態を変える薬をのませ、自殺するのも無理はないとまわりに思わせるのだ。

　裏では、ロシア人亡命者がイギリスで命を落としたときの慣例として、ＭＩ６がＣＩＡにベレゾフスキーの死に関する情報を求めていた。ラングレーからの答えは意外ではなかった。アメリカ側は、ベレゾフスキーが暗殺された可能性があると考えていた。クレムリンからの直接の命令だったという確証はないものの、彼の死をロシアに結びつける証拠はかなり信憑性が高かった。ベレゾフスキーは遠く離れた地からロシアと戦ううちに、数多くの敵を作り、自分の死を願わせる理由を山ほど与えていた。しかしＣＩＡは、彼の運命を決したのはたったひとつの政治工作だったと考えていた。

　それは、二〇〇四年にキエフの親クレムリン体制を倒したオレンジ革命である。あの革命を引き起こしてからのベレゾフスキーは、むしろ生きていることが奇跡だったのだ。仇敵が死んだいま、プーチンはウクライナで確たる権力を握ることに力を向けていた。

クリミア、ロンドン——二〇一四年二月

二〇一四年二月、闇にまぎれてクリミアの議事堂を取り囲んだ覆面姿の男たちはロシア軍仕様のカラシニコフ（ＡＫ‐47）と対戦車擲弾を携えていた。所属がわからないように印のない緑の防弾ジャケットを着ているが、クレムリンの庇護のもとで活動している男たちだった。夜明けまえ、ウクライナ分離派が支配する混乱地域の中心に、ロシアの支援を受けた軍が攻め入り、空港を押さえ、軍基地を包囲した。日が昇るころには、議事堂の屋根にロシアの旗がはためき、クリミアは占領されていた。

ウラジーミル・プーチンは、親しみをこめて「かわいい緑の男たち」と呼ぶ覆面兵士がこのように舞台設定をしたあと、軍に総力をあげてのクリミア侵攻を命じ、一カ月もたたないうちにクリミアのロシア連邦への併合を宣言した。クレムリンに武器を与えられ、後押しされた緑の男たちはさらに、政情不安定なウクライナ東部のドネツクとルハンスクも占拠した。ふたつの地域の独立が宣言されると、ウクライナ政府とのあいだで全面衝突の火蓋が切られ、数千人が命を落とした。その間キエフはモスクワからの波状サイバー攻撃によって大打撃を受けて

いた。

ロシアのクリミア併合によって、プーチンを孤立した冷たい世界から引っ張り出せるかもしれないという希望はついえた。リベラルな世界秩序を守る制度や同盟からのロシア排除は、すみやかにおこなわれた。NATO諸国はモスクワとの政治的・軍事的協力をすべて中止し、ロシアはG8からも追い出された。オバマ大統領は全面的な経済制裁命令に署名し、EU諸国も同調して、世界的な原油価格の突然の下落でぐらついていたロシア経済はさらに打撃を受けた。二国間のおもな貿易交渉も中断した。アメリカはロシア国境におけるミサイル防衛システム計画を復活させた。

侵攻が起きてまもないころ、イギリス首相はプーチンとの関係に悪影響を及ぼすことなく問題が解決するものと期待していた。イギリスは経済制裁を支持せず、「ロシア人に対してロンドンの金融センターの門戸を閉じない」と書かれた書類を持つ首相顧問の姿がダウニング街のまえで写真に撮られた。とはいえ、ヨーロッパ域内の主権国の一部がプーチンによって完全に併合されるのは看過できない事態だった。

「これで彼とはビジネスができなくなる」官僚のひとりはひそかにそう考えていた。政府は副次的な影響を考慮しはじめた。

デイビッド・キャメロンも強硬姿勢をとるしかなくなった。クレムリンに向けて声明を出し、このときばかりはことばを濁さなかった。「これは主権国の侵略、領土の強奪であって、法を無視しています」イギリスはほかのＮＡＴＯ加盟国に倣って、モスクワとのあらゆる軍事協力を中止し、ＥＵの経済制裁を支持した。

　ロシアの次の動きは悪行の最たるものと言っていい。七月、クレムリンの支援を受けたドネツクの軍が、アムステルダム発クアラルンプール行きのマレーシア航空旅客機を撃ち落としたのだ。乗員乗客二九八名全員が亡くなった。衛星映像とデジタルの証拠により、撃墜の日、ロシアから輸送された軍用ミサイルが、クレムリンに支援された反対勢力の支配地域から発射され、その後発射装置がすばやく国境を越えて戻されたことがわかった。犠牲者のなかには一〇名のイギリス人が含まれていた。

　キャメロンは攻撃に対する怒りを表明するためにプーチンに電話会談を求めたが、ロシア大統領から三日後に反応されるというあしらいを受け、怒りを募らせた。我慢の限界だった。

　二日後、テリーザ・メイ内相によって、政府がようやくアレクサンドル・リトビネンコの殺害の全面的な公式捜査を開始することが宣言された。

　それは驚くべき方向転換だった。それまで政府は、夫の殺害を命じた人間について真実を探ろうとするマリーナ・リトビネンコをことごとく邪魔していたのだ。ふたりの容疑者の引き渡し要求が失敗に終わってから開かれた審問では、判事が「怖れなき無制限の」捜査を約束したが、外相が公益を理由とする秘匿特権を得て重要機密情報の開示を阻んだために、壁に突き当たった。サー・ロバート・オーウェン判事は、極秘情報については大臣権限で非公開の審理を開くことにして、あくまで公式捜査をおこなうよう内相に要請したが、それも拒否された。テリーザ・メイは書面による説明で「国際関係がひとつの要因である」と認めた。

リトビネンコの未亡人は、裁判費用に対する法的扶助の申請が却下されたあともあきらめず、政府の決定に対する司法審査を申し立てた。

「真実を知りたいだけなんです」高等法院の石段の上でマリーナは涙ながらに報道陣に訴えた。その年の二月には、三人の判事が、メイによる捜査拒否は「非合理」で「法的にまちがっている」とマリーナに味方していた。

それ以降、政府は沈黙を守ってきたのだが、MH17便の墜落から六日後、メイの宣言によって、マリーナ・リトビネンコが希望していた審理がようやく開かれることになった。

オーウェンが裁判長として招かれ、審理が始まった。それから一年半にわたり、審理ではプーチンをもっとも激しく批判していた人々が証言し、判事は、西側が長きにわたって機嫌をとってきたロシアの指導者が暗殺を主導していたことに関する極秘情報を、内密に精査した。

遅きに失したこの正義への動きがロシアへの抑止力になるかもしれないと政府が考えたとしたら、思いちがいもはなはだしかった。審理が開かれているあいだ、プーチンはそれを馬鹿にするように、アンドレイ・ルゴボイの「母国への奉仕」に対して直々に勲章を贈った。しかも、ロシアの暗殺活動は勢いを増す一方だった。

20

ロンドン、メリルボーン——二〇一四年一二月

寒々と静まり返ったロンドンの広場で、人の体が月明かりのなかを音もなく落ち、どさりと音を立てた。錬鉄のフェンスの剣先《スパイク》に胸を串刺しにされ、街灯のもとでフェンスからぶらさがった体から、歩道に血が流れた。頭上の四階の窓が開いており、なかの明かりもついたままだった。

死んだ男はスコット・ヤングだった。かつてのスーパーフィクサーは、疑わしい状況で命を落としたベレゾフスキーの友人や仕事仲間としては九番目だったが、二〇一四年一二月八日の晩に彼のペントハウスに入った警察は、指紋すら採取しなかった。その場で自殺と断定して、捜査はおこなわなかったのだ。

そうして部屋から落ちて亡くなるまえのヤングは、かつての彼の影のようになっていた。べ

レゾフスキーの死後は、怒れる債権者から昼夜を問わず追いかけられて怯えきっていたが、それでもロシアの取引の秘密は必死で隠そうとしていた。

七年にわたる六五回の離婚裁判の審理を経て、法廷侮辱罪で三カ月収監されながらも、ヤングは突然財産を失ったことについて納得できる説明をしていなかった。高等法院は何ひとつ解明できないまま最終判断を余儀なくされた。

「当法廷にできる精いっぱいのことは、彼が裁判で明らかにしなかった財産がまだ四五〇〇万ポンドあると見なすことです」判事は言った。ヤングは、ミシェルにその半分を与えたうえ彼女の裁判費用の数百万ポンドを支払うよう命令された。そして、「この負債に消滅時効はありません」と言い渡された。

その金は支払われず、ミシェルは失われた財産の行方を追う調査を続けていたが、元夫が死の少しまえに動揺した様子で電話をかけてきた。

「結局、何もかもめちゃめちゃにしたのはぼくだ」ヤングは言った。「降参だよ。本気で謝る。きみはとてもいい妻だった。風呂をためてくれたり、お茶を淹れてくれたり」ヤングは、調査をやめてくれたら翌日どうにかして三〇〇〇万ポンドを支払うと提案した。しかしミシェルは、「数十億ポンドが隠されているわけだから」まったく足りないと言い、電話は物別れに終わった。

「わかった、ミシェル」電話を切るまえにヤングは言った。「悪くない申し出をしたのにな。

きみもしまいには何もかも失うことになるぞ」

数週間後、元夫が建物から落ちて亡くなったという知らせを受けたミシェルは、ぶるぶる震えながら次女の部屋に入った。

「お父さんが建物から飛びおりたそうよ」茫然として告げた。

サーシャには信じられなかった。父は数日前に電話してきて、危険を避けるために精神科病院に入院するところだと言っていた。あと数日は退院しないはずだったのに。

サーシャは姉のスカーレットに連絡し、ふたりで父親を確認するために病院へ向かった。しかし、ヤングはいなかった。涙ながらにふたりが警察に連絡し、事実を教えてほしいと懇願するあいだ、病院のスタッフがティッシュを持ってきてくれた。警察は事実を教えてはくれなかった。そこでふたりは携帯電話で検索をかけ、父の死を報じる記事を見つけた。父は四階の寝室の窓から落ち、下にあるフェンスのスパイクに串刺しにされていた。あまりに深く刺さったため、遺体をおろすのにフェンスを大きく切りとらなければならないほどだったという。娘たちはよろよろと病院をあとにし、外で嘔吐した。

警察がようやく訪ねてきたのは午後八時近くになってからだった——ヤングが亡くなって二日後の。現れた警官は、お父さんは自殺したので捜査はないと告げた。

しかし、サーシャとスカーレットには、父がみずから命を絶ったなどという話はとうてい信じられなかった。父が最後の最後まで死ぬのを怖がっていたのはわかっているし、ひどい高所恐怖症でもあった。思えば、スパイクに貫かれて見つかるほんの数分前に娘たちに電話してきていたが、そのときには穏やかで明るい声だった。

ふたりはジョナサン・ブラウンに電話をかけた。マイアミですごした子供時代から、父の友人のなかではこのスモークサーモン界の大物が気に入っていたのだ。すすり泣きながら父が死んだことを告げると、ブラウンはきっぱりした態度で、友人が「ほかのみんなと同様に殺された」のは明らかだと言った。彼は自分にふたつ問いかけた。まず、誰がやったのか、そして「次は私の番か?」

ブラウンがロンドンに飛び、三人は団結することにした。警察が捜査しないなら、自分たちでやるだけのことだ。

まず、ヤングが婚約していたノエル・レノと話をした。彼女は警察に話したことを教えてくれた。ヤングとは彼が病院に入院する直前に別れたのだが、一二月八日の午後三時三〇分、ちょうど鍵屋を待っているときに思いがけず彼が家に戻ってきた。大喧嘩になったわ、とレノは言った。ヤングは出ていこうとしなかった。口論のあいだにレノはふたつ持っている携帯電話のひとつを誤ってトイレに落としたので、家の鍵をつけかえてもらったあと、ヤングを部屋に残して新しい携帯電話を買いに出かけた。その途中、ヤングがもうひとつの携帯電話にかけてきて言った。「これから飛びおりる。電話を切らないでいたら、音が聞こえるはずだ」レノは電話を切った。その数分後にヤングは落ちたのだった——午後五時一五分ごろに。

その話は、同じ時間帯にサーシャとスカーレットが受けた穏やかで明るい声の電話と矛盾した。スカーレットには午後五時八分に電話があり、ボイスメールにつながった。録音されたメッセージはまだ残してある。「やあ、スカーレット、うんと愛してると伝えたくてね。会いたくてたまらない。パパは大丈夫だ。心配しなくていい。愛してる！　じゃあ」というメッセージ。裏に隠された意味を探りたくて、何度となく聞いていた。

その一分後——四階から落ちるほんの五分前——に、ヤングはサーシャにも電話をかけ、愛していると告げて、明日の朝またかけると言っていた。これから自殺しようという人間が愛する相手にメッセージを残すのはよくあることで、別におかしくはないが、娘たちはどちらも、父からのあの電話が最後の別れのメッセージだとは信じられなかった。そこで調査を続けることにした。

次にふたりはブラウンといっしょに、父が落下した現場を調べに行った。その前夜にも建物のまえを車で通ったのだが、警察がテープを張って立入禁止にしてあり、目を上げると、階上のアパートメントの窓に明かりがついていてぎょっとしたのだった。三人は警察が壊して開けたドアを抜け、ヤングが死の直前までいた場所へと足を踏み入れた。

真っ白な壁とクリーム色のカーペットの部屋はきちんと片づいていた。寝室へ行ってヤングが落ちたサッシの窓へと近づき、開けてみると、五〇センチほどしか開かなかった。父の肘から指先くらいまでの長さだ。窓を見たとたん、娘たちは父がそこから身を投げる姿を想像するのはむずかしいと意見が一致した。

「窓はとても小さくて、父は背が高かったから」サーシャが言った。「窓をくぐり抜けるだけでも数分はかかったはずよ」

なおおかしなことに、狭い窓枠には、ダイエットコークの缶、マルボロ・メンソール一パックとライターがきちんと並べられていた。どれひとつ落とすことなく狭い窓をくぐり抜けるには、うまい具合にその上を越えなければならなかったはずだ。ほとんど不可能に思われた。

窓から身を乗り出して父の目に最後に映った光景を見おろすと、眼下に鋭いスパイクのついた鉄のフェンスが見えた。あのスパイクに向かって父が身を投げるなど考えられない。ましてひどい高所恐怖症だったのだから。そのとき、目があるものをとらえ、背筋が寒くなった。

外の窓枠の両端に、いくつか埃を引っかいたような跡がかすかに残っていたのだ。それらは手の指とほぼ同じ間隔でついていた。

「パパが必死で助かろうとしたんだわ」サーシャが言った。

三人は部屋のなかの写真と、狭い窓と、窓枠に残った跡の写真を撮った。すでに警察がした以上のことをしていた。娘たちはクローゼットを開け、それぞれ父の懐かしい大きなセーターを着た。まだ父のにおいがした。それから三人は警察と対決するために部屋をあとにした。

警察では、ヤングの死に疑わしいところはないと判断したクリストファー・ペイジ部長刑事に会った。娘たちはペイジに、父が亡くなるまえの土曜日に電話をくれて、危険が迫っていると言っていたことを伝えた。スカーレットは、父が「大勢のロシア人オリガルヒ」を含む「怪しげな人たち」と知り合いで、「おまえたちも気をつけなきゃいけない、パパもだ。みんな気をつけなきゃいけない」と「絶えず」警告していたと説明した。父の友人や仕事仲間の何人かが疑わしい状況で亡くなっていて、そのなかにはボリス・ベレゾフスキーやロビー・カーティスも含まれていると指摘した。

ペイジは動じなかった。最後の瞬間にヤングが電話してきて飛びおりてやると脅したというレノの証言がある以上、捜査の必要はなかったからだ。

「われわれの見解では、疑う余地はありませんね」刑事は娘たちに言った。「自殺すると脅していたわけですから」

「あの部屋に出入りした人間がわかる防犯カメラの映像は確認しました?」ブラウンが訊いた。

「それは私にはわかりません」とペイジ。「おそらく確認していないと思う」

「確認だけしてもらえませんか?」ブラウンは懇願した。「この子たちの疑いを晴らすために。残りの人生、ずっと疑いを抱いて生きていくことになってしまいます」

「いまある情報と証拠だけで充分だ」ペイジは厳しい口調で言った。「あなたがたの疑念を晴らしたり、推測を確かめたりはできないにしろ」

「防犯カメラの映像を見たいんです」スカーレットが言い張った。「私たちにとって本当に大事なことなんです。それに、あのアパートメントをきちんと調べたんですか？　ついたばかりの指紋の採取は？　何かしました？」

「状況から考えて、必要ないと判断しました」ペイジは言った。

それでも、近隣の防犯カメラを調べることには同意した。ただあとで、六カ月後に検死官に命じられるまで映像を確認していなかったことを認める。確認した結果、ヤングが落ちた瞬間、広場のすべてのカメラがたまたま窓のほうには向いていなかったことがわかった。

ミシェルは、元夫が離婚裁判で定められた金を払わなくていいように死を偽装したと信じていた。ブラウンも、そうならいいと内心思っていたが、自分の目で確かめたかったので、遺体を見に安置所へ出向いた。本人じゃなかったら、なんとも驚くべき偽装工作だと思い、たとえそうだったとしても、姿を消す友への餞別代わりに口を閉じていようと決心していた。しかし、そんな運には恵まれなかった。

ヤングの葬儀には二〇〇人が参列した。人混みのなかで知らない男が娘たちに近づき、父親が亡くなった状況について「質問してまわるのはやめろ」と警告した。ブラウンが献辞のために立ち上がり、司祭が彼を〈プロジェクト・モスクワ〉の唯一の生き残りと紹介したことで、さらに奇妙な事態になった。棺は白いバラの「ＤＡＤＤＹ」の文字で飾られていた。ブラウンはサーシャとスカーレットに付き添って墓まで歩き、ヤングの遺体が墓穴におろされるあいだもふたりのそばに立っていた。

ヤングの検死審問は二〇一五年七月に開かれた。検死官はまず、死亡日の午後に彼を退院させた精神科医から話を聞いた。ヤングは自分でも認めていたとおり「躁状態」になっていたようだった。「声が聞こえるし、安全じゃない気がする。自分を殺したいと思っているやつがいる」と言い、バルコニーから飛びおりようかと考えることもあるが、娘たちのことを思うとそんなことはできないと語っていた。四日間入院して「精神状態も安定し、具合もよく」なり、自傷行為はいっさい考えなくなっていた。躁状態はコカインの使用によると思われたため、医師は退院しても大丈夫だと見なした。ヤングは午後二時半ごろ病院を出た。

ドラッグを大量に使用しないかぎり、退院してすぐまた躁状態になることは考えにくいと精神科医は証言した。しかし毒物検査の結果、落下の際にはドラッグもアルコールも摂取していなかったことがわかった。ヤングの娘たちの代理人を務めていた法廷弁護士のジャクリーン・ジュリアンが、スカーレットに残された彼のボイスメールを再生し、その精神状態について何がわかるか精神科医に意見を求めた。

「推定できるのは、躁状態の症状はないということだけです」精神科医は答えた。「ごくふつうの状態で、その日退院させたときの状態と一致しています」

次に、検死をおこなった内務省の病理学者ナサニエル・ケアリー博士が、「串刺しになったことによる」傷に加え、ヤングには「深い頭部損傷」、両腕、手首、親指の引っかき傷、中指の先の切り傷があったと証言した。ジュリアンが、そういう傷ができたのはなぜか問うと、ケアリーは「落下の際に何かに当たった」ように思われると答えた。「日除けに当たることもあるので」とはいえ、問題のモンタギュー・スクウェアの家に日除けはなく、落下の途中でほかの何かに当たった可能性があるかどうか、誰も確かめてさえいなかった。

ヤングの腕と手の傷については、「落下にはよくあること」と病理学者は言った。「落ちまいと何かにつかまることもあるから」だが、もちろんヤングは自分の意思で窓から身を投げたはずだ、と。弁護士は、窓枠に傷と合致するような跡がないか調べたかと病理学者に訊いた。

「それは現場の担当警官の仕事です」病理学者は答えた。

ペイジ部長刑事が証言台に立った。ジュリアンは外の窓枠の引っかいたような跡の写真を見せ、担当警官はこれを調べたかと訊いた。

「それは見えなかった」刑事は答えた。「暗かったので」

弁護士は、昼間に現場に戻ったときに見なかったのかと訊いた。

「現場には戻りませんでした」刑事は答えた。

刑事は、窓が「くぐり抜けるのがむずかしい」くらい小さいことは認め、スーパーマンのように手をまえに伸ばして、ヤングはこのように「手を伸ばして頭から」飛びおりたと主張した。だが、それでは頭の傷が説明できない。どうして警察は撮影係が現場の写真を撮るまえに窓を閉めたのか、とジュリアンは訊いた。どうして開けておいて、ヤングが飛びおりたとされる窓の開口部が狭いことを記録に残さなかったのですか？

「天気が悪くなる可能性があって、証拠を台なしにしたくなかったので」ペイジは答えた。しかし、現場の科学捜査はおこなわれなかったのだ。

弁護士は、ヤングがフェンスの上に落ちたのはどうしてかと尋ねた――フェンスは壁から一メートルも離れている。

「わかりません。殺人の疑いがあれば調べたでしょうが、疑いはなかった」刑事は答えた。

審理の最後に検死官は、「疑わしい状況ではなかった」という警察の主張が「全面的に正しい」と信じてはいるが、亡くなる数分前の電話では落ち着いていたというヤングの娘たちや友人数名の証言も無視できないと述べた。また、警察は窓枠に残った跡についても、窓からフェンスへの体の落下軌道についても、まったく説明していなかった。

「故人が窓から落ちたときの精神状態や意図を判断するには証拠不充分と考えます」検死官は言った。審問は死因不明ということで結審した。

父の死を自殺と判断してほしくなかったサーシャとスカーレットにとっては勝利だった。それでも、父がどのような最期を迎えたのか、本当のことがわかったわけではない。警察が捜査せず、ロシアとのつながりを否定し、彼女たちの懸念をはねつけた一方で、リバー・ハウスはひそかに、このフィクサーの死がモスクワでの危険な取引のせいかどうか、アメリカの諜報機関に問い合わせていた。

ＣＩＡの答えはイエスだった。またひとつ暗殺がロンドン警視庁の捜査網からもれたのだろうという。ラングレーは、ヤングの死によってクレムリンの暗殺活動が過激さを増しているという思いを強くしていた。ロシア人の死の波がアメリカの岸辺に押し寄せるかもしれないという不安が、すぐにも現実になろうとしていた。プーチンの一番の側近だった男が、ワシントンへ向かっていたのだ。

ワシントンDC——二〇一五年一一月

二〇一五年一一月のある夜明けまえに、ウラジーミル・プーチンの世界的なプロパガンダ製造機の主導者が、ワシントンDCの〈デュポン・サークル・ホテル〉のロビーに入り、現金一二〇〇〇ドルを払ってペントハウス・スイートにチェックインした。ミハイル・レーシンは、二〇〇〇年にベレゾフスキーとともにプーチンを権力の座に押し上げた広告界の催眠術師《スベンガリ》で、その後はメディア担当大臣として、新大統領による非政府系ジャーナリズムの締めつけを強化してきた。頭の大きな大男で、ロシアの新聞社やテレビ局を手際よくクレムリンの支配下に置くやり方から、「ブルドーザー」の異名を得ていた。一番の業績は〈ロシア・トゥデイ（RT）〉——プーチンのために「ロシアを国際的に宣伝する」目的で作られたプロパガンダ・ネットワーク——を生み出したことで、彼の指揮のもとで世界有数の報道機関に成長していた。

RTが影響力を広げていることが、アメリカ政府にとって大きな心配の種となっていた。ウクライナ東部の占領やＭＨ17便の撃墜について広く偽情報を流し、当時の国務長官ジョン・ケリーが、ＲＴをモスクワの「プロパガンダ拡声器」と非難するほどだった。しかし、いまレーシンは、自分が生み出したネットワークを裏切るつもりでいた。モスクワの寵愛を失って西側に隠れるロシア人亡命者の一員になったのだ。ワシントンにはアメリカ政府との面談のためにやってきた。

メディア界の大物の栄光の日々は、二〇〇九年にドミートリー・メドベージェフが大統領になったときに終わった。それから三年のあいだにレーシンは派手に金を遣い、〈セレニティ〉号と名づけた四〇〇〇万ドルのヨットでパーティに明け暮れながら、世界じゅうを旅してまわった。アメリカですごす時間がどんどん多くなり、二八〇〇万ドルをばらまいて、自分と娘――ＲＴ支局長のエカチェリーナ・レーシナ――と、ハリウッドのプロデューサーである息子のアントン・レーシンのために、カリフォルニアに豪奢な不動産を手に入れた。レーシンは昔から元気で生き急いでいる人間だったが、ロシアから長く離れたことで、すでに深刻だった飲酒の問題にブレーキがかからなくなっていた。二〇一二年にクレムリンに戻ったプーチンから権力の回廊へ呼び戻されたときには、使い物にならなくなりつつあった。

レーシンはモスクワに戻って、ロシアに残った数少ない大手独立系報道機関のひとつ〈ガスプロム・メディア〉を引き継ぎ、国営のコングロマリットに取り入れようとした。だが、一度に何日も馬鹿騒ぎのために姿を消す習慣がプーチンとの関係に亀裂を生み、アメリカですごした時間が悪い結果をもたらしはじめた。レーシンがカリフォルニアで湯水のごとく散財しているという噂を上院議員のロジャー・ウィッカーが聞きつけ、二〇一四年に不正行為とマネーロンダリングの容疑で捜査を求める書面を司法省に送ったのだ。この件は司法省の刑事部門にまわされた。突然レーシンが〈ガスプロム・メディア〉を辞め、姿をくらましたのは、そのときだった。

二〇一五年の夏には、このプーチンのプロパガンダ隊長が身の危険を感じてヨーロッパに潜伏しているという事実をＣＩＡはつかんでいた。モスクワからの情報では、アメリカ政府の注意を引いたせいでロシア大統領もついに彼を見捨てたということだった。クレムリンのクルィシャがなくなって、大勢いる敵が彼を追いはじめた。レーシンはスイス・アルプスに隠れ、保護を求めているとのことだった。

それは、厳しく統制されたクレムリンの集団に穴を開ける稀少な離脱で、願ってもない情報収集の機会を与えてくれるはずだった。おまけに司法省は、彼の財産に捜査のメスを入れると脅すことができ、それは大きな取引材料だった。アメリカ政府は第三者を介してこの亡命ロシア人と接触を開始し、レーシンは協力するにやぶさかではないという意思を示した。

かくしてレーシンは二〇一五年一一月四日、司法省との面談予定日の前日に、暗闇にまぎれて〈デュポン・サークル・ホテル〉に投宿したのだ。司法省は、翌日彼がＲＴの内部情報やクレムリンとの関係についてすべて明かしてくれるものと大いに期待していた。しかし、そのまえに、情報提供者となろうとしている男には暗殺されうる時間が二四時間あった。

レーシンは赤ワイン二本、ギネスビール六本、スコッチウイスキーのジョニーウォーカー一本とともに、ペントハウス・スイートにこもった。まもなく酔っ払って、千鳥足でホテルの廊下に出ていった。彼が部屋に戻されたあと、警備員が夕方近くに様子を見に行くと、レーシンは酔っ払って倒れていた。警備員は助けを呼んだほうがいいかと訊いたが、レーシンは腕を警備員の肩にまわし、呂律のまわらない口で「ニエット」と答えた。

別の警備員が午後八時に入口から部屋のなかをうかがうと、レーシンは床の上で気を失っていた。息はしていたが、起きなかったため、警備員はそのまま部屋をあとにした。翌朝、別のホテルスタッフが、酔っ払いの客にチェックアウトの時間だと知らせるためにペントハウスに入った。部屋のなかには空の酒壜が散乱し、レーシンは空き壜に囲まれてうつぶせに倒れていた。今度は息をしていなかった。

司法省の職員たちは、プーチンの世界的なメディア帝国を築いた人間との待ちに待った面談ができなくなったという知らせに落胆した。レーシンは死んでいた。鈍器で頭に一撃を受けて殺されていた。首や胴体や腕や脚にも殴られた痕があった。

地元警察の捜査にＦＢＩが協力することになったが、一一カ月に及ぶ捜査の結果、連邦検察官がおこなった発表は、事件を知る捜査官たちには信じられないものだった。レーシンの死は悲しい事故以外の何物でもないというのである。メディア界の皇帝は「過度のアルコール摂取の日々をすごし」、部屋でひとり酔っ払ってくり返し転び、みずから死を招いたとされ、事件はそれで終わりだった。

ＦＢＩ内では、封印されたレーシン死亡に関する捜査ファイルを見た捜査官たちが、これは隠蔽だと怒ってささやき合った。ファイルには防犯カメラの映像から証人の供述に至るまでの重要証拠が収められ、その内容のせいで機密事項とされたのだった。上層部は、密室でのメディア王の死について大陪審の調査で集められた一五〇ページ以上の証拠も封印していた。事件を知る捜査官をさらに怒らせたのは、ＦＢＩがモスクワから高度な情報を含む極秘報告書を手に入れながら、何もしなかったことだった。その報告書はレーシンの死が事故だったという公式見解と完全に矛盾していた。

報告書の作成者は、ＭＩ６の元ロシア課長クリストファー・スティールで、ＦＢＩの仕事もよく請け負う私立探偵事務所を経営していた。スティールはのちに、ロシアがアメリカ大統領選挙の準備段階でドナルド・トランプを「教育し、支援し、補強していた」と主張する調査報告書を書いて、国際的な名声を得る。イギリスの諜報機関の最上層にいた経験から、クレムリンの暗殺計画についても熟知していた。そんな彼がロシアにおける高度な情報網を駆使してレーシンの悲惨な死に関する情報を集め、最終報告書をＦＢＩに渡していたのだ。

スティールの報告書では、レーシンは鈍器で殴られて死んだとされていた。レーシンがプーチンを怒らせたため、側近のオリガルヒが、副業を請け負う国家保安機関の人間を雇ってやらせた、と。襲撃犯はレーシンを殺すのではなく、痛めつけろと命じられていたが、やりすぎてしまった。それはＣＩＡがモスクワで拾った情報と符合した――プーチンのかつてのプロパガンダ隊長は、スティールが名指ししたオリガルヒの用心棒によって野球のバットで殴り殺されたという情報である。

アメリカ政府は、ロシアの暗殺の脅威がついにアメリカにまで及んだと恐怖に駆られた。ある国家安全保障機関の上級職員は、クレムリンが「ロンドンで定期的におこなっていることをここでも始める」のではないかとまわりにもらした。

東西関係は冷戦以降で最悪になっていた。レーシンが亡くなる前年、モスクワのハッカーがホワイトハウスと国務省のコンピュータ・システムに侵入した。ロシアによるアメリカへの初めてのサイバー攻撃だった。同年九月には、ロシアはアメリカとその同盟国に対抗して、シリアで西側に支援される反体制派を激しく弾圧していた独裁者バッシャール・アル＝アサドを助ける軍事介入をおこなった。

それでも、ロシアをこれ以上敵にまわすのは危険な選択だった。同じ年、長期にわたる協議の末、ようやくイランが制裁緩和を交換条件として、核兵器開発計画の制限と国際的な軍事施設査察の受け入れに同意していた。交渉の鍵を握ったのはロシアだった。その同意を実行に移させるにはまだ重要な仕事が残っており、モスクワに引きつづき協力してもらうことが必要不可欠だったのだ。

結局、ラングレーの長年の不安が現実となり、著名なクレムリンの敵がアメリカ国内で命を落としたときに、アメリカ政府はイギリスの手本にしたがって、捜査を打ち切った。

21

ロンドン、王立裁判所――二〇一六年一月

マリーナ・リトビネンコは期待を胸に七三法廷の最前列に坐っていた。そばには息子のアナトリーがいた。いまやきちんと一・九分けにした髪が、完璧に話すイギリス英語に合う二二歳の若者だった。そのうしろには生き残っている数少ない夫の友人ふたりが坐っていた――金縁眼鏡をかけて学者のように見えるユーリー・デュボフと、すばらしい毛皮の帽子をかぶってやってきたアフメド・ザカエフだ。リトビネンコの審理はようやく結審を迎え、傍聴席は判決を熱心に待つ人々で混み合っていた。

ロンドンじゅうに明らかな放射能の痕跡を残していったことを考えれば、ルゴボイとコフトゥンに罪があることは判事も認めざるをえないというのが、大方の意見だった。大きな疑問は、判事がさらに突っこんだ発言をするかどうか。政治や外交の圧力を受けず、完全に公正な

立場で判決が下されるはずだが、裁判所に集まった人の多くは、イギリスの制度への信頼を失って久しかった。判事は果敢にもロシアという国に責めを負わせるだろうか。それともまた非常にイギリス的なごまかしで終わるのか？

サー・ロバート・オーウェンが現れ、ぎっしりと詰まった傍聴席に会釈して席についた。判事は長期にわたった審問を取り仕切り、山のような極秘情報をふるいにかけてひそかに確かめたうえで判決を書いていた。オーウェンは司法界の礎、高等法院から引退したばかりの真っ白な髪をした熟練判事だった。これから告げる判決は、冷静な法律家としての頭で証拠を検証した結果にもとづいていたが、話しはじめた姿からははっきりとした恐怖が感じられた。

「疑いの余地なく――」ゆっくりと、ひと言ひと言に地雷を埋めるように、わざと区切ってことばを発した。「アレクサンドル・リトビネンコは、ルゴボイ氏とコフトゥン氏によって毒殺されました」最前列で上を向いた人々の顔に、ほっとするような色が広がった。国じゅうのテレビに速報が流れはじめた。判事は次のことばに気を引き締めるように肩を怒らせた。

「ルゴボイ氏がリトビネンコ氏に毒を盛ったのは、FSBの命令によるものである可能性が非常に高いという結論に達しました。また、コフトゥン氏についてもFSBの指示のもとで動いていたという結論に達しました」

驚くべき瞬間だった。法廷内に広がった静寂は電気を帯びていた。オーウェンは、リトビネンコ殺害の責めをロシアの国家保安機関にはっきりと負わせたのである。いまや判事のことばはありとあらゆるニュース番組で流れていた。新聞の編集者はすでに翌日の第一面を空けていた。見るからに頬を上気させたオーウェンは背筋を伸ばし、続けるまえに長い間を置いた。次のことばはみなの予想をはるかに超えた。

「さらに、ＦＳＢによるリトビネンコ氏の殺害計画は、おそらく当時ＦＳＢ長官だったパトルシェフ氏によって許可されたという結論に達しました。そしてまた」判事はわずかに首を下げ、前方をじっと見つめたまま続けた。「プーチン大統領によって」

傍聴席から「そうだ！」という叫びが響いた。長年にわたる否定や秘密命令や外交的判断のあとで、この判決は想像を絶する分岐点となった。イギリスの司法がプーチンを名指しで非難したのだ。

オーウェンは、リトビネンコの死因について判断を下すにとどまらなかった。殺人の動機解明をみずからの使命と考え、イギリスとロシアにおけるリトビネンコの協力者、ＭＩ６職員、死亡捜査をおこなった警官、まっすぐモスクワまでつながるポロニウムの痕跡を明らかにした科学者たちを含む六〇人以上の証言を聞いていた。アフメド・ザカエフを始め、ユーリー・デュボフ、ニコライ・グルシコフ、ユーリー・フェリシチンスキーらが証拠を提出した。ボリス・ベレゾフスキーやバドリ・パタルカチシュビリのように、リトビネンコの殺害当時、警察におこなった供述というかたちで墓のなかから証言した者もいた。リトビネンコ自身が積み重ねた調査結果も審理の証拠となった。オーウェンの三二八ページに及ぶ判決文は、リトビネンコが死ぬ間際までクレムリンについて集めた扇動的な証拠をすべて盛りこんだ危険な爆弾で、それをイギリス司法の上品な言語で包装していた。

判事は、ロシアで三〇〇人近い死者を出したアパートメント爆破事件は「チェチェン紛争を正当化し、ひいてはプーチン氏の政治的立場を高めることを目的としてFSBが仕組んだ」というリトビネンコの説を引き合いに出し、リトビネンコがそれについて執筆した本は「政治的な小冊子以上」の「綿密な調査にもとづく仕事」だと述べた。モスクワ劇場占拠事件もFSBの偽旗作戦であり、アンナ・ポリトコフスカヤはロシアで国の残虐行為への関与を調査していたせいで殺された複数の人間のうちのひとりだというリトビネンコの疑惑も紹介し、「タムボフ・ギャングとKGB職員が手広く結託していて、そこに当時現役職員だったウラジーミル・プーチンとニコライ・パトルシェフも含まれていた」ことを示す証拠をリトビネンコが集めていたことにも言及した。

公開審理で示された証拠だけでも、リトビネンコ暗殺にロシアが国としてかかわっていた「有力な状況証拠」だとオーウェンは判断したが、判決内容を決定づけたのは、「かなりの量の」極秘情報を含む、目のまえに提示された証拠の総量だった。判事は、リトビネンコ殺害は単独の事件ではなく、「プーチン大統領の主要な敵は、たとえロシア国外で暮らしていても暗殺の危険にさらされている」と述べた。この驚くべき判決文は、公開審理の記録や何千ページにも及ぶ証拠とともにウェブサイトに公開された。

判決後、マリーナ・リトビネンコは高等法院の石段に立ち、顔を上げた。「死の床でミスター・プーチンを非難した夫のことばが、最高水準の独立性と公平性を持つイギリスの法廷で真実だと証明されたのは、もちろん喜ばしいことです」彼女はテレビカメラに向かって言った。すでに内相から「行動を約束する」手紙を受け取ったことも明かし、「首相が何もしないということは考えられません」とつけ加えて、石段をおりた。政府から夫の死の真相を引き出そうとする一〇年に及ぶ戦いはようやく幕引きとなったのだ。

しかし、テリーザ・メイはそのすぐあとの下院での演説で、ロシアに対して報復行動を起こすつもりはないときっぱり否定した。内相はリトビネンコ暗殺を「大胆不敵で赦しがたい国際法違反」と非難しながらも、西側がシリア危機解決とＩＳの脅威との戦いにプーチンの協力を必要としているときに、彼を敵にまわすことはイギリスの利にならないと説明した。ダボスの世界経済フォーラムに参加していたデイビッド・キャメロンも、オーウェンの判決を受けてロシアにどのような対応をとるつもりかと訊かれると、同様の考えを述べた。

「シリア危機を解決するためには、彼らとある種の協力関係を保つ必要がある――まさにそうです」首相は言った。「だが、はっきりした目と非常に冷たい心を持ってそうする」

審理の判決に対して、ロシアは例によってひたすら侮蔑の反応を見せた。「最初から目的はひとつだ――ロシアを中傷し、ロシア政府を中傷すること」外務省の広報担当官は言い、これにより「両国の関係は暗い空気に包まれる」と警告した。ルゴボイは彼らしく毒舌をふるって、審理を「政治的野心のために、知られてはならない秘密があるかのように見せかけたロンドンの哀れな試み」と評した。プーチンの広報担当官も、判決を「笑えないイギリス的ユーモア」の一例とあざけった。

結局、イギリス政府はルゴボイとコフトゥンがイギリスに持つ資産を凍結することで示しをつけようとしたが、どちらについてもイギリスに資産があるかどうかははっきりしなかった。イギリスに関するかぎり、事はそれで終わりだった。リトビネンコの調査で集められた何千ページにも及ぶ証拠は国立公文書館に移され、警察のファイルは封印され、爆弾のような判決の根拠となる供述をおこなった捜査官や政府の科学者の一団は、日常業務に戻った。だが、ロシアは恨みを忘れていなかった。

ロシア——二〇一六年二月

マヤークの核施設は極秘の場所なので、何十年ものあいだ地図にすら載っていなかった。ロシアのウラル山脈の森の奥深くに隠され、二五〇平方キロメートルの立入禁止区域に囲まれたその施設には、もっとも厳重に守られた核機密事項が存在する。ソビエトの原子力爆弾計画誕生の地でもあり、何度も起きた深刻な核の事故が、ソ連崩壊まで長年隠蔽されてきた場所でもあった。世界有数の汚染地で、「地球の墓場」と呼ぶ者もいる。そして二〇一六年初め、この場所はさらなる悪評を得た。

オーウェンの審理で示された証拠のなかで、アレクサンドル・リトビネンコ殺害に使用されたポロニウムの製造場所として、マヤークの原子炉が名指しされたのだ。その結論は、政府の名高い科学者マシュー・パンチャー博士の測定にもとづいていた。パンチャーはリトビネンコの死後に結成された公衆衛生局のチームのひとりで、死者の体内の放射能汚染を分析した。使用されたポロニウムの正確な量を推測する任務だったが、その結果は驚くべきものだった。故人は致死量の二六倍もの放射性物質を体内に取りこんでいた。この稀少な放射性同位体をこれだけ量産できる場所は地球上でたった一カ所しかない。ロシアが管理するマヤークの原子炉である。

二〇〇六年当時、パンチャーはぼさぼさの髪とはにかむような笑みが特徴の三〇代なかばの実直な核科学者で、自分の分析によってウラジーミル・プーチンが史上もっとも衝撃的な暗殺計画の容疑をかけられるとは思ってもみなかった。それからほぼ一〇年後——オーウェンの審理が驚くべき判決に達してちょうど一カ月後——パンチャーは放射能汚染の危険地帯として悪名高い場所の汚染レベルを分析するという、非常にむずかしいプロジェクトのためにロシアへまた向かおうとしていた。それがほかでもない、ウラル山脈の奥でクレムリンがポロニウムを製造している核施設だったのだ。

何度も放射能もれの事故を起こし、周辺地域の住民に体調不良や突然変異や発癌が広まったことで、マヤークの施設は安全性改善のために国外からの協力を受け入れざるをえなくなっていた。パンチャーはそこで働く作業員へのプルトニウム被曝の影響を調べる米英政府プロジェクトの責任者だった。暗号名は〈プロジェクト二・四〉。名誉ある任務だったが、オーウェン判決のあとで任務を遂行するためにロシアへ戻ったパンチャーは、恐怖に駆られることになった。

マヤークの放射能を測定するソフトウェア・システムの構築のために、ロシアへはプロジェクトの同僚と何度も行っていたが、プロジェクト開始当初から、心穏やかでいられないことに気づいた。尾行され、おそらくＦＳＢではないかと思われる人々に盗聴されている。しかし前年の一二月、最後から二番目となるウラル山脈訪問の際には、パンチャーの身にそれとはちがうことが起きた。

調査旅行から戻った四六歳の彼は、すっかり別人になっていた。いつも快活な人間だったのが、突然ひどい鬱に陥った。原因は知人の誰にもわからなかった。子供たちにもすっかり関心を失ったようで、妻は夫に服を着て身ぎれいにするよう懇願しなければならないほどだった。

それでも彼は調査を終えようと決心していた。勇気を奮い起こして二月に最後となるロシアへの調査旅行に出かけた。同僚の目には調査は無事終了したように見えた。しかし、帰宅したパンチャーはさらにひどい苦悩に苛まれた。家族や同僚に〈プロジェクト二・四〉で深刻な計算「まちがい」を犯したと打ち明け、あまりにひどいまちがいなので刑務所に入れられるのではないかと心配していた。

同僚は当惑した。パンチャーが主張する「コード化のエラー」はたいしたことに思えなかったからだ。彼らに言わせれば、同じ結果を得るのに別のルートをたどったにすぎず、計測の正確さに影響するものではない。同僚のジョージ・エザリントンは、パンチャーの訴追されるのではないかという不安は「根拠がない」と力づけ、「あとで思い返せば、どうしてあんなに心配していたのか不思議になるよ」と言った。しかし、パンチャーは不可解なほど悲嘆に暮れていた。謎の失敗についてあまりにくよくよ悩んでいるので、彼の母親は思わず、それで誰か亡くなるのかと尋ねた。

息子は、そんなことになる危険はないと母親に請け合った。

イギリス、オックスフォードシャー――二〇一六年五月

警察が赤レンガの家に入っていくと、科学者の遺体はキッチンの床に倒れていた。首や腕や腹にぱっくりと開いた傷口から血が流れ、まわりの床にたまっていた。争った形跡はなかった。家具もまったく動かされていない。大きなキッチンナイフがパンチャー博士の命を失った手に握られ、もうひとつ、刃の小さいナイフがシンクのなかにあった。

キッチンを調べたテムズ・バレー警察のレイチェル・カーター刑事は、「非常に珍しい」現

場だと思った。これほどの量の血やこれほどひどい刺創を目にすることはまれだったからだ。とはいえ、パンチャーの妻は、夫の死は残酷だがもっともだと警察に言った。仕事の不安でおかしくなっており、一週間前にもコンピュータのケーブルで首を吊ろうとした、と。そのため、リトビネンコ殺害事件の解明にパンチャーが貢献し、ロシアへの調査旅行にも危険がともなっていた事実があったにもかかわらず、警察は捜査の必要なしと判断した。科学者はふたつのナイフでくり返し自分を刺し、そのせいで死に至ったと結論づけたのだ。事件は終了した。

カーター刑事はパンチャーの検死審問における証言で、傷が「非常に広範囲に及び」、出血もあまりに多かったので、本人がナイフ二本で自分を刺したと確信するのはむずかしいと認めた。「最初は腑に落ちないものを感じました」刑事は検死官に言った。「意識を失わずに、どうしてあれだけの傷を自分に負わせられたのかわからなかったので」しかし、最初は疑ったものの、結局は自殺ということで「納得した」。「あらゆる情報から、彼がひどい鬱に陥っていたことがわかりました」と彼女は言った。

複数の刺し傷による自殺はきわめてまれだが、内務省の病理学者ニコラス・ハント博士は、殺人の可能性を「完全に排除」はできないにせよ、パンチャーが複数回自分にナイフを突き立ててなお意識を保っていたこともありうると証言した。科学者の手には小さな傷があり、それが「刃物を持つ第三者の攻撃」に対する防御損傷という可能性もあるが、ナイフが「血で湿り」、指のなかですべってできた傷とも考えられると言った。

パンチャーの妻は証言台で、ロシアから戻ってきたときに夫の性格が「完全に変わった」と述べた。何に対しても積極的で、子供の宿題を手伝ったり、料理をしたりするのが大好きだったのに、突然「すべてに興味を失った」と。

パンチャーの同僚も同じくらい困惑していた。雇い主だったイギリス公衆衛生局の関係者は、パンチャーの仕事の質を疑う理由はまるでなかったと述べた。ロシアで何が起きて彼が突然精神的苦悩に苛まれたのか、理由は解明されなかったが、検死官のニコラス・グレアムは警察の結論に同意し、パンチャーの死因は自殺と断定した。

警察の捜査は打ち切られたが、その裏ではＣＩＡがＭＩ６に、パンチャーの死もやはりロシアによる暗殺で、増えつづける死者数をさらに増やしたと示唆する情報を提供していた。ロシアが科学者を自殺に駆り立てた可能性もあるが、暗殺された可能性のほうが高いというのがＣＩＡの見立てだった。

「こちらの諜報機関の報告によると、ここ数年、クレムリンが格段に攻撃的になって、国外で敵を排除したり、黙らせたりしているのは明らかだ」パンチャーの死体が見つかったあとで、あるアメリカの当局者が言った。「とくにイギリスで」

検死審問で死因が決定されると、クレムリンはその機をとらえ、科学者の死の政治的な意味を誰も見落とさないようにした。国が統制する〈チャンネル1〉が、番組のなかで彼の死を「非常に奇妙な自殺」と呼び、「マシュー・パンチャーは何を怖れていたのでしょう」と疑問を発した。

「もしかすると、リトビネンコの件で失敗を犯したのでしょうか」キャスターは推測してみせた。「イギリス当局によると、今回の件はそうした疑問とは関係ないそうです」

ロンドン——二〇一八年三月

ニコライ・グルシコフはロシア人亡命者のサークルで最後に死ぬ人物となった。この〈アエロフロート〉の元ＣＦＯは、ベレゾフスキー亡きあと、サウスウェスト・ロンドンのみすぼらしい郊外のタウンハウスで、老犬と、ブレイブハートという名の猫といっしょにひっそりと暮らしていた。六八歳になり、レフォルトボ刑務所収監中に健康を脅かしていた血液の病気のせいで、杖なしには歩けなくなっていた。それでも最後にひとつ、戦いが残っていた。〈アエロフロート〉が彼を相手取って、イギリスの高等法院に訴訟を起こしたのだ。彼とベレゾフスキーが〈アエロフロート〉を支配していたときに、会社から一億二〇〇〇万ドルを横領したという訴えだった。落ちぶれた亡命者は自分で自分を弁護するほかなかったので、法律や会計の本を読みあさって弁護の準備をし、この件では無罪になるとまわりのみなに語っていた。〈アエロフロート〉が長年世界じゅうでロシアのスパイ活動の隠れ蓑になっていたという、彼の長年の主張が正しかったことがわかるだろう、と。しかし、それによってわが身に危険が及ぶことも想定していた。

ベレゾフスキーが亡くなったあと、グルシコフはガーディアン紙に、プーチンが暗殺リストにしたがってイギリスで次々と敵を葬っていると語り、「リストにはもう私以外、誰も残っていないでしょうね」と苦々しくつけ加えた。その九カ月後、グルシコフはブリストルのホテルのバーでふたりのロシア人とシャンパンを飲んでから、倒れた。意識を取り戻すと、救急隊員に毒を盛られたと思うと告げた。グルシコフは今回の裁判でその件にも触れ、ロシアの諜報機関の幹部数名を〈アエロフロート〉への関与で追及してやろうと決心していたが、友人には自分に残された時間はわずかではないかと不安を打ち明けていた。

二〇一八年三月のある朝、グルシコフは〈アエロフロート〉裁判の予備審問のために裁判所に来ることになっていたが、弁護側の席には誰の姿もなかった。「ミスター・グルシコフと会うことになっていたのですが、姿が見えません」〈アエロフロート〉側の法廷弁護士が判事に言った。裁判所の事務員が廊下に出て被告の名前を呼んだが、応答はなかった。

様子を見に彼の家へ行ったグルシコフの娘が、亡くなっている父親を発見した。犬のリードで首を絞められていた。

ロシアのメディアはグルシコフの死を、ゲイの密会の果ての殺人だと報じた。あるラジオ局は、エイズで亡くなった可能性もあると主張した。しかし今度ばかりは、イギリス当局がグルシコフの死をたんなる性的な事故や自殺だと示唆することはなかった。

彼の遺体が見つかった日の晩には、テロ対策司令部の何十人という警官が自宅を立入禁止にし、前庭に警察のテントを張った。死因は首への圧迫――素手か犬のリードによる絞殺――とすみやかに断定し、「故人の状況や交友関係から」テロ対策司令部が捜査すると発表した。ほどなく警察は、グルシコフが絞殺された晩に自宅近くで撮られた黒いワゴン車のビデオ映像を公開し、情報提供を呼びかけた。

遺体発見に対する警察のすみやかな対応は、それまで何年も彼の友人たちの死について捜査を頑なに拒んできた態度とは対照的だったが、二〇一八年三月には、世界は劇的に変化していた。

グルシコフが絞殺体となって発見されたのは、ロシアがソールズベリーの街なかで化学兵器による攻撃を実施した事件の一週間後で、政府もようやく対決姿勢をとらざるをえなくなっていたのだ。そこで今回は、ロシア人亡命者の不可解な死をありのままに解釈することにした。つまり、クレムリンの敵がイギリスで抹殺されたと。

雨の日曜のソールズベリーで、セルゲイとユリアのスクリパリ親子にノビチョクを用いた攻撃は、戦争並みになってきたクレムリンの一連の大胆不敵な攻撃の一番新しいものだった。プーチンの保安機関は、二〇一六年のアメリカ大統領選挙に全力で干渉し、ドナルド・トランプをホワイトハウスへ押し上げるのに協力した。ハッキングの研究所や、インターネットの荒らしの製造所、フェイクニュース報道機関を利用して、ヨーロッパの民主主義国家に不和と分裂と偽情報の種をまき、過激派集団に資金を提供して世界各地で人種間の憎悪や暴力をかき立てた。NATO加盟が間近だったモンテネグロでは、政府に対するクーデターを支援し、西側の政府にこれまでになく邪悪なサイバー攻撃を加えた。そして、ロシアにもシリア問題解決に協力してもらおうとする西側諸国の努力を踏みにじるように、ロシアは西側が支援する反体制派にますます残酷な軍事攻撃を加えているアサド政権を支援した。独裁者バッシャール・アル＝アサドは、何百人という自国民に国際法違反の化学兵器である毒ガスまで使ったのだ。

欧米の指導者たちがあまりにも長いあいだプーチンの犯罪を見逃しているあいだに、クレムリンを支配する男はこっそりと忍び寄っていた。いまやプーチンの行動は西側に対する一方的な戦争だった。西側の指導者たちがそろって目をつぶってきた裏には、いくつもの明るい期待があった。ロシアを冷戦後のリベラルで温かい世界秩序のなかに引き入れられるかもしれないという期待、広大な油田と天然ガス田がもたらす豊かな富を分け合えるかもしれないという期待、景気後退によって打ちのめされた西側の経済をロシアマネーの途切れない流入で再生できるかもしれないという期待。プーチンが世界でもっとも扱いにくい問題、すなわち、イスラムのテロの問題、イランや北朝鮮の核開発問題、シリア危機などの解決策になってくれるかもしれないという期待もあった。しかし、歴史上何度もくり返されたことだが、西側は宥和政策の代償のあまりの大きさに目を開かされた。

何百人というイギリス国民が命を脅かす神経剤にさらされ、クレムリンが西側の非難に激しい抵抗姿勢を見せたいま、ロシアの暗殺活動が制御不能になっているのは否定しようがなかった。制裁を加えても流血沙汰を止めることはできず、外交面で矢継ぎ早に疎外しても、さらに過激な反応を引き出すだけだ。全面戦争以外に、どうすればプーチンを止められる？

スクリパリ親子への攻撃のあと、そうした疑問の声がウェストミンスターで渦巻いたが、納得できる解決策を提案できる者はいなかった。政府は増えつづける疑問に直面しながら、これといった答えを見つけられなかった。スクリパリ親子の暗殺未遂後、数週間のうちに、イギリスにおける亡命ロシア人と関係者の時期尚早の死について、答えを求める声が日に日に高まっていた。

その前年に、大西洋の両岸で働く〈バズフィード・ニュース〉の調査ジャーナリストたちが、西側におけるロシアの暗殺活動を暴く連載記事を発表していた。連載では、ボリス・ベレゾフスキーと仲間の亡命者、イギリス人のフィクサーたちを含む、イギリスでの暗殺が疑われる一四人の死と、アメリカにおけるミハイル・レーシンの死を結びつけて、全体像を示そうとした。ＣＩＡは、イギリスにおけるこれらの死にモスクワがかかわっているという情報をＭＩ６に流していたが、どの件についてもイギリス当局の反応は捜査を打ち切り、証拠を封印することだった。

スクリパリ親子が攻撃されたあとでウェストミンスターに広がった好戦的な空気のなか、

ジャーナリストが暴いた数々の疑わしい死について、当局に行動を起こすよう求める政治家の声が高まった。その圧力に屈して、内相もようやく一四件のすべてについて政府が警察とＭＩ５の協力を得て再捜査すると宣言した。

ロンドン警視庁や周辺諸州の所轄警察署にしまいこまれていた事件のファイルは、ひどく埃をかぶっていた。ベレゾフスキーの弁護士で、それぞれ二〇〇三年と二〇〇四年に亡くなったスティーブン・モスとスティーブン・カーティスの資料は、一〇年以上、誰の目にも触れていなかった。スコット・ヤングの死亡を含む多くの事件で集められた証拠は、あってもわずかだった。証人が探されることも、防犯カメラの映像が集められることも、現場の科学捜査がおこなわれることもなかった。再捜査のために選ばれた捜査官たちにとって、これほど長いあいだ顧みられなかった案件の捜査を再開することはほぼ不可能だった。意味がないとすら思えたにちがいない。容疑者が何千キロと離れた手の届かないところにいるのに、これほど長く葬り去られていた秘密や骸骨を掘り起こしてどんな得がある？

再捜査の宣言から六カ月後、政府は説明もなく一四件すべての再捜査を静かに中止した。内相は、議会の内務特別委員会宛ての短い手紙で、ロンドン警視庁は再捜査を終え、これ以上続ける「根拠がない」と結論づけたと述べた。理由は明かされなかった。

その手紙では、政府が一四件の捜査打ち切りの決断について公に説明しなかった理由を、ひそかに重鎮議員ふたりには明かしていたことを認めた。そのふたり、内務特別委員会の委員長と、議会で安全保障・諜報活動を監視するグループの長への説明は、特別なルールのもとでおこなわれた。要するに、機密情報が含まれるので内密に知らせたということだ。その一方で、内相は再捜査の結果をアレクサンドル・ペレピリッチヌイの検死審問で開示することを禁じる秘匿命令を出していた。その件は六年近くも官僚手続きのなかに埋もれたままだった。三カ月後、「殺害の直接的な証拠」がないということで、検死官は金融家の死を自然死と判断した。

ようやくイギリス政府が重い腰を上げて公に行動したことが、たったひとつだけあった――強気の発言である。スクリパリ親子への攻撃がロシアの軍部諜報機関の現役の将校たちによるものだとわかると、テリーザ・メイは、「わが国の安全保障機関のあらゆる手立てを使って」反撃すると誓い、ソールズベリーの事件に関して、ロシアが「混乱を引き起こし、嘘をついた」と強く非難した。

「真実を隠そうとする試みは容疑を強めるだけです」首相も下院議場で声を張り上げた。

だが、こういうことばを発するのは簡単だ。イギリス政府は、ようやく非難する気になったクレムリンの暗殺計画に、沈黙することで加担したという真実を隠しているのだから。そのことは懸命に封印した秘密のファイルに無事埋もれているだろう。

謝辞

本書の内容は、〈バズフィード・ニュース〉の同僚たちの並はずれた努力なしには日の目を見なかった。トム・ウォレン、リチャード・ホームズ、ジェーン・ブラッドリー、アレックス・キャンベル、ジェイソン・レオポルド、あなたたちのようなヒーローといっしょに仕事ができたことは、私のジャーナリスト人生においてこの上ない喜びであり、最大の冒険だった。一秒ごとに感謝している。マーク・スクーフスは鋭い洞察力と厳しさを魔法のようにうまく混ぜ合わせて私たちを導き、あらゆる局面で、より高い目標へと向かわせてくれた。そうして鼓舞されて導かれなかったら、この仕事は実体のない薄っぺらなものになっていた。原稿にすばらしい編集を加えてくれたアレックスとマークにも特別に感謝する。事実関係を綿密に確認してくれたトムにも。本書のタイトル決めを含め、アリエル・カミナーの才能にも多くを負っている。エリオット・ステンフは、危険な領域で報告をおこなう私たち全員の安全を守ってくれた。それについては感謝してもしきれない。〈バズフィード・ニュース〉を、最高に厄介な調査が実を結ぶ大胆ですばらしい場所にしてくれたベン・スミスには、永遠の謝意を捧げたい。

調査結果を本にする可能性を見出してくれたエージェントのブリジット・マッツィーにも感謝する。すばらしい技術と活力でこのプロジェクトを後押ししてくれたことにも。〈リトル・ブラウン〉の編集者フィル・マリーノにも感謝する。本書の語り口を決めるときにひらめきを与えてくれたことに。そして、これまで見たこともないほど的確な入稿前整理をしてくれたバーバラ・クラークにも感謝したい。

本書の裏づけとなる証言をし、証拠を提供する危険を冒してくれた数多くの情報提供者にも、永遠の感謝と称賛を捧げる。

すばらしきわが母リビー・ブレイクに愛と称賛を捧げる。キーボードから打ち出されたばかりの原稿を鋭く批評し、私の人生でつねに勇気と強さと高潔さの指針でいてくれることに。

最後に、心からの愛と感謝を――私の最初で最後の読者――ダンカン・パイパーに捧げる。ガーデン・ルームを贈ってくれたこと、魔法をもたらしてくれること、行く手に終わりなき冒険を用意してくれることに。

訳者あとがき

〈バズフィード〉の調査にもとづくブレイクの報告は、政府と組織犯罪の結びつきが強すぎて、もはや一組織と呼ぶのがふさわしいマフィア国家の狙いを明らかにしている。

——ニューヨーク・タイムズ紙

本を置くことができなかった……最初から最後までぐいぐいと引きこまれる読み物であり、並はずれた調査ジャーナリズムだ。

——クリス・フィリップス、元イギリス国家テロ対策安全局長

憶えておられるだろうか。二〇〇六年、ロンドンでひとりのロシア人亡命者が放射性物質ポロニウム210を飲まされて死亡した。犠牲者は、元FSB（ロシア連邦保安庁）捜査官のアレクサンドル・リトビネンコ。現役時代にショッキングな内部告発の記者会見を開き、イギリスに逃れたあと、同じ亡命者のボリス・ベレゾフスキーらとともに、ロシア政府を批判、攻撃

する活動にたずさわっていた。病室で撮られた死亡間際の彼の写真は多くのメディアで報じられ、世界の人々を震撼させた（ドキュメンタリー映画『暗殺・リトビネンコ事件』の映像はさらに克明で怖ろしい）。

しかし、この事件は氷山の一角であり、たまたま犯人たちの手際がひどく悪かったから露見したにすぎない、というのが本書（原題*From Russia with Blood*）の主張である。著者ハイディ・ブレイクによると、クレムリン主導の暗殺が疑われる案件は、イギリスとアメリカで少なくとも一五件確認されており、その遂行にはおそらくＦＳＢがからんでいる。ＦＳＢは、スパイ小説などでも有名なソ連時代の諜報機関ＫＧＢ（ソ連国家保安委員会）の後継機関だが、化学・生物兵器のみならず、検知不能な毒物などの研究開発にも注力し、国内外の敵を排除する特別攻撃部隊を擁しているらしい。さらには、多数の死者が出た一九九九年のロシア内でのアパートメント連続爆破事件や、二〇〇二年のモスクワでの劇場占拠事件に関与した疑いもある。

新型コロナウイルスが世界じゅうで猛威をふるうなか、つい先日も、ロシアの諜報機関のひとつとして活動していることがほぼ確実なサイバー集団ＡＴＰ29が、ワクチンの開発や試験に関する情報や知的財産を盗もうとしているという報道があった。同じ集団は二〇一六年のアメリカ大統領選挙でも暗躍したと言われる。

こういう話を聞くと、ロシアの権力組織全体が「ＫＧＢ化」しているのではないかとすら思えるが、まさに現大統領のウラジーミル・プーチンは、ＫＧＢ職員からサンクトペテルブルク副市長、ＦＳＢ長官の地位を経て、ロシア首相、大統領になった。いわば叩き上げのスパイから大国の頂点に登りつめた人である。二〇一四年のクリミア併合など強硬策をとりながらも、今年七月の国民投票で圧倒的に支持された憲法改正によって、最長二〇三六年まで独裁体制を維持できる見通しとなった。その経歴や施策、権力への執着から推察すると、本書が示唆するように、専制強化のためにＦＳＢを使って反体制派の抹殺を図ったとしても、さほど現実離れはしていないように感じる。

ロシアの横暴に対する西欧諸国の態度はどうか。これも本書にあるとおり、よくて及び腰で、露骨な追従に見えることすらある。どの国にとっても、ロシアマネーや天然ガスといった資源を確実に手に入れ、大国との関係を悪化させたくないという政治的、経済的な思惑が働くからだ。とくにイギリスでは、シティのグローバル金融機関を旗振り役にロシアの新興財閥《オリガルヒ》を歓迎したことから、対ロ政策が甘くなり、結果として一四人もの暗殺の犠牲者を出してしまったという本書の指摘は重い。

とはいえ、実際問題としては、一連の死亡事件と大統領を直接結びつけることはまず無理だろう（リトビネンコはプーチンを暗殺犯と名指ししたが）。ＦＳＢの長官や幹部が暗殺指令を出したという証拠にすらたどり着けないかもしれない。スパイ用語でいう〝安全器《カットアウト》〟すなわち関係者同士のつながりを隠す仲介役がかならず挟まれているはずだからだ。ただひとつ確実なのは、本文中の次のことばだろう。

イギリスで不慮の死をとげたロシア人亡命者の比率は、明らかに自然ではなかったのだ——とくにボリス・ベレゾフスキーの取り巻きについて。

仮に検知できない暗殺技術を使ったとしても、不自然な死者の数だけはごまかしようがないということだ。ここを出発点として、著者を含む気鋭のジャーナリストたちがいまも調査を続けており、これから固い岩盤に穴を穿つことになるのかもしれない。本書はその記念すべき一歩である。

著者のハイディ・ブレイクは、オンラインメディア〈バズフィード・ニュース〉のグローバル調査部門の編集長で、英米の記者のチームを率いている。〈バズフィード〉は〈ハフィントンポスト〉（現ハフポスト）の共同設立者ジョナ・ペレッティらが二〇〇六年に設立したアメリカ本社のメディア。初期はおもにエンターテインメント関連のコンテンツを配信していたが、二〇一一年のベン・スミス編集長の就任を機に、政治やビジネスのルポルタージュにも力を入れてきた。成果のひとつがロシアの暗殺に関するブレイクのチームの調査報告で、二〇一八年ピューリッツァー賞の最終候補にもなった。

その調査内容を一冊にまとめたのが本書である。お読みいただければわかるが、関係者一人ひとり、事件の一つひとつについてじつにくわしく調べ、記述している。語り口も臨場感たっぷりで、物語のように読み進めていると、ときどきこれは現実だということが思い出されて背筋に寒気が走る。彼らのロシア関連の調査の続報は、現時点で公開はされていないようだ。まちがいなく最大限の慎重さが求められる調査なので、容易に進展はしないだろうが、いつか読めるようになることを期待したい。

二〇二〇年九月

ロシアン・ルーレットは逃《に》がさない
プーチンが仕掛《しか》ける暗殺《あんさつ》プログラムと新《あら》たな戦争《せんそう》

2020年10月30日　初版1刷発行

著者 ———— ハイディ・ブレイク
訳者 ———— 加賀山卓朗《かがやまたくろう》
カバーデザイン ———— ヤマグチタカオ
発行者 ———— 田邊浩司
組版 ———— 新藤慶昌堂
印刷所 ———— 新藤慶昌堂
製本所 ———— ナショナル製本
発行所 ———— 株式会社光文社
〒112-8011　東京都文京区音羽1-16-6
電話 ———— 翻訳編集部 03-5395-8162
書籍販売部 03-5395-8116
業務部 03-5395-8125

落丁本・乱丁本は業務部へご連絡くだされば、お取り替えいたします。

©Heidi Blake / Takuro Kagayama 2020
ISBN978-4-334-96245-6 Printed in Japan

本書の一切の無断転載及び複写複製（コピー）を禁止します。
本書の電子化は私的使用に限り、著作権法上認められています。
ただし代行業者等の第三者による電子データ化及び電子書籍化は、
いかなる場合も認められておりません。